U0057959

新世紀
師資培育的圖像

中華民國師範教育學會◎主編

理事長的話

　　為順應世界潮流，教育部近年陸續對我國師資培育制度著手進行重大改革與檢討，以企提升我國教師素質，進而增進學子們的受教品質，也為下一世紀的教育事業奠下雄厚之根基。

　　由於多元而複雜教育環境的挑戰，因此我國師資培育制度更應有所檢討與因應。有鑑於此，中華民國師範教育學會受賦予師資培育發展的使命特以「新世紀師資培育的圖像」為主題，廣邀各界人士參與共同發表研究成果與心得，企盼藉此論文集的成冊，為準備進入教育職場的莘莘學子們及現正努力教學的第一線工作者，提供多面向的觀點與建言。

　　本年度論文集所收錄之論文十分豐富，就邀稿論文部分，共計五篇，而諸多來稿經審查後擇優採用者共五篇，各篇所論述之面向可謂十分多元。首先，就「我國師資培育理念」的部分，邀請高強華教授撰寫〈新世紀師資培育的願景及其建構〉，文中指陳當前我國師資培育制度的諸多弊端，並就其對師資培育專業化的理想與願景提供許多精闢的見解。此外，也邀請了溫明麗教授撰寫〈現代與後現代轉折的師資培育——感恩中的批判教育學觀點〉，文中提到為因應當前師資培育制度正面臨現代與後現代思潮之轉折，作者以哲學分析、詮釋與批判的方法，省思師資培育的素質和現象，藉以論述感恩中的批判教育學是因應後現代衝擊，師資培育應該發展的方向。

　　在「當前師資培育制度問題的檢討與發展」的部分，則有張英鵬先生、林姝君小姐、蔡明芳小姐與劉玟儒小姐來稿之〈多元衝擊下我國特殊教育師資培育之問題與對策〉，以普查的方式對全國所有特殊教育學系之在學學生（一到四年級）進行問卷調查，再根據研究結果，對培育特殊教育師資、解決現況問題、未來因應策略、研究方法及研究對象提出建議，以作為未來培育特殊教育師資及研究的參考。同時，李坤崇教授亦應本會之邀撰寫〈台灣中小學初任教師教學專業能力之建構〉，希望藉著文獻分析、焦點座談、訪問與問卷調查等方式，建構出台灣中小學初任教師的教學專業能力。此外，來稿文章尚有洪仁

進教授、王秀玲教授、康瀚文先生與謝馥宇小姐等共同撰寫之〈我國中小學教師在職進修碩士學位現況與需求之調查研究〉，以及陳淑敏小姐所撰之〈論知識轉型與教師效能發展的契機〉，以上兩文均就台灣目前中小學教師進修或自我學習的動機、滿意度與未來期望進行討論，最後所提出之研究成果，相信將供我國在規劃師資素質提升策略時重要之參考依據。

　　至於「實習議題之檢討」的部分，則邀請到周淑卿教授撰寫〈反思實踐者應有的學習經驗——兼論教學實習課程的問題〉，文中因有鑑於當前我國教學實習的設計並無法使師資生獲得應有的反思經驗，故從「反思實踐者」的觀點對未來教學實習課程的方向提出諸多具體之建言。此外，尚有郭諭陵教授所來稿之〈從實習教師的社會化談師資素質的提升〉，試圖以「實習階段之教師社會化階段」為主軸，探析我國師資素質提升之相關議題，以及高志雄先生來稿之〈成人學習原則應用在輔導實習教師歷程之途徑與策略〉一文，文中期利用各項成人學習原則於教育實習中，作為實習輔導老師提升實習教師的實習表現之途徑與輔導策略。此外，本會特邀林育瑋教授及林妙真小姐就我國幼兒教育實習制度方面所合撰之〈幼兒教育實習制度之回顧與省思〉，就幼兒教育階段之職前教師專業能力提升作深度分析與討論。相信以上各篇對我國師資培育制度上均極富參考之價值。

　　中華民國師範教育學會自成立以來，對於教育之關注無絲毫懈怠，也感謝各界對教育充滿熱忱的人士長期以來對本會之支持與鼓勵，期能藉由本書之發行，起拋磚引玉之效，使各界對我國師資培育制度及教師素質愈加關注與重視，一起為明日教育共同努力。

理事長　吳清基

目錄

Contents

第一篇
我國師資培育的理念

第一章

新世紀師資培育的願景及其建構

高強華

慈濟大學教育研究所教授兼教育傳播學院院長、

教育研究所所長、師資培育中心主任

壹、前言

在「專業、活力、願景——九十四年度師資培育之大學主管聯席會議」中，教育部提出落實「教育專業標準本位」的核心理念，邁向「優質適量，保優汰劣」的政策目標。中教司陳司長益興並以「大師培育大師、大師護持教育、大師創造新境界」期勉所有的師資培育主管同仁。奈何 2006 年 8 月中國時報「教育超連結」的兩則專題報導：〈調降班級人數無配套，流浪老師仍得流浪〉、〈甄試轉戰如候鳥，流浪教師鳴悲歌〉（中國時報，2006：C4），顯示師資培育的政策與制度問題磬竹難書，師資培育專業化（Professionalization in teaching and teacher education）的理想或願景（高強華，1996，2000；Popkewitz, 1987），顯然有待更為精緻謹嚴的規劃與設計。

貳、師資培育的問題檢討與典範變遷

在「教育國之本、師範尤尊崇」的年代，師範生擔負著傳衍民族文化與維繫社會規範的神聖使命（郭為藩，2002）。師範教育是一種政治計畫，是精神國防的社會建構、歷史傳統和政經文化的一環（歐用生，1996；Apple, 1993; Giroux, 1988）。曩昔的師範生規矩嚴明，保守穩健，往往犧牲個人志趣和天賦潛能，專心致志以教育為職志，資深優良的師範生服務四十年而意猶未盡，無怨無悔。個人生涯與國家前途命運攸關，期望學生「博聞強識而讓、敦善行而不怠」。經師人師兼備之餘，猶能承擔良師國師之期許。但是教育自由化的浪潮以萬馬奔騰的態勢襲捲衝擊的結果，1996 年 12 月完成的《教育改革總諮議報告書》（行政院教育改革審議委員會，1996：54），對於歷年來師範教育與教師素質的診斷如下：

1. 師資培育的功能未充分發揮。

2. 實習制度有待落實。

3. 教師進修管道有待改善。

教改會認為計畫式的師資培育無法反映社會現實及市場需求，師範生長期受到過度保障，缺乏競爭及學習激勵，教育專業精神未能提升。而師資培育多

元化之後，師範校院定位不明，又受經費及法令的諸多限制，功能不易發揮。至於一般大學附設的教育學程，經費與編制不足，課程缺乏彈性，學校配合措施不夠，師資培育並未因多元化而有所改進。類此主觀武斷，缺乏數據，對新制舊制各批五十大板的論述顯然有欠公允。然而論述主導政策，形勢強壓專業，教改會對於提升教師專業素質的具體建議如下（行政院教育改革審議委員會，1996：58-59）：

1. 鼓勵各校辦理具有特色之培育課程。

2. 強化實習制度。

3. 合理規劃教師檢定辦法。

4. 建立教師進階制度。

5. 鼓勵師範校院的整合與轉型。

證諸教改浪潮激盪十餘年來的師資培育，八、九十個師資培育中心是否享有充分的課程自主，以發展具有特色的師培學程？教育部是否提供充分的誘因？是否在行政及經費方面支持實習輔導的工作？是否以合理之檢定方式、內容和標準以確保師資素質？是否建立進階制度？暢通進修管道？是否主導師範校院之歸併、整合及轉型發展？尤其前述建議是教育部行政執行之最高指導原則，差之毫釐，失之千里。近年來的教師退休潮，校園憂鬱或痛苦指數偏高，流浪教師悲歌傳唱……究竟孰令致之，實在需要深刻周備的探究論辯與評析。

Popkewitz（1987）認為討論師資培育問題，學校教師專業主義化的程度（professionalization）、教學文化與教育生態、學校教育過程中的的權利因素，以及三者之間的動態影響都是不可避免要正視的嚴肅課題。奈何國內對於師資培育的檢討，單純著眼於開放自由競爭的管道，未能檢討師資培育的傳統和典範。Liston 與 Zeichner（1991）的研究，歸納美國師資培育的傳統，大致包含下列四種取向：

1. 學術傳統（The Academic Tradition）。

2. 社會效率傳統（The Social-Efficiency Tradition）。

3. 發展理論傳統（The Development Tradition）。

4. 社會重建傳統（The Social-Reconstruction Tradition）。

　　不同傳統或取向的師資培育，在課程與教學上的重點殊異。以廣闊分眾，開放多元的美國各大學校園，無疑可以醞釀多元的師資。《師範教育法》規範下的國內各師範校院，其實在「賠償公費」和「暫緩服務」的巧妙設計之下，優質的師範生或者是屬於「批判─社會取向」（critical-social orientation）與實務取向（practical orientation）兼備的精英知識份子，或者是學術取向（academic orientation）和集體取向（collective orientation）調和的傑出教育行政長才，或者是行為主義績效責任和人文主義關懷尊重統整的現代優質新夫子。奈何師資培育的政策調整，典範遷移。樂觀的說法，是師資培育的管道是由單一閉鎖走向多元開放；師資培育的歷程由職前學分的設計管制，轉而為強調終生學習與專業發展；教師的角色形象從精神國防課程執行轉變為專業自主行動研究和創新……。但是審慎和嚴謹的觀察，被列為整併對象的師範學院，對究竟轉型為一般的綜合大學，或繼續保留一部份師範教育學府的特性，校內意見紛歧；尤其對於是否保留師範的名稱，見仁見智，甚至壁壘分明（郭為藩，2002）。師範大學如何名實相符，兼備「師範」與「大學」雙重的角色地位和功能？師資培育機構又應如何的自主革新，發展特色，在多元競爭的時代表現卓越，培育證照與愛心兼備，理想理念與專業實踐並重的良師，誠為艱難的挑戰與考驗。

參、師資培育的迫切危機與未來轉機

　　在〈認真的保守主義者何在？〉專論中，石之瑜、黃競涓、左正東（2003）指出：「保守主義重視傳統，自由主義注意變遷……。自由主義本應重順應變遷，解放束縛。這個束縛經歷史文化錘鍊而成，只是後來卻成為進步的限制。一旦毀棄傳統，自由主義最多只是寬忍開通鄉愿態度，凡事皆視為多元文化縱容之……。自由主義者要甦醒回魂，必須把保守主義當成復興基地。」誠然教育的革新在「自由或保守」的鐘擺震盪下問題重重，師資培育的迫切危機，簡單列舉如下：

一、典範模糊的自由化危機

自由化的確為教育選擇提供了更多的開放自由和寬鬆自主，但是集身教與言教並重，境教與制教齊備之大成的師範校院，如果不能奠定「師表楷模、範儀尊嚴」的教學專業地位，如何能奢望26至40個教育學分的選修，真能達到提升師資素質的理想？教育界近年來的麻辣鮮師當紅，酷炫自我的短線炒作成為治校辦學的新趨勢，各種的創新突破和不按牌理出牌成為顯學，教育的是非公義和良師典範何在？

二、供需失衡的市場化危機

師資供需失衡的現象由來已久，於今為烈。師資培育的質量和社會變遷，人口變化，經濟和產業的變遷而有的調整如果未盡精準細密，則教師教非所學，配課現象難免。退而不能退的待退比率過高，教學文化與教學效能定然需要深切的檢省。尤其教改大業果真淪為自由經濟市場下的教育利害重分配，則照顧弱勢、城鄉均衡、學生受教權益等等，豈不都淪為口號和笑談？！

三、治絲益棼的分權化危機

以鬆綁為主軸的教育改革，固然是過度中央集權之後，是民主和民智提升之後，賦權增能（empowerment）的可喜現象。但是中央權限與地方權限的分際不明，權責混沌；學生的輔導管教和頭髮長短問題，中央的堅持與地方的彈性何在？能力編班或常態編班的是非曲直、利弊得失，究竟判斷的規準何在？均值得深究細察，否則假民意真民粹利害均享的分權，只有導致無盡的責任分散（diffusion of responsibility）而已。

四、形式檢定的虛擬化危機

教學專業的根本危機在於理論與實際脫節，養成教育階段的理論知識和教室現場的實用策略扞格，大學師資培育者的專業期望和學校教師期望的專業表現未能符合一致。無論是「教育學程科目及學分審核原則」，或者如「領域任

教專門科目認定參考原則及內涵」（教育部，2002），教師資格檢定考試均難免形式主義之弊，各師資培育中心亦難免馳逐於錄取率之高低計較，於師資素質之提升並無實際效益可言。

五、短視近利的反專業危機

教學是一種道德與倫理的志業（Goodson, 2003），教師在教學、課程、關懷學生、社會與道德的價值判斷上，均應表現專業自主和專業倫理精神（引自楊深坑、黃嘉莉、黃淑玲、楊洲松，2005；Hargreaves & Goodson, 1996）。證諸英語教學的診斷、外籍教師、鄉土教材師資之急救章法，以及九年一貫課程實施導引出「未充分提供教師在職進修方案」、「缺乏鼓勵教師自發性學習之制度與策略」、「教師不熟悉統整課程」、「職前教育課程尚待規劃」等結論（教育部，2003a），顯示出的反專業危機不言可喻。差幸真能統觀洞透的教育決策者，往往能夠高瞻遠矚，化危機為轉機。教育部郭前部長為潘博士在《中華民國教育報告書》中，早已規劃勾勒師資培育的重要措施如下（教育部編，1995）：

1. 建立師資培育多元制度，因應中小學教育的發展。
2. 成立師資培育審議委員會，釐訂師資培育政策。
3. 研訂大學校院教育學程師資及設立標準，樹立師資培育專業制度。
4. 發揮師範校院特色，強化教育研究功能。
5. 規劃特約學校，落實實習輔導制度。
6. 建立教師資格檢定制度，確保師資素質。
7. 強化教師在職進修制度，提高教師教學知能。
8. 建立教師在職進修網路，落實教師終身教育理念。
9. 加強培育特殊類科師資，實現有教無類理想。
10.完成訂定《教師法》，樹立教師專業地位。

其後針對師資培育興革之研究、專論及專書、專題研討會等非常豐繁，問題是言之者諄諄期盼，聽之藐藐淡漠。1999 年教育部辦理之「邁向教育新世紀」全國教育改革檢討會議，有關「健全師資培育與教師進修制度」之討論題

綱如下（教育部編，1999）：

1. 建立多元培育制度，充實師資來源。
2. 改善師資培育機構體質，強化師資培育效能。
3. 結合學術研究人力，促進教育專業成長。
4. 增闢教師進修管道與機會，建立教師終身進修制度。
5. 加強回流教育，提升師資素質。
6. 落實實習制度，發揮導入教育功能。

遺憾的是，社會變遷、知識經濟、自由市場、文化霸權之宰制與新興勢力之串聯滋長，就像「明日報」之倏忽崛起又告終結般的快速莫測。尤其行政部門的步調和師資培育機構的節奏，始終無法和寬頻世紀數位化時代的韻律相呼應唱和。2001 年的「教育改革之檢討與改進會議」，與會學者專家的建議事項如下（教育部，2002）：

1. 嚴格審查師資培育機構之增設及建立有效淘汰評鑑機制，以維持質量並重之師資培育制度。
2. 建議研修《師資培育法》暨相關法規，將公費之給予改為由各縣市依特殊需求與公費學生簽約，明訂權利義務。
3. 師範校院轉型發展，除重視各校歷史發展外，並應配合各校未來轉型的目標、原則及功能定位而規劃，建議朝鼓勵師範校院與鄰近大學校院合併為綜合大學，並改制為綜合大學或教育大學之方向發展。
4. 推動中小學師資合流培育制度，以整合師資培育資源，靈活師資培育方式與管道，以利師資培育機構發展。
5. 修改研究生研習師資職前教育課程得酌減學分數之政策，以確保師資品質。
6. 建議明確規定各教育階段別、各類別師資培育專門課程及教育專業課程所需的學分數，以建立合理而優質的課程。
7. 檢討比較師範校院、一般大學教育學程、學士後學分班等各種方式培育師資之優劣，並鼓勵師資培育機構研發新的師資培育模式。
8. 建議各師資培育機構建立教育學程之教學評鑑機制。

　　前述建議事項之具體落實，需要所有與師資培育有關的行政界與學術界屏除本位主義，以「拼經濟、拼選票、拼改革」的熱忱與職志全心參與，全力以赴、群策群力奠定優質的師資培育機構之基礎建設。不過行政界五日京兆不學無術者眾，學術界閒散自主莫不關心，自私自利汲汲於結黨營私據地稱雄者不計其數，真正關心師資培育的難能有為和為所應為，長期堅持理想熱忱專注者，可謂鳳毛麟角般珍稀罕見。所謂冰凍三尺，非一日之寒，師資培育之問題叢生成效待酌，其來有自矣。

肆、師資培育的專業標準與趨勢遠景

　　面對全球競爭時代師資培育的嶄新競爭與挑戰，宏觀的視野和妥善的規劃誠屬不可或缺。最近教育部修訂的《九十三年度整合師範校院發展，提升師資素質計畫》，擬定未來的推動重點如下（教育部，2003b）：

1. 配合各師範校院目前教師研究取向並鼓勵主動整合相關資源，設置有關高等教育、教育經營與管理、師資育成、視導與評鑑、課程與教學、特殊教育與弱勢教育等研究中心，持續性與系統性的進行國內外教育問題之研究，以提升國內各項教育政策與改革之規劃，並評估各項執行之品質。

2. 配合各師範校院中程發展計畫，進行數位學習內容之研發，充實圖書儀器資料庫、軟硬體等相關設備，並鼓勵教師進行教學所需之相關研究。

3. 配合各師範校院長程發展目標，充實教師研究空間及學生生活空間，以提升教師研究水準及增加學生社會服務經驗，並服務相關社群。

4. 設置優秀學生就讀師範校院之獎助學金（及公費名額），以提高師範校院之學生素質。

5. 協助各師範校院與國際各大學交換師生，提升整體教學研發之國際水準。

6. 設置教師專業發展中心以利北、中、南、東四區教師在職進修，發展教育專業相關能力，並鼓勵師範校院與中小學課程之結合與研發。

7. 推動師範校院與社區資源結合，成為社區終身教育之中心。

　　前述推動重點工作，如能銜接教育部郭前部長為藩博士「保留師範大學原有的特色與專長，確須突破單科大學的背影，不再畫地自限，使院系擴充跨過師範的瓶頸，朝向綜合性、研究型大學發展，並將學生數量、課程重點，由本科為主轉移到以研究所教育為重點」（郭為藩，2002）之精神，則吾儕默禱馨香，樂觀其成，能有機會參與其中任何單項重點與推動，則誠惶誠恐，戰兢戒慎，全力以赴，不敢稍有懈怠。但是前述推展重點事項，如果竟然是明修棧道，暗渡陳倉，徐圖整併各具傳統特色與競爭優勢的師範校院，成為一所教育聯合大學；至於其他師資培育機構之教育學程中心，則在網羅與評鑑之外，任其千巖競秀、多元蔓生與曲折蜿蜒，則「改革無情無理，真偽莫辨，徒自利而已，致失共通規範，則專業精神隨之式微」（石之瑜、黃競涓、左正東，2003）之言成真，典範模糊，供需失衡，治絲益棼，虛擬形式，短視近利之危機無處不在，期望良師育才，師嚴道尊，民知敬學……寧非緣木而求魚乎？

　　因此中華民國師範教育學會諸先進在吳武典教授的主持下，提出教師專業標準本位（standard based）的政策建議，就師資養成、實習與檢定、教師甄選、專業發展等方面，提出革新策略與建議。專案研究小組勾勒的師資培育願景如下（吳武典主持，2005）：

1. 確立了「標準本位」的師資培育政策：從職前師資養成、教育實習、檢定考試到在職進修，都有系統規劃，一以貫之。
2. 絕大多數教師素質優異，並具有高度的教育專業素養，使我國的教師基本素質和專業精神繼續名揚四海。
3. 師資生（包括師範生與師培生）經層層篩檢和焠煉後，應徵教職總成功率在可接受的 50%以上，所謂「流浪教師」問題不復存在。
4. 教育實習的夥伴關係漸入佳境，實習教師在「師傅教師」指導下，獲得寶貴的實務經驗和歷練，以無比的信心迎向未來的教師生涯。
5. 高中職增加聘用從「教育專業發展學校」培育出來的碩士級專業教師，大大提升高中職的教學品質，學生的學習成就也會相對提高。
6. 「師傅教師」與「教育專業發展學校」數量愈來愈多。這種另類的教師分級與學校分級制度，激勵教師自我提升與學校力爭上游，打破教育界

長期以來的假平等現象，有助於良性競爭，活化整個教育環境。

7. 教師資格檢定「兩階段篩檢」制度開始執行，進入教育實習的人數獲得有效控制，實習品質因而獲得提升，實習學校也更願意配合。

8. 持有多元教師證書者愈來愈多，無論學校用人或個人謀職，皆更為方便，更有彈性，形成雙贏局面，皆大歡喜。

9. 教師進修研習結合薪資晉級，循序漸進，且又有多元選擇機會，由外塑而內發，逐漸形成主動積極進修的教師文化。

伍、師資培育的傳統再造與創新建構（代結語）

全球化時代各國政府面臨的共同危機，是所謂「不可統治的危機」（The crisis of ungovernability）。由於公共財政趨向惡化，金權及貪腐的現象一時難解，行政體系的執行不力，公信力不足所導致的左支右絀，捉襟見肘的窘困，使得教育決策陷於癱瘓狀態。從「點子王」部長到「神鬼戰士」部長，從推動「心靈改革」、「核心價值」到「族群融合」、「大溫暖計畫」……。究其實質，決策歷程中的周延思考實均有待商榷。

楊深坑等（2005）在〈從教師專業理論論各國教師專業管理機制〉專論中，建議在師資培育的計畫層面，未來有關教師專業必須重視專業的管理知能；在品質管制層面，教師資格取得過程以理論與實作並重、教師甄選與任何可以縣或直轄市為單位統一辦理、教師待遇可依教師表現來敘薪、教師工作條件宜明訂於法規、宜透過師培機構與中小學的夥伴關係發展教師專業；在改善層面，教師評鑑與分級是必行的趨勢，而對於不適任教師的問題，可以透過評鑑、研習輔導與調離教學職位來嘗試解決。可謂兼顧教師終身發展的師資教育體制（career-long teacher education）。

吳武典教授等人的專案研究，則寄望師資培育制度的改善，奠基於下列八項行動方案的有效推展（吳武典主持，2005）：

1. 建立「標準本位」的師資培育政策。

2. 協助師範校院的轉型發展。

3. 建立師資培育機構的評鑑與進退場機制。

4. 提升教師學歷至碩士層級。

5. 健全教師資格檢定度。

6. 落實教育實習。

7. 強化教師專業能力發展。

8. 建置教師供需評估機制與教師資料庫系統。

綜而言之，面對急劇變遷，知識競爭，全球化發展的嶄新世紀，師資培育的宏觀規劃實屬不可或缺。師資培育的理想應與教育改革民主化、多元化、科技化、人本化與國際化的精神緊密結合，師資培育的課程應具備全球化與本土化的內涵，師資培育的軟硬體條件尤應能符合數位寬頻、網際網路 E 世代的學習需求。尤其「師資培育回歸主流」的政策與主軸，應具精準敏銳，宏觀調控，善為導引歷來「一元或多元」、「計畫式或儲備式」、「公費或自費」之傳統窠臼與誤謬，跳脫目前九年一貫或十二年一貫之爭議，從良師育才、開發潛能、宏揚師道尊嚴的觀點，開創設計能創造優質教學，追求專業成長，實踐專業知能，表現專業自主與專業精神的優質卓越之師資培育制度。

參考文獻

中文部分

中國時報（2006，8 月 14 日）。**甄試轉戰如候鳥，流浪教師鳴悲歌**。教育超連結，C4 版。

石之瑜、黃競涓、左正東（2003，10 月 20 日）。認真的保守主義者何在？**中國時報**。

行政院教育改革審議委員會（1996）。**教育改革總諮議報告書**。台北市：作者。

吳武典（主持）（2005，11 月）。**師資培育政策建議書**。台北市：教育部中教司。

高強華（1996）。**師資培育問題研究**。台北市：師大書苑。

高強華（2000）。新制師資培育與教師專業發展。載於國立中正大學教育學院（主編），**新世紀的教育展望**（頁 247-264）。高雄市：麗文文化。

教育部（2002）。**教育改革之檢討與改進會議**。台北市：作者。

教育部（2003a）。**全國教育發展會議第一階段議題研討結論報告**。台北市：作者。

教育部（2003b）。**九十三年度整合師範校院發展，提升師資素質計畫**。台北市：作者。

教育部（編）（1995）。**中華民國教育報告書**。台北市：作者。

教育部（編）（1999）。**邁向教育新世紀——全國教育改革檢討會議**。台北市：作者。

郭為藩（2002）。師範大學的制度與蛻變。載於中華民國師範教育學會（主編），**師資培育的政策檢討**（頁 25-50）。台北市：學富。

楊深坑、黃嘉莉、黃淑玲、楊洲松（2005）。從教師專業理論論各國教師專業管理機制。載於中華民國師範教育學會（主編），**教師的教育信念與專業標準**（頁 55-88）。台北市：心理。

歐用生（1996）。**邁向師資培育的新紀元**。台北市：康和。

■ 英文部分

Apple, M.W. (1993). *Official knowledge: Democratic education in a conservative age.* New York: Routledge.

Giroux, H. A. (1988). *Teachers as intellectuals: Toward a critical pedagogy of learning teachers.* Westport: Bergin & Garvey.

Hargreaves, A., & Goodson, I. (1996). *Teacher's professional lives: Aspirations and actualities.* London: The Falmer Press.

Liston, D. P., & Zeichner, K. M. (1991). *Teacher education and the social conditions of schooling.* New York: Routledge.

Popkewitz, T. S. (1987). *Critical studies in teacher education: Its folklore theory and practice.* London: The Falmer Press.

CHAPTER 02

第二章

現代與後現代轉折的師資培育
——感恩中的批判教育學觀點

溫明麗

國立臺灣師範大學教育學系教授

二十一世紀的教育必須重新思索教學和學習的定位和價值，

而且千萬不能脫離社會或世界潮流，因為疏離的代價太高。

教育猶如魔術師，應觸及人與社會的各個面向——身、心、靈。

變革雖然艱辛，但是不改變可能引發更多棘手而無解的問題！

壹、前言——後現代教育的發展趨勢

大抵言之，現代以啟蒙運動為象徵的年代，更早的足跡肇始於文藝復興時期呼籲人文及主體理性的思維。文獻的記載大抵是 1750 年代起，尤其是 1890 年到 1945 年為理性啟蒙精神的興盛期。至於二次大戰後，大抵於 1968 年以降，後現代就如火如荼的展開其對理性啟蒙的重新定位（Gromala & Bicket, 1998: 1）。依據 R. Appignanesi 指出：最早使用「後現代」一詞的人是 R. Pannwitz，他於 1917 年就使用過該詞；其次是 1970 年代英國的藝術家 J. W. Chapman；不過，「後」學的精神可以從 1880 年代的「後印象派」（Post-impressionism）和 1914 年到 1922 年的「後工業」（Post-industrial）開始算起（Appignanesi, 1998: 1）。就此觀點言之，現代與後現代並不是時間的接力，也不是思想的接力，兩者既存在重疊的時間，卻也呈現對立與互補的特質（溫明麗，1996：100-101）。

雖然我們可以說，後現代興起於現代之後，但後現代並不是現代走完之後才產生。由上述的簡要文獻可知，現代與後現代應該如辯證思想的「正」「反」關係，「反」乃對「正」之反省與批判，且「正」與「反」是對立的，但在「正」與「反」的發展過程中，兩者的對立將逐漸和緩，甚至可以找到兩者的共通性，此即「辯證合」——即同時兼具「正」和「反」的特色或精神，但「合」既不完全等同於「正」，也不完全等同於「反」，而是含攝有「正」與「反」之整體。

一言以蔽之，後現代思想就是對現代理性，尤其是科學理性獨斷的質疑與批判。現代性雖然對人類的生活和社會進步有深遠的影響和重大的貢獻，但是其能否成為人類思想的至善？現代思潮對人類產生的影響是否只有正面，完全沒有負面影響？人類思想、社會行為或自然世界是否在邁入現代之後就完全停

滯下來，再也沒有任何新的或無可解決的問題發生？如果無法完全肯定上述的答案，則現代思想就有被質疑、被反省、被批判、被更改，甚至被推翻的空間；因此，另一種批判與改造現代理性的思想勢必會產生。

　　然而一種思想要能蔚為思潮，不是一蹴可成，需要時間的淬鍊，需要機緣的聚足，所以在思潮形成的歷程中，此等新思想猶如新典範的產生一樣，後現代教育思潮就是其中一例。後現代思潮的興起，一方面會經歷眾說紛紜，難以定於一尊的階段；另一方面由於該思想興起的時間是在現代之後，且質疑、反省和批判的對象也是現代，故被稱為「後現代」思想。這也是何以後現代會被描述為「對立／衝突和挑戰的時刻」（the moment of contraction and challenges）（Usher & Edwards, 1996: 1）。

　　綜上所述，後現代雖然不是緊接在現代之後，但也非現代完全「走完」之後才興起的，而是當現代走了一段之後，有鑑於現代理性產生的缺失和不完足，以及人類生活與社會的遽變，導致人類對現代理性的質疑；當此質疑累積到某種能量之後，後現代思想隨即崛起；但如前所述，現代並未因為被質疑、被反省而完全消失，相對的，現代可能因此而有所轉型或重建，這也是何以Habermas（1987）宣稱後現代其實是「未完成的現代計畫」（unfinished project of modernity）。

　　由於現代思想發展的極致是資本主義和工業社會，就時間言之，後現代思想興起於資本主義及工業社會後期，故亦可被稱為「後工業」的資本主義（post-industrial capitalism）。此外，後現代基於反省的立場，並扮演批判的角色，故較常出現對立、抗拒、顛覆、去中心、再重建的現象。此去中心和再重建的現象，亦將隨著思想典範的成熟，逐漸衍生為全球化與多元化的形式（Irvine, 1998: 5）。Irvine（1998）已經將「現代」與「後現代」之特質作系統的分析，並比較兩者的差異。本文就其內容，經過哲學的分析、詮釋與批判，重新立於師資培育的現況和展望，提出後現代思潮衝擊下對師資素質可能造成的衝擊，以突顯後現代思潮對師資培育的利基，並衍生辯證的師資培育方向，藉以提升師資專業素質，並因應二十一世紀全球化與國際化的趨勢。

貳、現代與後現代的辯證──批判與感恩的教育志業

為符應與帶動社會的進步和文化的發展，教師的專業素養不僅需要能迎戰新思想對教育產生的衝擊，也必須能重建新的思維和樣貌，故後現代思潮對教育產生的衝擊，也是反省與重建師資素養現況的利基，因此，從闡述後現代思想對教育可能產生的衝擊，應可論述師資培育在後現代思潮催生下，為因應二十一世紀的後現代浪潮和全球化趨勢，其需要強化的專業不僅是較高層次的現代化，也需要沾染後現代主義的精神，以形構融合現代與後現代的新貌。

本文所稱的辯證，指的是從 Socrates（469～399 B.C.）的詰問法，乃至於 G. W. F. Hegel（1770～1837）、K. Marx（1818～1883）所用的「正」、「反」、「合」的方法和精神。辯證是不斷追求更周全的方法之一，亦是對自我的反動和否定，更是價值體系的不斷開展和思維不斷進化的歷程和結果。此等發展性、連續性、整合性的特質和方法，也和易經生生不息的思想不謀而合。

以下即從後現代與全球化衝擊的反思中，提出師資培育面臨的兩難，此兩難展現危機與轉機的一體兩面，也是師資培育的理論建構、政策制訂、課程規劃及教學革新應思考的面向。無疑的，負責師資培育的教師們更應該強化自我省思能力，勇敢、負責地面對問題，不能如鴕鳥般自欺欺人或逃避問題，更需要積極地彰顯人文的關懷，否則師資培育機構不是被淹沒在現代工具理性的迷障中，就是游離於後現代的五里霧中，不知何去何從。

一、多元與自我認同的衝突與融合──自我與他者間的剛柔並濟

現代主義講求歷史與文化的連續性，因此不鼓勵多元文化，只追求大一統的線性發展文化，故不會產生文化認同的問題；但是，後現代主義不同，它強調文化的地域性（local）和偶發性（contingent），所以人類難以只依據過去的歷史和影像，就妄想全盤掌握現在和一切的變動。就此而言，我們可以看到閉瑣式和一元式的師資培育制度，早已隨著教育政策計畫性的不再被採用而有

所轉變。目前除了那些早年既存之傳統師範校院外，幾乎所有大學均可成立師資培育中心，「分食」師資培育的「大餅」。傳統師資培育制度是現代思想的產物，後者則為後現代主義的產品。然而，當現代與後現代思潮的師資培育未能融為一體，仍是各走各的陽關道時，則表面上其學校教育目標雖然相同，但實質上卻各異其趣，加上資本主義自由市場競爭的效應，可能導致彼此之間為了爭取資源而形成敵對，教育的和諧和溫馨遂被破壞殆盡。（當然如此論述是簡化了在現代與後現代轉折過程中的社會與政治因素，但因此等因素過於龐雜，非三言兩語可以交代，又非本文的重點，故於此暫不論述，留待將來探討教育中的社會正義時再詳細討論。）

　　師資培育多元化制度推行後，學生選擇學校的機會擴增；然而當市場競爭轉變為彼此利益和權力的惡鬥時，人類為了生存，又將玩起叢林法則的遊戲，並以「市場自由」矇混專業的自我認同（Tormey & Townshend, 2006: 152）。最明顯的現象是，各師資培育機構不是思考如何培育優質師資，不是思考教育需要哪樣的教師，而是思考如何在市場機制的鬥獸場上占有市場，謀取利益。各師資培育機構不是放出各種利多，以爭取學生，就是積極訓練學生，使其成為爭取市場有限教職空缺的「猛獸」；教育愛和教師品格不再是師資培育過程中的重要目標，反而鼓勵學生炒短線，致使大學降格為教導學生應考的「教戰所」。看到學校在考前提供如何準備「應戰」的教戰手冊，卻漠視師資培育的宗旨在於協助有志於教育工作的學生，建立適切的教育理念、陶冶高尚品格，及激發其教育熱誠。在各校相關的網站和輔導實習教師所舉辦的活動中，不難看到這些應考的「補」帖，以及學校所公布的宣揚其勝利和戰利品的文宣中，不禁令人憂心師資培育機構應培育的教師之魂，恐已消失殆盡。

　　此等現象若任其發展而不加反省和批判，則教師的專業認同和專業倫理將難以在基礎教育的園地中彰顯，學生和家長對於教師的尊重，亦會愈見消弱，社會對教師的專業肯定，也將愈現低迷，乃至於導致教師自我否定。此自我認同的危機若無法化解，則教師將淪為資本主義人力資源的「物品」，而不是有思想、有主體、有生命的活體。這是師資培育的危機，更是國家教育體制去生命化的警訊。

後現代思想對此現代主義商品化、市場機制等危機的質疑、反省和批判，正是開啟此危機有所轉機的大門，此後現代思想的反思和批判的動力，來自其對文化和歷史再現與複製的質疑。基本上，後現代主義者質疑人類文化和歷史可以再現（representation）的論點。他們認為，文化無所謂「高級文化」或「大眾文化」之別，而且人類具有文化健忘症（cultural amnesia）（Irvine, 1998: 3），故不認為有存在永恆的文化。此等後現代主義的思維，引發人類自我認同和文化認同的不確定性危機。一旦自我認同和文化認同的不確定性和混沌的意識被挑起，資本主義的市場機制一元性，確定性之整體觀（totality），就會被質疑。

當現代受到後現代衝擊之際，無論師資培育制度是閉瑣的、一元制或開放的多元制，都應同時被質疑與檢討，而且反省的聲音不只是由上而下，也要由下而上。一旦開放的論述形成，多元的聲音即可出現，雖然雜音也可能產生，但也可能形成共識；若共識無法達成時，則政府就應該將決策權下放，讓師資培育機構的師生自己形成其發展願景，並以之說服家長、學生及市場。但是這是件如何艱辛、又是多麼漫長的路，沒有人可以預見路的盡頭，但我們也不用悲觀和消極，因為悲觀和消極者都會提早被社會和市場所淘汰，只有真切的自省和面對，才能化險為夷。

易經（謝秀忠編著，1995）的「履」卦（兌下，乾上），顯現的是一柔踐二剛的形勢，即昭示我們，柔能克剛的道理，只要守住本分，自然彰顯自我心志，不偏激，不貪溺，不自私自利的走捷徑，而能履端守正，不作非份之想，不自亂陣腳，則當可轉危為安，也能解決紛爭。由此可見，當此現代與後現代思潮對立之際，若教育能堅守主體性，踐履「知汝自己」和自我認同的本質，則隨著後現代思想的興起，雖逐漸出現對原來教育本質、內涵、意義或目的的反省之聲，甚至導致教育對「自我認同」的危機，但只要教育工作者不是六神無主的只跟著市場起鬨，而能和平理性的檢視教育的本質，考其得失，再以不畏艱難之志，堅定的順理而行，則在現代與後現代思潮的進退之間，將可從容中度，既開放又當機立斷地穩住教育的方向，故亦不致於隨著市場或思潮而任意起舞。如此，師資培育的主體性和多元性應可並存不悖，故師資培育自將不

再沈淪於工具理性或自由市場遊戲中而無法自拔。

二、整體與片段的爭議——多元浪漫的理想

現代主義講求系統性和一貫性，現代主義的學者也堅信，理論是統整且無所不包的大體系，它可以含攝所有的歷史、知識、科學和文化；相對的，後現代主義既不認定歷史的存在和意義，也反對現代主義用以掌握文化的系統和方法；後現代主義也因此更質疑現代思想的一貫性和系統性體系，並反對大故事敘述的典範，取而代之的是在地的、偶發性的片段現象（Irvine, 1998: 4）。一言以蔽之，後現代主義喪失現代主義對文化和認知的統整性，卻開展出具個人特色和彰顯主體生命的殊異片段。

若現代主義思想造就教育「尊師重道」的文化，後現代思維乃開發教育創意的先機和理論依據。因此在質疑教育理論的系統性之際，也應重新定位實證論和經驗主義的價值性。就師資培育言之，現代思維的大體系維繫教師的社會地位和專業權威，但是卻讓教師流失主體的生命力，也讓教育因為一再地複製，一再地在大體系中循環，導致無力創造文化和個體的新生命；後現代主義雖然可以彌補此缺失，但是若只一昧的強求創新、標新立異，卻不知有所本，則創新將如同失根的浮萍，只能受制於他人或市場，卻無法在自己的花園中健全地生根發芽。簡言之，無論現代主義或後現代主義都為教育點燃希望，卻也為教育埋下危機，如何能掌握希望，又能摒除危機，則是教育研究者義不容辭的責任。

培養師資猶如培養社會領袖一般，不應被系統或傳統所牽絆，而要在連結與分離之間取得適切的平衡。雖然後現代思想提供我們更多的可能和機會，但是優良的師資不是偶然，亦應避免陷入無法自拔的泥沼，同時應重視社會與文化對師資培育衍生的影響力（Marx, 2006: 37）。眾言之，師資培育機構面對現代與後現代思潮的拉鋸，更應勇於自我批判，也需要彰顯其獨立自主性（Marx, 2006: 32），要成為自己的主人，不能被頑固的意識型態所宰制。

今日師資培育機構雖然林立，但是每個機構都應該有其獨立的生命，編織各自的願景，彰顯各自的特色，既包容內外在的雜音，卻又能透過建立溝通與

關懷的組織氣氛，形塑組織的共識（Marx, 2006: 141）。在此共識形塑的過程中，主人與奴隸的關係應不復存在（Deleuze & Guattari, 1984: 254），因此，人類不但不能再成為現代工業或科技的奴隸，更不應該從科技中逃脫，卻又跳入文化的奴隸中。Lyotard（1984）積極鼓勵人類主動並大膽地發揮「異曲」（difference）思維，莫陶醉在現代啟蒙理性宣稱的「知識即力量」的系統性迷思，而要開展藝術家或流浪者（nomad）的浪漫，方能從知識的牢籠中釋放潛能（Tormey & Townshend, 2006: 66），這就是解放的力量。此說明 Lyotard 所批判的不只是社會的轉型，更護衛社會流動之教育正義與公平。此再度說明後現代思潮並不反對啟蒙，亦不應被視為反現代性，宜被視為第二波或另類的理性啟蒙（alternative enlightenment）。

　　質言之，師資培育不能漠視現代與後現代思潮引發的整體與片段的爭議，但是卻又不宜陷入任何一面。在此爭議中，教育更應該活出主體性，解放桎梏的意識型態，尤其是偏執單一理性的錯誤意識。因此，無論現代主義計畫教育產物下的閉瑣式師資培育，抑或後現代主義操弄下的開放式多元師資培育，都是一種單一理性的意識型態，也都需要接受檢視和批判。既如此，則師資培育體系有必要攤在陽光下，透過公共論述，重新審視其合理性；同理，教學和學習的理論，也需要重新思考學生和教師的主體，以及社會文化的需求與發展，如此方能體現教育的新生命，否則無論從課程、制度、教學，乃至於從評鑑著手的教育改革，都可能只是隔靴搔癢，難以提出對症下藥之處方。

三、不確定的茫然和膚淺價值間的取捨——自主的生命共同體

　　後現代主義在去中心化之後，是否仍可成主流？主流文化何在？主流文化在去中心化之後，是否仍需要追求團體的凝聚力（solidarity）？後現代思潮是否讓國家的團結、社會與家庭的關係網絡更為鬆散？失去一定結構和次序的家庭、社會與國家，是否仍能維繫社會與文化固有的結構與秩序？不具共識的多元價值，是否也加速文化淺碟而難以紮根？例如，今日的社會，多少人隨著流行和感覺走，但是若政治和教育政策也跟著流行和感覺走，甚至跟著利益與權力走，則也難怪會讓人民覺得沒有方向感。

　　學校中所謂的「文化多元」，此多元的範疇到底有多大？誰來決定多元的範疇？純淨而無融入「雜質」的同種文化，其文化品質難道就必定低於異質文化？同樣種族或社經背景的文化，能否產生一個整體？抑或在後現代思潮衝擊下，無論種族、性別、社經地位、語言、宗教等的次級團體將會一一被打散？縱令次級團體存在，但在後現代主義的氛圍下，該團體充其量只是隨意的、臨時的集合體，欠缺內在精神和情感的凝聚力。若此，什麼是校、什麼是家、什麼是國、什麼是教育、什麼是教師專業等，若需要重新定義和定位時，將是教育的一大挑戰。

　　從現代與後現代思潮的相互激盪，可以看出社會對教育的期望，且此期望並非教育工作者或教育決策單位可以視而不見的；弔詭的是，社會一方面要求教育符應社會需要，但另一方面卻又要處理「不合理」的要求，例如，家長要求學校或教師無所不用其極的幫助學生考上理想的學校；同時，卻又要求學校維繫教育的本質與精神，並在有限的時間中「合理有序地」揠苗助長（Boris-Schacter & Langer, 2006: 12）。由此可見，受後現代思潮影響的社會價值是變動和多元的，例如，有人主張孩童無需過多的照顧；有人則認為學校和教師的照顧大不如前；有人主張知識是人生幸福與否的保障，故知識的多寡與人生的幸福成正比；有人則認為教師應該培養學生具有一技之長；但仍有少數人堅持品格為上。

　　無庸置疑地，人數的多寡或聲音的大小，無法成為該論述合理與否的利準，但是民主社會的窘境之一，是明知不合理，但是只要「聲音」夠大，則其他的聲音就可能被壓抑。表面上高舉人人平等的旗幟，主張大家都可以自由公平地發聲，但實質上，多數暴力卻不斷在社會中上演。此等現象所以能持續存在，最根本的原因在於人類長期暴露於資本主義紙醉金迷的物質誘惑下，已缺乏對價值作理性地定位，加上學校教育又不重視培養學生的自主性，終導致社會出現各類意識型態，卻乏力發揮自省與批判之功，致使民主的本質愈趨變質或被扭曲。

　　師資培育機構若只重視如何讓學生都能順利的考取「教職的證照」或取得教職，而不思培養其形構價值觀的能力和習慣，也未在師資培育過程中強化其

人文和品格的泱泱風範，則又如何能冀望踏出師資培育機構的學生能有深厚的
人文素養，又怎能期盼其能自主地形構自己的教育價值觀。在此現代與後現代
主義爭議之際，若師資培育機構要能掌握世界思想的脈動，則培養深具人文風
格，又能堅守教育本質的教師（Byrne & Rees, 2006: 32），乃師資培育機構責
無旁貸的課題。這也是師資培育機構在科技理性掛帥及全球化（其實是美國
化）趨勢下，可以保有一塊清新淨土的活路。

四、大眾與小眾文化的易位和融通——理情的結合

現代主義講求一致性與階層體制化，也講求歷史和傳承的大敘事；後現代
主義則質疑並批判此等現代主義思維，在後現代主義者眼中，大眾文化可能被
批評為老舊，欠缺自我和獨特性。相對的，原被視為文化「弱勢」的小眾文
化，反而成為後現代思潮追逐的「正統」。[1] 在後現代主義者心目中，並不存
在所謂「絕對」的概念，因此，具個別性和獨特性的小眾文化乃隨之不斷興
起。然而小眾文化之間也可能互不相容（Healy, 2005: 119），此多元和對立亦
可能成為凝聚社會共識和建立生命共同體的阻礙。M. Wollstonecraft
（1759～1797）於 1792 年《女權宣言》（*Vindication of Rights of Women*）一
書呼籲：現代與後現代融入式的結合是最大的贏家，也是最不傷害現代和後現
代主義優點和特色的作法（Wollstonecraft, 引自 Appignanesi, 1998: 98-99）。

教育是個人、社會與文化交織的活動，因此，不能只有具獨特性的小眾文
化，文化共容性和共通性的部分不能完全被忽視，否則教育活動中難免產生人
與人之間，或學校與社群之間的疏離。易言之，教育活動中雖然讚賞個別性，
但絕不能忽視群體性。學校是社會的縮影，既不能沒有主體性，也不能與社會
脫節。就此而言，教師不僅應該意識到，需要提供小眾文化生存與發展的空
間，也需要舒緩小眾文化與大眾文化之間，或小眾文化彼此之間的對立，並促

---

1 後現代主義者不但不相信有所謂的「正統」（orthodoxy），而且認為所有的理論都只
　是用來分析事理或解決問題的「適切方法」（orthopraxy），或只是其工具，故沒有任
　何人的觀點可以成為普遍的世界觀。同理，後現代本身也不是一統的世界觀，此也是後
　現代主義極容易走入虛無主義之因。

進各小眾文化間及其與大眾文化間彼此的尊重、相互的欣賞，並互相學習。因為，自我雖然可以獨一而二，但卻不能完全與社群隔離，否則個人認同將只是一種自戀，且會將人貶低為與其他萬物並無兩樣的客體，而不再是具有思想、生命和自由意志的主體。質言之，沒有社群的自我認同，無法形構文化，這也是何以文化是人類異於萬物者的重要表徵；文化可以多元、可以獨特，但文化與文化之間應該可以彼此理解，也應該彼此尊重，甚至彼此欣賞與分享，如此文化才能生生不息。

Shen（2005: 10）提及個人和社群兩個向度在結構上是對立的，但卻是一種辯證的動力對立，不是絕對的敵對。同理，教師專業的成長也應該扣緊社會的脈動和自我的生命，彰顯兼具自我主體與社群文化的辯證特質。後現代主義思想期盼粉碎人類對知識體系權威所抱持的意識型態，然後建立自我認同的體系（Hogan, 2005: 87）。自我認同有助於發揮創造力的張力；然而自我認同若不自我反省、自我批判，則極可能淪為自戀或自我中心，更何況要一個人擺脫生活文化的影響，也不是短時間可以達成，這就是教師在專業成長中之所以必須透過不斷地質疑與反省，以解放原有的習性或價值觀，方得以開創新局之論述。

如前所述，優質的教育應該讓個體與群體相輔相成、相互融合，讓個人的獨特性，豐富社群文化，也讓社群文化提供自我認同的厚實基礎。教育對文化有此認識後，教師在教學活動中應該致力於培養學生開放的胸襟，尊重、欣賞他人的異文化，及喜捨的分享德行。此等尊重、包容、喜捨、分享的德行，就是民主社會重要的公民素養。

若師資培育過程中，師資培育機構忽視準教師們民主素養的培養，卻汲汲營營於講求功利的結果論，則短時間內或可讓社會誤以為教育具有高效能；但是缺乏文化素養的知識人，就像老舊的工具一樣，容易被淘汰；反之，具有文化素養的公民人，其對社會的價值和影響，將如陳酒般，不但經得起時間考驗，而且愈陳愈香。師資培育機構所欲培養的教師，不應該是用之即棄的免洗碗筷，應是經過不斷洗刷後仍堅固、亮麗的陶瓷餐具。至於如何讓陶瓷餐具彰顯保值的價值，則需要加入文化和藝術的美感（Tormey & Townshend, 2006:

130）。人文和品格就是教師專業素養之美感的具體展現。

因此，教育除了培養師生批判能力和啟蒙理性外，更需要融入柔軟圓潤的美感，來提升理性的價值和彰顯人文的智慧。人文智慧包括善的意志和人文性（Dean, 2006: 35）。就此而言，批判不只反思現實和普遍性，更將質疑和反省的觸角延伸到非普遍性和殊異性，以開拓人生更多的可能性（Healy, 2005: 65）。師資培育機構所培育的師資，若具有此批判的能量和被批判的雅量，則人類文化將可不斷綿延，小眾文化亦可不斷創生，大眾文化也會不斷的精緻化、人文化。質言之，小眾文化與大眾文化的易位，不是對立而是相互學習，彼此欣賞。若將此開放的胸襟轉化至與人的相處和團隊合作上，則文化將因此而多元、豐富，且可綿延不斷而生生不息。這不但是教育工作者對教育本質的執著，更是為人師表者深信不疑的教育使命。

在文化轉型的過程中，獨具特性的小眾文化一旦成為大眾認可的主流文化，則主流文化亦將逐步提升為精緻文化，而且原具主流特色的大眾文化，可能被取代或轉型，但仍為主流文化，但也可能隨即被唾棄。同時，另一種小眾文化將會興起，此文化傳遞、轉變的過程，正說明了「流行」的本質。

師資培育機構擔負師資養成之重任，雖不宜置小眾文化於度外，但更應發揮起激發小眾文化發展為主流文化，提升主流文化為精緻文化之功，如此才是師者所以為師的文化使命。畢竟物質世界可以不斷地更新和流行，但是一個社會和國家的文化是否也可和物質一樣的不斷更迭？若文化也如此，則文化很可能成為失根的文化，世界也可能沒有所謂的「經典」或精緻文化，因為精緻文化需要時間和人文的淬鍊，絕不是急就章得以成之。同理，師資培育乃百年樹人之大業，亦不宜急就章，更不宜一昧的追逐流行，反蔑視人之本質。

就教學或教育政策言之，小眾與大眾文化的融合，一則讓教育更重視弱勢，有助於促進社會「弱勢」者擁有平等的發展空間；另一方面，教育也可因著多元文化的迎拒，讓社會更透明，更易挖掘社會或人性中的黑暗面，進而謀求改進，讓社會正義與公平更能彰顯。再者，若將大眾文化與小眾文化融合的概念，延伸到教育的理論與實踐中，則教育本質和知識的真理性將受到質疑。舉例言之，古之師者，所以傳道、授業、解惑的地位和功能將受到挑戰。然而

此正是教育所以能因為質疑、反省和批判，而不斷產生新的生命動力之故。具體言之，教師的定位和師資培育的方向，將隨著後現代思潮的典範而受到如下的質疑：師者的角色為何？師者要傳的是什麼道？誰的道？此道是否為普遍的真理？是誰受（或授）誰的業？怎樣的惑才是大惑？繼而，除了「天、地、君、親、師」的倫理次序可能會被打垮外，教師的專業權威、社會地位和教學方法等，再也不能一元化、絕對化，故受到後現代主義的衝擊，教師不但需要終身學習，更需要抱持「視學生為教師」的態度，進行教學活動（Stone & Cuper, 2006: 145），提升學生的品格和知能。「教到老，學到老」將再度成為師生共有的座右銘。

五、語言的去結構化和意義化的辯證——藝術化的創意

語言是教學不可或缺的媒介，後現代主義追求的解構，解體了歷史、文化和語言的結構，取而代之的是小敘事、片段和語言意義。Derrida（2005）認為，語言受到結構的束縛，以致於範限其發展空間，也縮小人類運用語言展現主體的自由；同理，Lyotard（1991: 105）質疑康德認識論中時間的客體概念，認為若能批判對話、遊戲、反思等資本主義所欲抹煞的向度，則將可避免人類一直環繞在複製的惡性循環中。藝術可以說是結構化和意義化之辯證合，若人類不去質疑固有的知識，不去發揮語言去結構化的意義，則無法產生藝術（Tormey & Townshend, 2006: 77）。人生除了理性外，也需要加入藝術的層面，教學亦然。教師除了教導學生固有的知能外，也需要讓學生自己建構其對知識的意義，發揮其解讀語言意義的藝術和創意。因此，教學是一種藝術——一種融合結構性知識與師生個別生命意義的藝術。

今日台灣有不少經過轉化的語言，就是最好的例子，如：「BMW」除了原意之外，尚衍生出「長舌婦」（Big Mouth Woman, BMW）的新意，這種中西融合而產生新意的語言，就是後現代主義者企圖解構語言，並藉以強化語言之主體意義的例證。此種由使用者自行演繹出來的語意，更容易激發學生以其口說其心；只是教師教學或教科書中所使用的語言，能否容納此新興的語意，尚待進一步的了解。然而教學真能完全接受語言意義的自由轉化嗎？若完全接

受此等去歷史、去結構化的創新語意，則雖然有助於袪除文本「再現」的缺失，但是，一旦文本和語意均無法再現，而且個人又可以自創其語言或意義時，則教學活動如何進行？[2]此都是面對後現代思潮衝擊時的教學可能面對的棘手問題。

教育依照既定的目標往前推移，固然是一種進步，但是，教育出現反動的力量，也未必都是負面的。例如，當語言出現不同意義時，可能會隨著意義的改變而帶出不同的價值判斷。問題是：價值的判準為何？如何訂出該判準？就後現代主義者的觀點言之，定於一尊的判準無法被認同，因為，後現代主義所標榜的是「差異」——差異強調不同，故不贊同有絕對的價值判斷。教育活動中若完全採取此等後現代主義觀點，則教師將難以評鑑學生的學習成效。

對於語意的解讀和價值的認定，在教學上雖然可以透過討論，激發學生的思考等來形成次級團體的共同遊戲規則，但是此小眾的遊戲規則能否普遍化？能否與其他異質性團體進行溝通？上述問題既非後現代主義者所能解決者，故也會成為教學時師生對話的困境。

總之，語言結構的去除和語言意義的抬頭，蘊含著對差異的認同；對差異的認同，雖然是尊重文化的表徵，也是多元文化的開端，但卻極可能造成溝通的障礙，社會也可能因為欠缺共通的語言，以致於無法溝通或導致彼此的誤解，甚至影響文化的傳承和永續發展。母語就是其中的例子。

後現代思潮發展至今，教育界對後現代主義的特色已經初具共識，其主要概念包括：去中心化、多元化、小敘事、重差異、混沌性等，而較常出現的用詞大致有：片段（fragment）、弔詭、隱喻或詩的語言、意識型態、論辯（dis-

---

2 「再現」一詞是Lyotard處理後現代藝術的基本訴求。他認為最崇高的藝術（the sublime art）就是無限偉大，卻又無法再現（Appignanesi, 1998: 21）。但是一旦文本無法再現，則教學活動中的知識將隨之無法確立。文本中既存的知識也都可能被推翻，教和學將有更多的自主性，但卻喪失評鑑的意義和可能性，因為沒有任何有形的標準可以衡量教學的成效。如此一來，將引發教育是否可以或需要存在的危機，或許孔子所宣稱的「三人行，必有我師。」才是真正教育的形式。毫無疑問的，教育也不應侷限在「學校」的機構內進行；更甚者，何謂「教育」？皆需要重新釐清。作者對於後現代的觀點並不完全採信Lyotard的觀點，而採取辯證的觀點，因此不但可以避免其所遭遇的困境，亦可為教育找到既不完全丟棄文本，卻又開展多元創意的捷徑。

course）、權力、解構、去霸權、後工業、後殖民、女性主義（Hill, McLaren, Cole, & Rikowski, Eds., 2003: 1）、關係取向等；「既不……也不……」的觀點，也是後現代精神的展現，因為這也是一種消解中心的方法（Derrida, 1979: 106），也是透過質疑系統性和一元化的思維和行動，俾開創多元性和藝術化的可能。就此而言，教學活動應該是多元且具開創性的，但也需要某種程度的結構性和系統化，否則學校將面臨無法溝通而難以進行教學。雖然在後現代思潮的衝擊下，教育的諸多概念需要重新定義，但是語言結構與意義的共識一定要先建立，否則一旦人與人之間的溝通無法進行，不但教育活動無法進行，人類文化的發展將如煙火一樣，雖然多采多姿，卻因無法掌握，以致於難以生生不息。

因此，在現代與後現代轉折之間，師資培育既不能死守現代的系統性和一元化而渾然不知變通，也不能完全放棄現代主義講求的系統性和普遍性，而應該顧及教育必須開發人類潛能，化育人文素養的目的，尋求現代與後現代主義之間各種可能的辯證合。同理，教師的專業素養也不能一成不變，師生角色和教學策略也需要謀求多重的轉換和彈性，即教師不再是永遠的教師，學生也不再是永遠的學生，師生的角色隨時可能因為時空、情境脈絡和知識體系的不同而改變；因此，教學更應該彰顯藝術的創意，開展想像能力，而不是一成不變。可見，溝通和創意在現代與後現代思潮的轉折下將是更受重視的教學原則。

六、感恩是批判的智慧——正信、正定與大愛

在台灣，「感恩」一詞的提倡者，首稱慈濟功德會的創辦人——證嚴法師。她說：「心住一境不散亂，歡喜自在心能定；諸禪不生煩惱念，禪在生活日用間；慈濟世界感恩心，愛為天下眾生生；全力奉獻無所求，堅定心意道中行」（證嚴法師，2002：128）。此說明感恩是一種心智成熟的智慧表現，因此，要心懷感恩，必須心存正念、正信和正定，然後才能隨時知足、處處善解、多多包容，而此正念、正信與正定均為理性的判斷；再者，能作清明的判斷，價值定位才能穩定，也才能知所進退、無怨無悔的發揮「無緣大慈，同體

大悲」（證嚴法師，2001：22）的感恩心和愛的行動。她說：

> 攝諸心念正定法，心不移動能靜定；心靜定則道能通，正信才能正定；
> 萬法本來無所住，正住真空道理中；動靜皆寂為賢相，正確修行菩薩道；
> 慈濟世界感恩心，愛為天下眾生生；但願眾生得離苦，大愛包容地球村。
> （證嚴法師，2002：148-152）

　　正信、正定均為理性的判斷，亦可排除意識型態的操弄，此即基於時時自省、時時惕勵、不隨波逐流的批判態度。在《三十七道品偈誦釋義》中，證嚴法師以七覺支勸勉弟子。「覺」就是一種覺悟和身心靈的提升，更是批判精神的展現。「七覺支」指學習佛陀慈悲喜捨四無量心的法門，分別是：1.「擇法覺支」，即觀察諸法，選擇教法，以修行佛陀大悲心的智慧；2.「精進覺支」，即心無雜念，力行正道不間歇，分分秒秒的精進；3.「喜覺支」，乃為佛教而為眾生，終此生而志不忘親身力行佛真理，體悟真法得歡喜；4.「輕安覺支」，指心若能定則輕安；5.「捨覺支」，乃捨離日常生活所見之執著心，把握現在之道心；6.「定覺支」，指歡喜自在心能定；7.「念覺支」，指心意專，解除煩惱，不患得患失，無罣礙（證嚴法師，2002：126-129）。此七覺支明白地闡述批判性思考的方法和精神，包括鉅細靡遺地由外而內的仔細觀察、不間斷的力行正道、體悟真理、輕安定心、去我執、歡喜自在、不患得患失。此即守正道而行，也是合理、美好的人生，正是人生的宗旨。

　　然而除了理性的批判之外，人也必須心中存他者。因此，真正快樂、美好的人生，是能讓自己與他人都欣喜快樂，故人與人之間應該彼此心存感恩，並讓慈悲成就感恩的行動。所謂「慈」，就是讓人快樂；「悲」，乃拔除人的苦難（證嚴法師，2002：216）。可見證嚴法師心目中的「感恩」，不是一般的感謝，而是一份心中慈悲正念和正行的展露。

　　感恩必須付諸行動，首需從自身的去我執和定心的修為做起。證嚴法師說：「一念之心動三千，起心動念剎那間；相入於心想生思，慈濟世界為眾生；但願眾生得離苦，大愛包容地球村；把握因緣種福田，修成正果在眼前」（證嚴法師，2002：126-129）。只有感恩心，得以化解人的貪嗔癡，如此方

能誠正信實相對待，而且無私、無所求的付出大愛，去關懷他人，讓地球沒有災難。

可見證嚴法師提倡的感恩智慧，有助於化解後現代主義衍生的「任我行」（anything goes）的意識型態。感恩不但建立在正念和正行的基礎，而且要能產生大愛的行動，不但心存對「他者」的善念，更要造福人群、關懷萬物。由此我們可以清楚地看到自我修持以及正念、正行的信念與行動，即批判思考展現的感恩智慧。我們也可以說，感恩乃身心靈經過理性批判之後，其所顯露的大愛行徑，故感恩是批判的智慧。

世間最可怕的是人心，所謂：知人知面不知心。即使我們認識一個人，但也無法完全洞悉他的心。人心行惡時，可怕到什麼程度呢？像毒蛇、猛獸一樣。國家所以混亂，社會之所以不安寧，都是人造作出來的（證嚴法師，1999：178）。此再度說明，人若欠缺反省、批判的能力，就可能無法識人心正邪，更無法顯露感恩之情懷和行動。質言之，若乏感恩之心，則心隨波逐流，無所寄託，或為所欲為，甚至害人害己，使正念和正信也離開人心更遠。總之，感恩不只是情感的發抒，更是理性自我修行的結晶。

因此，教育在後現代思潮的衝擊下，除了提升批判能力外，更需要加入感恩的素養，方是融合現代理性與後現代主體差異性、創生性，而讓個人、社會與文化得以生生不息、永續發展的良策。教育如此，師資培育的教育更需要融合批判與感恩的智慧。I. Kant（1724～1804）宣稱：人之所以展現人文性，乃因其權力或意志皆能與他人的情感相融合，此等情感（susceptibility）不僅與生俱來，而且是人類對於悲喜的感同身受（Kant, 2002: 414; also Quoted from Tierney, 1994: 29）。批判和感恩的智慧也透顯此等辯證關係。

〈處在資訊科技的數位時代〉道德教育的過程已經從個人的自主性自律，發展到社會正義、批判和反省；同時，其也從重視個人關係，拓展到對社群的大愛、奉獻和行動。個人和社群兩個面向，無論在反省和行動、批判和奉獻、正義和大愛、自主和關係的發展階段中，均存在結構性和互動性的對立……因此，更需要將自我意識融入社群的共存（being-together-ness）中。（Shen, 2005: 11）

　　本文所以提出批判和感恩，作為二十一世紀教師專業素養的訴求，並非視之為最後的防線或最高的鵠的；相反的，感恩如同 Shen 上文所言的，只是一個人之所以為人最基本的倫理與為人處事的態度。但是，何以教師需要具有批判和感恩的智慧之德？

　　除了上文的分析外，從人的成長歷程——從出生到成熟期——比其他動物更長，也比其他動物更容易受到傷害的生理和心理層面可以推知，每一個人的成長需要獲得的支持和協助，比其他動物更多元、更多面向、更大量，也更長久，因此，一個人的成長，無論是生理、心理或知能的發展和成熟，所需要感恩的人和社會，乃至於自然界的萬物，都比其他動物來得更多。既如此，教育怎可不積極的培養學生批判與感恩的智慧之德。尤其二十一世紀，人類正面對現代科技與後現代主義多元、差異、主體的思想轉折之際，教師專業素養更需要強化此等智慧，方足以在變動、混沌、多元與普遍、定於一尊、一元思想的拉鋸中，明智地確立正念和正行之人文本質和人生方向，而不受外在的紛擾和誘惑所迷惑。

　　質言之，教育若欲開展人文性，需先意識到人類的脆弱，體悟到互助合作與天人合一的必然性和重要性，然後發揮自主和自律的理性，從心中的淨土建立起感恩的價值觀，方能對既存的社會和生活，以感恩之心，提出建設性的批判。如此，社會與人類也方能生生不息地永續發展。簡言之，感恩與批判結合了現代主義與後現代主義，欲兼顧個人與社群，理性與情性的面向，是教育本質所欲彰顯的智慧。尤其在科技發展和全球化蜂湧而來的時代，資本主義的自由市場機制，及其講求績效的文化，早已蔚為主流文化，此時教育更需要找回黯然失色的人文情懷，而感恩不僅對於訴諸權威、講求完美，或只看功利結果的行為與價值觀有所覺悟與包容，更豐富了批判教育學的理性，使批判不再只是對事不對人，也不再一昧的為反對而反對，或侷限在自我中心的意識型態牢籠而無法自拔。總之，正義固然重要，但是沒有愛的正義，卻無法持久；沒有正義的愛，不是大愛；同理，沒有批判的愛，因為未能定位價值，故也難以形塑感恩的文化。然而，形塑文化不是個人的事，而是整體社會每個人的責任，教育更應該負起此教化的責任，因此，二十一世紀的教師專業素養，就不能欠

缺批判與感恩的知能和品格。

參、打造教育績效與人文關懷的希望工程

一、師資培育需要重建績效，更需要提升品格

上一節從現代主義與後現代主義思潮的論辯中，本文找到融合現代與後現代主義本質的批判與感恩的智慧，勾畫出二十一世紀教育志業的圖像。至於如何落實此圖像，則需要制度、政策、課程與教學的配合，更需要整體文化的重建（Englund, 2005: 136），方得以致之。

師資培育制度的改變，就是師資培育理念的轉變；師資培育理念的轉變，將導致師資培育目的、課程和教學的改變。Cochran-Smith（2006: 1）針對二十一世紀師資培育總處在被挨打的窘境，強力呼籲師資培育需要加速變革。他認為，師資培育機構面對後現代思潮的衝擊，存在更多無法確定的因素，但是至少應該面對且積極處理的問題，包括下列三方面：1.知能訓練；2.學習與評量；3.制訂師資培育政策（Cochran-Smith, 2006: 134-139）。優質的師資除了經師之外，更應該是人師和良師，因此，Cochran-Smith 對師資培育所提出的反省，雖有可借鏡之處，但仍停留於可操作的表象，並未深入教師的生命，無法完足地彰顯教育志業之教師專業素養。

德行是教育的核心和本質，但是有多少人重視教師品格的素養？傳統社會對於教師品格的重視，如今在資本主義和功利思想的摧毀下，已難以尋覓。但是不能因為品格被淡忘就漠視它，相反的，應該更努力找回它，為人類教育工程師打造新的希望。追求社會正義是教育的本色，只是教育在資本主義及全球化的趨勢下，因為時間和數量的積累，追求績效，忽視品格已經習以為常，更常將正義拋諸腦後（Pring, 2005: 196）。此現象復以教師品格難以被量化、難有普世的判準，遂更易於被視若無睹。

Stone 與 Cuper（2006: 4）調查和統計美國人格類型後發現，約有 7 ％的美國人認為自己對他人應該負有重大責任；這些人當中，有70 ％的人是教師。此份研究即指出，我們常對資本主義有所指責，資本主義社會也可能腐蝕美國

人的心靈，但事實上它並未腐蝕美國的教育界，尤其教師品格仍相當高尚。此現象是台灣在全球化趨勢下，視國際化為美國化的迷思中應該好好反省之處：何以中國優良的儒家傳統消失殆盡？何以道家包容並蓄的胸襟也被歲月嚴重侵蝕？教育應該傳承下來的「德行」如今何以銷聲匿跡？何以美國能，而我們卻不能？何以原屬於我國固有文化的品格，如今卻蕩然無存，甚至需要向美國學習？

師資培育機構不僅要讓教師有能力教育孩子成為二十二世紀社會的中堅份子，更要為社會培育二十一世紀具高尚品格的優質教師。這不是好高騖遠，而是高瞻遠矚。試想：今日教育文化圈中，有多少人的思想和行事是站在二十一世紀的制高點，以遠眺二十二世紀的未來？何以台灣的教育難以培養具有遠見視野者？何以教育場域中似乎永遠都有人無法伸張正義？何以教育總是處在被形塑的奴性地位，卻極少主動的建構屬於自己獨有，又能與人分享的園地？何以科技影響教育如此容易，而教育影響科技卻如此乏力？何以教育場域中的單打獨鬥永遠多於和樂融融、關懷分享？此等文化若不改善，則政府或師資培育機構對培育師資所作的改革，恐難以奏效，培育良師的希望也勢必落空。

二、主體與群性的發展不能只賴評鑑，需要提升批判性思考能力

D. M. Fetterman 提出訓練（training）、促進（facilitation）、倡導（advocacy）、闡明（illumination）與解放（liberation）作為評鑑師資培訓的五大面向，此即其所謂的「彰權益能評鑑」（empowerment evaluation）（Fetterman, 引自潘慧玲，2006：6）。姑且不論此評鑑是否適合台灣，但是藉其所提出的「解放」面向，我們更應該深思：台灣在師資培育過程中做到了多少？尤其在師資培育過程中，教師們是否充分被授權，並自我爭取主動發展權，也鼓勵學生充分自由地展現其自我價值和意義？更重要的，在追求主體和解放的向度上，師資培育是否重視教師品格的陶成？師生之間是否都能自由自在的舒展其主體性？個人與群體間是否存在關懷、分享、包容和互相尊重的智慧？若不深思上述問題的本質和癥結，只借用他國的方法，急就章的依樣畫葫蘆，並視評

鑑為決定進場和退場的工具，也不反省師資培育是否具自主性、多元性，只一昧操弄評鑑的內容和項目，並以之作為行政單位宰制教育，或用以打擊教師士氣和品格，而無法成為論述師資培育方向、課程與教學革新的參照，則無論哪種評鑑都只是教師專業素養的劊子手。質言之，二十一世紀的師資培育必須在現代與後現代思想的轉折中，尋找批判與感恩的辯證智慧，方能打造具有績效與人文的教育。

　　質疑、反省、解放、重建和辯證思維，有助於檢測知識是否在不知不覺中，讓少數人的意見「偷偷地」在自由市場的包裝和護衛下，轉變為擁有巨大權威的怪獸，並像瘋子一樣的散發無可抗拒的霸權。可見，批判性思考能力無論對於講求量化的科學理性主義或實證主義，或質疑和反省自我覺知，抑或解構被視為理所當然的大敘述或系統理論（Hohler, 1982: 25），均可作為解構意識型態的能動力，更能開啟理念創生的新頁。[3]質言之，批判有助於在「不疑處有疑」（looking something familiar in an unfamiliar way）；質疑與反省是開啟解放和重建的動力；解放和重建則成就質疑和反省的活力。動力不是無厘頭的激情，而是價值觀確認、檢驗和重新定位的智慧。因此，具有人文性和創造性的新價值和新方法，才是二十一世紀師資培育因應後現代思潮衝擊，應該彰顯和發揚光大的法門。

　　後現代主義在批判性思考的檢視下，教育不再只是在故紙堆中找尋知識，也不會只像海綿一樣的吸收文本中或教師傳授的知識，而會透過主動的探索，排除時間和歷史所累積之知識權威的影響，以發揮想像力和創意。質言之，具有批判性思考能力的學習者，是主動出擊的能動者，也是知識的創造者；教師也不再只是「標準知識」的定位者和提供者。就此而言，不具批判性思考能力的師生，難以在後現代思潮的衝擊下自在的生存，也難以在教學活動中散發互為主體性的生命魅力和獨立思考的藝術張力。總之，批判性思考不僅是現代理

---

3 反省所以能開展創新的空間和先機，乃基於反省所具有的「互為主觀性」（intersubjec-tivity），而且反省本身兼具提問和回應兩層面的功能：即對基本的既存的基礎提出質疑，同時，也提出對於問題的「他者」的建議和關注，故其本質也是辯證性思維（Hohler, 1982: 3）。

性啟蒙的功臣，更是解構後現代知識和權力的推手。處在後現代思潮衝擊下的教育，應該積極提升教師的批判性思考能力。誠如 Nietzsche《權力意志》（*Will to Power*）一書所提出的觀點：意志彰顯的不是真理，而是詮釋的藝術（Nietzsche, 1968: 317）。此等詮釋的藝術是具活力和爆發力的新生命和主體創造。由此可推，「去中心化」絕不是單純的取代或換掉真理，而是將上帝、純粹理性、時空概念和人的生活綑綁在一起，並使上帝從此喪失其超越凡人之上的絕對地位（Deleuze, 1983: 152），而回歸人的本質——既批判又具人文關懷的特質。

三、維護教育正義需要關懷倫理的感恩心

公平與信賴是營造學校和諧風氣的要件（Stone & Cuper, 2006: 129）。若教育欲發揮批判的理性功能，首要之務，必須確保師生思想和言論的自由和安全（Fletcher, 2000: 40），故營建倫理和諧的氣氛乃其先決條件。此外，教育工作者需要懷抱著共存共榮的態度，來看待師生互動和師生關係。此等共存共榮的態度乃個別性和差異性的上位概念，此態度即指「感恩」的理念與情懷，亦即「為愛服務」的智慧（Olthuis, 引自馮朝霖，2003：40），它融合小我的自我創化與大我的參贊化育為一體。

女性主義者主張的關懷倫理，一方面展現女性對「關係」的綿密思維，有別於男性的理性正義；另一方面，也補足理性所建構之正義倫理的偏失。證嚴法師提倡的「感恩」智慧，更融合了人心、情性和大愛的情懷和智慧的認知與行動。她勸勉弟子修行時，除了無欲無求外，還要時時懷抱一分感恩心（證嚴法師，1999：210）。因為唯有心懷感恩，付出時，才不會要求對方的感謝或回報；而且也因為心存感恩，所以要感謝讓您有機會付出的人。人之所以能夠付出，乃顯現自己無所欠缺，也是真正知足後的分享行動；因為無所求，因為知足，才能打從心底真正的奉獻。

教育也應該時時培養學生的感恩心。就是這份感恩心，讓個人與社群不再有化不開的隔閡，也讓教育的環境充滿溫馨與和諧。證嚴法師開示說：「最平常的人最富有，因為他們沒有事業的野心，隨時知足，因此有時間去關心親

友、關心社會，更因為知足而能無私的奉獻，因而更可以獲得真正的友誼；而友誼成就了最富足的生活，而且富有既取諸社會、也應用諸於社會；能以慈心、愛心去關懷別人者，才能獲得精神的真正富足」（證嚴法師，1999：272）。倫理既是教育活動的本質，也是其核心，故倫理的發展必須從培養倫理的情感和情操著手，因為，「道德情感都先於道德理性的發展」（何懷宏，2002：129）。而此倫理的情感和情操的據點就是感恩。

四、師資培育應該走出校園圍牆

人人都知道眾志成城，也明白合作、分享與團結對績效的重要，但是在師資培育機構中，能凝聚成生命共同體的夢想卻如此的渺茫。若是社會病了，需要社會病理學家；但是社會人病了，則需要教育家，教育家是人類心靈的工程師；人類心靈的完整發展，端視身心靈的整體和諧，此不是支離破碎地去中心，或自私自利地各自為政即可達成，而需要精神和思想的重建。

教育活動雖主張個人主體的自由發展，但個人主體的發展需要和社群融合一體。總之，教育是整體的活動，從制度、政策、課程、教學、師資等，環環相扣，雖未必是一體成型，卻是殊途同歸。易言之，理論與實踐雖可能各自獨立，甚至彼此對立，但仍存在相輔相成的關係。因此，各級學校的教育不應該只是關起門來辦學，學校應該成為結合社區、聯絡情誼、發展文化的中心；學校不僅需要教導學生認識自己和其所處的世界，也需要教導學生築夢和逐夢，更需要帶動知識管理的績效和提升感恩、誠正信實的人文素養。質言之，師資培育機構所欲培養的師資，應該具有良善德行的感恩心和維護社會正義的人文素養（Dean, 2006: 157）。期望怎麼收成，就要怎麼栽，教師更需要以身作則，若知能不足以令人折服，視野不足以叫人傾心，人格不足以撼動人心，則師資培育機構恐難以建立新世紀的教育專業權威，更遑論擔負良師興國的重責大任。

Winch（2005: 68-71）和 Pring（2005: 203）均強調教育是價值的傳遞與發展，亦主張教師除了需要豐富學生的知能外，更需要提升其品格，以協助其建構未來美好的生活，包括：人際關係的建立、對傳統價值的反省和批判，以

及對社群的關懷和信誠等。易言之，教育必須培養學生彰顯其自我主體性和提升其高尚品格，教師更需要積極開闊學生的視野，提升其批判思考能力，否則縱令教育能培養能歌善舞、能言善辯之士，也無法讓這些擁有知能者，成為真正有情有義、有血有淚、有理性有情感，能當機立斷、知所進退，又知所感恩和惜福的人。

張賜琪（2001）[4]在〈二十一世紀教育發展的五大趨勢〉一文中引用美國學者的觀點，提出教育未來欲培養的六大知能和態度分別是：1.廣泛運用資訊科技，包括圖書、資料蒐集和處理等能力；2.提升邏輯、批判與創造思考能力，以分辨語意、預測方法和因應變化；3.善於溝通的能力與態度；4.認識生存的環境、生態和宇宙等自然與人文現象，並重視其與人類共存的密切關係；5.了解人與社會的存在、發展與存續的生物學、法律和倫理關係；6.自我提升和因應變革的知能。相對應於上述六大教育知能和態度，二十一世紀師資培育也應重視下列六大知能與品格：1.熟練資訊的基本知能；2.重視和提升數學、邏輯、批判與創造力思考；3.加強語文能力；4.認識自然與生態環境和生命關係；5.適應並發展社會與社區生活的知能，包括法律和倫理等價值觀的建立和行為的規範；6.不斷自我理解、自我反省乃至於自我實現的能力。此六大知能和品格，也呼應上文中討論師資培育在現代與後現代主義轉折中需要面對變革的六大專業素養。

就上述教育的六大發展趨勢，以及師資培育課程所需的六大專業素養觀之，教師專業必須不斷的提升，並納為終身學習的一環，而且教師應該成為社

---

4 張賜琪（2001：3-8）引用卡夫曼的觀點，微觀的處理中國大陸教育所需要因應的方式，如師生角色的改變，教師從知識權威的代言人，改變為引導者、協調者，而學生也不再只是被動的知識接收者，而是積極的參與者，因此，學生的感知和經驗也都被納入課程中，課程也不再是一成不變，而可以隨時更改。因此，探究式、融合式、多元化的教學自然蔚為趨勢。文中張賜琪更以1970年代英國劍橋大學三一學院與企業「聯姻」的例子，說明大學應該開放門戶，吸引企業菁英進入大學殿堂，也讓大學的學術研究和教學提早適應企業的實用觀，進而帶動實用性功能的提升漢人文化。此觀點個人相當認同，只是要在大學和企業結合之後不至於淪為企業的附庸，則大學的學術研究和教學，更應該建立在實用性的基礎點上，並發揮人文的關懷、批判和創發性。這也是大學和企業結合或整併應該掌握的重要方向。

會終身學習的典範；各級學校也應該成為全民終身學習的場所。此外，為因應後現代重視差異、多元、主體等特質，課程多元化、教學和評鑑多樣化、教材彈性化、教學科技數位化、學校與工商企業結合實用化的趨勢等，均是教師專業發展應把握的方向。總之，二十一世紀的師資培育機構，面臨現代主義與後現代主義轉折，也承受後現代主義浪潮的衝擊，應該兼顧現代理性啟蒙之績效和後現代主義為人文、自由與正義把關的社會責任，讓文化得以在理性的批判和人文的感恩情懷下，生生不息地將現代理性啟蒙的批判，融入後現代關懷與感恩的智慧，開展兼具績效與人文的希望工程。

　　世界的潮流是變動的，人的行為、思想也是變動的，但是在變動中仍存在不變，或許是本質，或許是心靈，或許是深層價值的信念，但無論個人或社會，都同時存在變與不變，只是變與不變的內容因人、因情境、因時空而存在變與不變的各種可能性。基於此無窮的可能性，教師應該重視學生的創意，而批判是確保創意的重要法則，學生之所以能夠勇於批判權威，乃因為教學環境提供其免於恐懼的言論和思想自由的揮灑空間，以及和諧的師生關係和彼此心懷感恩的人文品格，所共同編織而成的關懷之情（Curzon-Hobson, 2002: 267-268）。質言之，因應後現代思潮的衝擊，教育的宗旨不再侷限於理性的啟蒙，更不能只是知識的傳播，應該回歸到人本身，致力於開啟人類反思和批判的理性，並含蘊誠摯對待、無私付出的友誼和感恩服務的人生觀，此亦是教師專業素養的重要里程碑。

參考文獻

中文部分

何懷宏（2002）。**倫理學是什麼？**台北市：揚智。

馮朝霖（2003）。**教育哲學專論：主體、情性與創化。**台北市：高等教育。

張賜琪（2001）。21 世紀教育發展的五大趨勢。載於**民辦教育動態（5）**（頁 1-13）。亦可 Retrieved from http://www.pep.com.cn/200406/ca527021.htm

溫明麗（1995/1996）。邁向 21 世紀的教育——超越現代與後現代。載於中華民國比較教育學會（主編），**教育——傳統、現代與後現代**（頁 89-124）。

潘慧玲（2006）。彰權益能評鑑之探析。**當代教育研究，14**（1），1-23。

謝秀忠（編著）（1995）。**白話易經。**台南市：大孚書局印行。

證嚴法師（1999）。**靜思、智慧與愛。**台北市：慈濟文化。

證嚴法師（2001）。**靜思小語。**台北市：慈濟文化。

證嚴法師（2002）。**三十七道品偈誦釋義。**台北市：慈濟文化。

英文部分

Appignanesi, R. (1998). *Postmodernism.* 黃訓慶（譯）（1998）。後現代主義。廣州：廣州出版社。

Boris-Schacter, S., & Langer, S. (2006). *Balanced leadership: How effective principals manage their work.* New York & London: Teachers College Press.

Byrne, J.-A. C., & Rees, R. T. (2006). *The successful leadership development program: How to build it and how to keep it going.* San Francisco: John Wiley & Sons.

Cochran-Smith, M. (2006). *Policy, practice, and politics in teacher education.* Thousand Oaks, CA: Corwin Press.

Curzon-Hobson, A. (2002). A pedagogy of trust in higher education. *Teaching in Higher Education, 7*(3), 265-276.

Dean, R. (2006). *The value of humanity in Kant's moral theory.* Oxford: Clarendon Press.

Deleuze, G. (1962/1983). *Nietzsche and philosophy.* New York: Columbia University Press.

Deleuze, G., & Guattari, F. (1984). *Anti-Oedipus: Capitalism and schizophrenia.* London: Athlone.

Derrida, J. (1979). *Spurs: Nietzsche's style.* Chicago: University of Chicago Press.

Derrida, J. (2005). *Intellectual courage: An interview.* Retrieved June 25, 2006, from http://culturemachine.tees.ac.uk/Cmach/Backissues/j002/Articles/art_derr.htm

Englund, T. (2005). Rethinking democracy and education. In W. Carr (Ed.), *The RoutledgeFalmer reader in philosophy of education* (pp. 136-142). London & New York: Routledge.

Fletcher, S. (2000). *Education and emancipation.* New York & London: Teachers College Press.

Gromala, D., & Bicket, D. (1998). *Modernism and postmodernism.* Retrieved July 12, 2006, from http://www.geneseo.edu/icket/panop/modpomo.htm

Habermas, J. (1985/1987). *The philosophical discourse of modernity* (F. Lawrence, Trans.). Cambridge: Polity Press.

Healy, R. (2005). *Rationality, hermeneutics and dialogue.* Hampshire: Ashgate Publishing Limited.

Hill, D., McLaren, P., Cole, M., & Rikowski, G. (Eds.) (2003). *Postmodernism in educational theory: Education and the politics of human resistance.* Retrieved July 12, 2006, from http://www.tpress.free-online.co.uk/postmodernism.html

Hogan, R. (2005). The politics of identity and the epiphanies of learning. In W. Carr (Ed.), *The RoutledgeFalmer reader in philosophy of education* (pp. 83-96). London & New York: Routledge.

Hohler, T. P. (1982). *Imagination and reflection: Intersubjectivity Fichte's Grundlage of 1794.* The Hague, Boston & London: Martinus Nijhoff Publishers.

Irvine, M. (1998). *The postmodern, postmodernism, postmodernity.* Retrieved July 12, 2006, from http://www.georgetown.edu/faculty/irvinem/technoculture/pomo.html

Kant, I. (2002). *Groundwork for the metaphysics of morals* (A. Wood, Trans.). New Haven: Yale University Press.

Lyotard, J.-F. (1984). *The postmodern condition: A report on knowledge* (G. Bennington & B. Massumi, Trans.). Manchester: Manchester University Press.

Lyotard, J.-F. (1991). *The inhuman: Reflection on time* (G. Bennington & R. Bawlby, Trans.). Cambridge: Polity Press.

Marx, G. (2006). *Future-focused leadership: Preparing school, students, and communities for tomorrow's realities.* Alexandria, Virginia: Association for Supervision and Curriculum Development.

Nietzsche, F. (1968). *The will to power.* New York: Vintage Books.

Pring, R. (2005). Education as a moral practice. In W. Carr (Ed.), *The RoutledgeFalmer reader in philosophy of education* (pp. 195-205). London & New York: Routledge.

Shen, V. (2005). *Anthropological foundation of moral education in a technological era.* Retrieved September 25, 2005, from http://www.crvp.org/book/Series03/III-2/chapter_vi__anthropological_foun.htm

Stone, R., & Cuper, P. (2006). *Best practices for teacher leadership.* California: Corwin Press.

Tierney, N. L. (1994). *Imagination and ethical ideals: Prospects for a unified philosophical and psychological understanding.* New York: State University of New York Press.

Tormey, S., & Townshend, J. (2006). *Key thinkers from critical theory to post-marxism.* London: Sage.

Usher, R., & Edwards, R. (1996). Postmodernism and education. *The Care Review, 8* (1). Also can be retrieved from http://www.care.org.uk/resource/ls/ls960620.htm.

Winch, C. (2005). Autonomy as an educational aim. In W. Carr (Ed.), *The RoutledgeFalmer reader in philosophy of education* (pp. 65-73). London & New York: Routledge.

第二篇

當前師資培育制度問題的檢討與發展

第三章

多元衝擊下我國特殊教育師資
培育之問題與對策

張英鵬

國立屏東教育大學特殊教育學系教授

林姝君

國立屏東教育大學特殊教育學系 95 級畢業，目前為實習教師

蔡明芳

國立屏東教育大學特殊教育學系 95 級畢業，目前為實習教師

劉玟儒

國立屏東教育大學特殊教育學系 95 級畢業，目前為實習教師

壹、緒論

一、研究動機與目的

　　吳武典、韓福榮、林純真及林敏慧（1998）認為特殊教育的師資為影響特教品質之關鍵因素，而特教師資政策則為主導培育優秀專業師資之前提。然而，面對今日教育現場其實不難發現，我國特殊教育師資培育的狀況，已經由於相關法律的變革、社會的變遷（例如：少子化、遲育、晚婚等問題）、科技的進步，以及我國財政所產生的影響，近來大眾對特殊教育的接納程度、特教教師流動率等多元的衝擊，而產生多重且複雜的問題。因此，需要探討更完善的因應對策。本研究將提供特殊教育學系畢業的學生，在今日我國特殊教育師資培育產生如此多元衝擊的情況下，能為未來生涯作好充分的準備。

　　林千惠（1996）指出對於身心障礙類特教師資的培育，在新修訂的《師資培育法》中，明文規定除原有的師範校院外，其他一般大學亦得設立「特殊教育系或學程」，共同培育中等以下學校之特教師資。另外，鄭英耀、李新鄉及陳聰文（1997）指出多元化的《師資培育法》公布後，師範教育的封閉系統，將徹底瓦解，取而代之的將是開放的師資培育模式，因而未來培育師資將成為各大學校院的功能之一。事實上，在《師資培育法》施行後，一般大學開始廣設相關的教育學分班，各師範校院也開始招收學士後有意從事教職的人士就讀所謂的學士後師資班，豐富了教師來源的多樣性。而近來特教師資的培育，也逐漸朝著多樣化的培育方向發展，使得特殊教育教師的來源變得廣泛，值得探討的是今日我國在特殊教育上對師資的需求明顯減低，就特教相關系所畢業的學生而言，已不再擁有天之驕子的身份，亦即過去特教教師在各類教師甄試中，以往是屬於缺額較多而競爭人數較少的一類，而今日卻與過去迥然不同。

　　雪上加霜的是，近年來相關的人口統計資料顯示，我國的生育率有逐年下滑的趨勢，未來國中、小學將逐一減少班級數，換句話說，我國教師的需求量，將伴隨學生人數的減少而縮減需求。第一胎生育年齡從 1981 年的 23.2 歲，至 2003 年的 26.7 歲，顯示出台灣婦女近年產下第一個子女的年齡逐漸增

長的情形，也顯示我國育齡婦女大多數確實有遲育的情況發生。在 2001 年到 2003 年的統計中，只擁有第一胎的人次幾乎是一半以上的育齡婦女，兩胎以上的人數約占 35 ％到 36 ％之間，因此，我們可以推論我國生育率有明顯地減少，且第一胎平均生育年齡的提升，將使得後續子女的養育有較大的可能出現遲育的情形。

　　近年來我國的行政體系中，由於政策主導常造成人事政策的改變，舉凡我國之社會福利津貼給予、教師的退休潮，許許多多相關的財政負擔都來自於我國政治操作的導向，為了履行選舉時亂開的支票，財政因之失衡，同時近年來取得教師資格的新進特殊教育師資大增，使得教甄名額逐年減少，而新進教師不會在短期間內異動，而特殊教育公費生常無法分發完畢，這些情況都使得將來的教師甄試，難上加難。

　　在今日多樣化的特教師資培育的現況之下，特殊教育教師一職的競爭，和一般教師甄選的競爭情形相比，已是有過之而無不及。師範校院中，特殊教育類科的學生，未來的就業方向是否應該有所轉變呢？面對目前強烈的競爭壓力，這些學生該如何因應？是否從事教師一職將成為空談呢？本研究將針對師範體系中，就讀特殊教育學系的學生們，未來將面臨諸如：學生人數減少、教職短缺等就業之問題來做深入的探討並提出相關對策。

　　本研究旨在探討在多元衝擊下我國特殊教育師資培育的問題與對策，根據研究動機，提出研究目的如下：

1. 了解特殊教育師資培育現況下所面對的多元衝擊。
2. 探討特殊教育學系之系主任、教授、學生對特殊教育師資培育現況的看法。
3. 探討師資培育系統中，特殊教育學系之未來發展走向。
4. 了解目前全國各大專校院中的特殊教育學系所在課程上的因應措施。
5. 了解現況下全國各大專校院中特殊教育系所的教授及系主任、學生對個人未來生涯的規劃。
6. 探討我國現今特殊教育師資培育的困難，教育部、各地方教育局所面臨的困擾和提出的解決方案。

二、待答問題

根據上述研究目的，主要有以下幾個待答問題：

1. 探討現今多元衝擊下對我國特殊教育師資培育的影響為何？
2. 了解特殊教育學系相關人士對現今特殊教育師資培育的看法為何？
   (1)各師範校院特殊教育學系之系主任、教授對現今特殊教育師資培育的相關政策、措施看法為何？
   (2)各師範校院特殊教育學系之系主任、教授對於特殊教育師資供需失衡的看法為何？
3. 未來各師範校院之特殊教育學系之未來發展走向為何？
4. 現今全國各大專校院的特殊教育學系所在課程上的因應措施為何？
5. 多元衝擊下對全國各師範校院中特殊教育學系之系主任、教授及學生對未來生涯的規劃為何？
6. 各師範校院特殊教育學系的學生對未來就業的看法及感受為何？

貳、文獻探討

近年來，受到經濟不景氣、人口呈現負成長、廣設教育學程及相關政策不斷的變化等多元化的因素影響之下，對於我國師資培育出現了較大的衝擊，造成了許多新興的問題，台灣的經濟不若以往繁榮，而在經濟逐年蕭條的情境之下，我國的財政愈來愈吃緊，審核教育經費時也是如此。

林寶貴、邱紹春及蘇芳柳（1998）指出我國師資培育階段有分學前、國小、國中、國中以上等四個階段，特殊教育師資培育機構如下有：三所國立師範大學特殊教育學系、六所國立師範學院特殊教育學系、三所師院改制的國立大學特殊教育學系、私立中原大學特殊教育學系，及台灣省啟智教育師資訓練班、台灣省視覺障礙兒童混合教育計畫師資訓練班等機構都有師資培育。目前六所國立師範學院已於 2005 年改制為教育大學，師資訓練班因已完成階段性任務，亦已停辦。

教育部自 84 學年度開始核設教育學程，併同原有之師範校院及學士後教

育學分班，核定招生數逐年增加，至 92 學年度之師資培育招生數量每年約為 20,000 人，其中包括師範校院約 8,500 人、教育學程 7,000 人，以及學士後教育學分班 4,500 人，93 學年度開始核減招生量（引自教育部，2005）。

　　93 學年度各縣市國小特殊教育教師缺額及報名人數，台北縣、市及高雄縣、市，還有苗栗縣、金門縣都沒有特殊教育教師的缺額，而其他縣市雖然有缺額，但是整體看來特教教師的錄取率只有 10 ％，有些縣市甚至不到 10 ％，這顯示 93 學年度以前，已有大量特殊教育學系公費生分發完畢，另外自費生也考上特教老師，因此，近來特教班老師有年輕化的趨勢，且原任特教班之特教老師退休人數又少，流動率普遍不高，特殊教育的師資已達飽和，因此教師缺額愈來愈少，形成就業上的困難（整理自全國教師會，2006）。

參、研究方法

一、研究對象

　　本研究以問卷及訪談做為調查工具。

（一）預試問卷對象

　　為國立屏東教育大學特殊教育學系大學日間部一到四年級共四班之學生，每班隨機取樣兩人，共八人做為學生預試對象，另邀請國立屏東教育大學特殊教育學系之三位教授為專家效度對象，了解問卷之內容及語意是否妥當。

（二）正式問卷寄發對象及訪談對象

　　問卷調查的對象分別為 94 學年度就讀於全國各師範校院大學日間部，包括：國北教大、市北教大、新竹教大、台中教大、嘉義大學、台南大學、屏東教大、台東大學、花蓮教大、台灣師大、彰化師大、高雄師大、中原大學等 13 所學校特殊教育學系之全體學生共 2776 人為對象。訪談則以師範校院特殊教育學系的系主任、教授 15 名為對象，受訪學者包括：中原大學林初穗教授、台中教大莊素貞主任、屏東教大黃玉枝教授、台灣師大吳武典教授、台東大學

魏俊華主任、國北教大林貴美教授、楊宗仁教授、彰化師大林慧芬主任、張昇
鵬教授、高雄師大林素貞主任、市北教大張世彗主任、新竹教大陳國龍主任、
嘉義大學謝建全主任、花蓮教大楊熾康主任、黃榮真教授。問卷寄出2776份，
回收1807份，有效份數為1775份，回收率為64%。研究對象分析見表3-1。

表 3-1　全體研究對象基本背景

背景	分項	人次	百分比
性別	男	363	20.45 %
	女	1411	79.49 %
	未表態	1	0.06 %
年級	一	415	23.4 %
	二	482	27.2 %
	三	445	25.1 %
	四	433	24.4 %
學校	台灣師大	84	4.7 %
	國北教大	185	10.4 %
	市北教大	174	9.8 %
	中原大學	172	9.7 %
	新竹教大	121	6.8 %
	台中教大	148	8.3 %
	彰化師大	106	6.0 %
	嘉義大學	99	5.6 %
	台南大學	236	13.3 %
	高雄師大	99	5.6 %
	花蓮教大	88	5.0 %
	台東大學	134	7.5 %
	屏東教大	129	7.3 %
公自費	公費	4	0.2 %
	自費	1771	99.8 %

二、研究工具

　　研究者依據待答問題擬定預試問卷，問卷初稿分為四向度，包括：「特教系課程學業方面」共 14 題、「特教系發展方面」共 11 題、「就業衝擊方面」共 27 題，「因應就業困難方面」共 3 題。邀請國立屏東教育大學特殊教育學系之三位教授，及特教系大學部一到四年級學生共八位，進行專家效度考驗。包含以下三方面的評量：1.內容適切性：考量每一題是否符合研究主題；2.文字清晰度：每一題項是否辭意明白、文句通暢；3.內容完整性。研究者依據教授和學生意見彙整，及研究群之討論後，將內容修正為六大向度，共 56 題，分別為「對於當前師資培育多元衝擊的看法」共 10 題、「就讀特殊教育學系的感受」共 12 題、「特殊教育學系的課程因應」共 13 題、「特殊教育學系的發展」共 7 題、「我對未來就業的感受」共 11 題、「我的就業困難因應作法」共 3 題，成為研究正式問卷。

　　另外，本研究之訪談題綱為研究者自編，分四個向度，分別為：1.「特殊教育師資培育制度、問題」共 3 題；2.「特教師資過剩的問題」共 2 題；3.「各師範校院特殊教育學系、所在課程和就業輔導上之規劃」共 3 題；4.「各師範校院特殊教育學系、所未來因應」共 2 題。全部共有 10 個問題，採結構式訪談方式進行。

三、資料處理與分析

　　利用社會科學電腦統計套裝程式（SPSS V.10.0）進行統計分析，主要的統計考驗方法為各題之次數分配、百分比法及各題之平均數問卷之分析法。再針對各向度的問卷調查分別以性別、年級、各校之回答反應進行卡方考驗（CHI SQUARE）、t 考驗（t-Test）、單因子變異數分析（one way ANOVA）之統計分析；另外，對全國所有特殊教育學系之系所或中心主任或任職於該校之教授共 15 位，進行本研究之訪談。本研究在訪談過程中使用錄音筆將訪談過程錄音下來，訪談內容先轉錄成逐字稿，再依照各向度每位教授的看法進行質性分析之校正分析歸納、恆常比較分析，最後歸納出訪談發現、結果看法。

肆、研究結果

一、不同背景之特教系學生對於當前師資培育多元衝擊的看法

不同年級的特教系學生對於師資培育的多元衝擊在想法上達顯著差異（F=11.29，p=.000），事後比較可知四年級、三年級、二年級特教系學生對師資培育多元衝擊感受顯著大於一年級學生。

不同學校特教系學生對師資培育多元衝擊達顯著差異（F=2.64，p=.002），進行事後比較發現：教育大學衝擊顯著較師範大學高。

二、不同背景之特教系學生對於就讀特殊教育學系的學習感受

四個年級的學生在就讀特教系學習感受上達顯著差異（F=28.125，p=.000），事後比較可知四年級學生就讀特教系之學習感受顯著大於一、二年級學生；三年級學生就讀特教系之學習感受顯著大於一、二年級學生；二年級學生就讀特教系之學習感受顯著大於一年級學生。

不同學校特教系學生就讀特教系學習感受變異數分析達顯著差異（F=3.60，p=.000），進行事後比較發現：可培育中等特教師資的大學生普遍感受較好，例如：嘉義大學（M=27.11）、花蓮教大（M=27.05）、台南大學（M=26.97）、彰化師大（M=26.01）、台灣師大（M=25.81）。

三、不同背景之特教系學生對課程因應的看法

不同年級特教系學生對課程因應的看法，在「特教系課程應提供其他專長能力充分培養的機會」方面，達顯著差異（χ^2=26.21，p=.01），各年級「同意」顯著高於「完全不同意」者。在「特教專門學分總學分數在全部課程之比重應調降」方面，達顯著差異（χ^2=29.98，p=.003），其中各年級皆以「不同意」者最多。在「開放師培課程學生具有選修其他專業學程的機會」方面，達顯著差異（χ^2=26.12，p=.01），其中各年級「同意」者皆最多。在「特教系開設的課程，足以應付未來職場上所需」方面，達顯著差異（χ^2=46.94， p=.000），其中一、三、四年級以「不同意」者最多。在「特殊教育師資培育之課程應加重行政能力的訓練」方面，達顯著差異（χ^2=29.93，p=.003），其中各年級「同意」者皆最多。在「特教系課程應加重輔導諮商技能的培養」方面，達顯著差異（χ^2=22.00，p=.038），其中各年級「同意」者皆最多。在「大五實習提高師生比率，以提高實習品質」方面，達顯著差異（χ^2=44.03，p=.000），其中各年級「同意」者皆最多。

不同學校特教系學生對課程因應的看法，在「特教系課程應規劃為非師培課程及師培課程」方面，達顯著差異（χ^2=78.01，p=.004），其中各校「同意」者皆最多。

在「特教專門學分總學分數在全部課程之比重應調降」方面，達顯著差異（χ^2=79.10，p=.003），其中各校「不同意」者皆最多。在「開放師培課程學生具有選修其他專業學程的機會」方面達顯著差異（χ^2=65.46，p=.048），其中各校「同意」者皆最多。在「課程規劃上應多聘請其他專業人員開設相關知能的專門課程」方面，達顯著差異（χ^2=86.91，p=.000），有5校以「完全同意」者最多，有8校以「同意」者最多。

在「系上開設的課程，足以應付未來職場上之所需」方面，達顯著差異（χ^2=134.89，p=.000），有4校以「同意」者為最多，有9校以「不同意」者最多。在「特殊教育師資培育之課程應加重復健醫學的充實」方面，達顯著差異（χ^2=115.14，p=.000），各校皆以「同意」者最多。

在「加強實務經驗，提升理論與實務之結合」方面，達顯著差異（χ^2=95.71，p=.000），有8校以「完全同意」者最多，有5校以「同意」者最多。

在「特教系課程應加強實務經驗培養，提升理論與實務之結合」方面，達顯著差異（χ^2=74.79，p=.008），有10校以「完全同意」者最多，有3校以「同意」者最多。

四、不同背景之特教系學生對於特殊教育學系發展的看法

不同年級特教系學生對特教系發展的看法，在「未來特教系應該減少大學部招生名額，轉而增加研究生錄取名額，培養碩士學位的特教師資」方面，達

顯著差異（χ^2=24.65，p=.017），其中各年級「同意」者皆最多。在「中小學特教師資培育應可合流培育」方面，達顯著差異（χ^2=41.69，p=.000），其中各年級「同意」者皆最多。在「特教系應轉變其機能，改以提供在職教師進修機會為主」方面，達顯著差異（χ^2=21.22，p=.047），其中各年級「同意」者皆最多。在「特殊教育的各種障礙類別之師資應在課程中分組獨立培養」方面，達顯著差異（χ^2=22.36，p=.034），其中各年級「同意」者皆最多。

分析不同學校特教系學生對特殊教育學系發展的看法，在「特教系與校外特殊教育機構或大學間的不同學系合作，以提供學生學習機會」方面，達顯著差異（χ^2=82.15，p=.030），有 8 校皆以「同意」者最多，有 5 校以「完全同意」者最多。

在「未來特教系應減招大學部名額，增加研究生錄取名額，培養具碩士學位的特殊教育師資」方面，達顯著差異（χ^2=98.95，p=.000），有 4 校以「不同意」者最多，有 9 校以「同意」者最多。

在「特教系應轉變其機能，改以提供在職教師進修機會為主」方面，達顯著差異（χ^2=82.75，p=.001），有 13 校以「同意」者為最多。

在「特殊教育的各種障礙類別之師資應在課程中分組獨立培養」方面，達顯著差異（χ^2=113.02，p=.000），有 11 校以「同意」者最多，有 1 校以「不同意」者最多，有 1 校以「完全同意」者為最多。

五、不同背景之特教系學生對於未來就業的感受

不同年級特教系學生對未來就業感受達顯著差異（F=27.00，p=.000），以 Scheffe'進行事後比較。四年級學生對於未來就業感受顯著大於一、二年級之學生；三年級學生對未來就業的感受顯著大於一、二年級學生；二年級學生對於未來就業感受顯著大於一年級的學生。

不同學校特教系學生對未來就業達顯著差異（F=3.443，p=.000）。教育大學對於未來就業感受悲觀顯著高於師範大學。

六、不同背景之特教系學生對未來就業困難因應作法

特教系學生對就業困難因應作法之排序，受試者依據題意認為面對就業困難會採行的對策，依序從最優先到最後的順序由 1 至 13 的數字排列（如表3-2），由高到低分別為「從事出版業工作」、「自行創業」、「從事服務業（如餐飲服務業等）」、「從事學術研究之工作」、「到大學資源教室服務」、「到教養機構（中心）服務」、「從事文教補習業（如安親班、課輔班等）」、「報考高、普、特考」、「從事與特殊教育相關之工作（如手語翻譯員、復健或相關治療師……）」、「培訓其他專長（如資訊、語文……）」、「增加自己的非特殊教育專業能力（如繼續深造、自我進修、參與研習……）」、「繼續增加自己的特殊教育專業能力（如繼續深造、自我進修、參與研習……）」。

特教系學生針對就業困難對政府建議的排序，由高到低排列（如表3-3），

表 3-2　特教系學生對就業困難因應作法之排序

因應做法	平均數
從事出版業工作	9.18
自行創業	9.16
從事服務業（如餐飲服務業等）	8.89
從事學術研究之工作	7.99
到大學資源教室服務	7.51
到教養機構（中心）服務	6.68
從事文教補習業（如安親班、課輔班等）	6.64
報考高、普、特考	5.43
從事與特殊教育相關之工作（如手語翻譯員、復健或相關治療師……）	5.03
培訓其他專長（如資訊、語文……）	4.18
增加自己的非特殊教育專業能力（如繼續深造、自我進修、參與研習……）	4.05
繼續增加自己的特殊教育專業能力（如繼續深造、自我進修、參與研習……）	3.45

表 3-3　特教系學生針對就業困難對政府建議之排序

對政府建議做法	N	%
1. 政府單位可擴增退休名額，鼓勵屆齡老師退休	1449	81.6
2. 各教育機關應依法淘汰不適任教師	1410	79.4
3. 大學特殊教育學系不應再開設特殊教育師資班及外系選修之特殊教育學程班，僅由特殊教育學系培育特教師資	1241	69.9
4. 提高我國特殊教育經費佔總教育預算之比例	1232	69.4
5. 提升我國目前教育體制下的師生比（如每年每班提升 0.1 個教師比率）	1078	60.7
6. 在實習前實施教師專業科目檢定考試，以取得實習資格，可有效控管實習教師之人數	931	52.5

佔最高比例的是希望「政府單位可擴增退休名額，鼓勵屆齡老師退休（81.6％）」，其次為「各教育機關應依法淘汰不適任教師（79.4％）」、「大學特殊教育學系不應再開設特殊教育師資班及外系選修之特殊教育學程班，僅由特殊教育學系培育特教師資（69.9％）」、「提高我國特殊教育經費佔總教育預算之比例（69.4％）」、「提升我國目前教育體制下的師生比（如每年每班提升 0.1 個教師比率）（60.7％）」、「在實習前實施教師專業科目檢定考試，以取得實習資格，可有效控管實習教師之人數（52.5％）」。

　　特教系學生對就業困難的挫折之排序中，依填答者的心情、感受由高到低排列（如表 3-4），佔最高比例的是「順其自然，船到橋頭自然直（83.2％）」，其次為「對未來仍充滿信心（42.0％）」、「悲傷、難過、沮喪（19.8％）」、「毫無目標、規劃（17.1％）」、「想轉學或轉系（15.4％）」，佔最低比例的是「後悔選讀特殊教育學系（8.2％）」，特教系學生半數以上都認為對於未來就業的困難，能以順其自然的心態去面對。

表 3-4　特教系學生對就業困難的感受之排序

心情、感受	N	%
順其自然，船到橋頭自然直	1461	83.2
對未來仍充滿信心	746	42.0
悲傷、難過、沮喪	352	19.8
毫無目標、規劃	303	17.1
想轉學或轉系	273	15.4
後悔選讀特殊教育學系	145	8.2

七、訪談結果資料分析

（一）現今多元衝擊下對我國特殊教育師資培育之影響

　　透過本研究之訪談，現今在少子化趨勢、儲備師資嚴重過剩、教育經費短缺等財政困難、地方政府對特殊教育的重視問題、融合教育的推行、廣設特殊教育學程及師資班……等多元衝擊下，對我國特殊教育師資培育產生的影響，問題包括：教師甄試由於供需嚴重的失衡而競爭相當激烈，使得教職難考，競爭雖然是好的，但是目前我國仍然缺乏一套完善的標準，來衡量特殊教育的專業能力，特殊教育的專業性受到忽視，特教人的使命感和特教精神未能在現今的考核制度中獲得驗證。由於多元化的衝擊，另一方面也將使得強調專業素養的特殊教育教師之素質遭受波及，其來由有二：第一，由於近來流浪教師問題之嚴重，使得各教育大學錄取標準降低，預估未來教師的素質可能產生落差；第二，因為政策的失當，廣設學程，使得必須要求專業的特殊教育師資培育也出現短期速成班，有違特殊教育之專業要求。

（二）各特殊教育學系之系主任、教授對現今特殊教育師資培育的相關政策、措施看法

　　15 位教授提出下述看法：第一，減半招生名額，停止設立學程及師資班，

並且鼓勵意願高、有興趣的學生選讀特殊教育學系，提供公費或獎學金的制度，以提升學生素質、鼓勵選讀；第二，落實教師編制 2：1 的比例，以小班小校的模式經營，使特殊教育的教學服務更多元，促進教學精緻化；第三，在培育師資前作適度的需求評估，避免屯積過多師資，浪費國家人力資源，卻又不能保證每個人都適任特教教職；第四，訂定教師等級制，讓不適任教師或想退場的教師，可以自然地汰換，把編制名額空出來，甚至可以讓新進教師成為試用教師，待進修後（例如取得碩博士學位）才任用為正式教師，藉此提升教師素質、達到自動進修的目的；第五，特殊教育中，師生比例應維持固定，不能因為學生回歸普通班而裁撤特教教師的編制名額，政府應撥給每個地方政府固定的特教經費，規定專款專用；第六，降低考試人數的雙淘汰制，在實習前先實施鑑定考試，留下適任的人選，才能參與實習進入教甄的檢定；第七，鼓勵生育、倡導不晚婚的政策，避免少子化的情形持續蔓延。

（三）各特殊教育學系之系主任、教授對於特殊教育師資供需失衡的看法

在學生心態輔導方面，大學教育本來就屬於基本能力的培養，就讀師範校院也是相同的，只可視為通識教育的一環，而非保證就業的職前訓練場所，透過大學四年的訓練，可以紮實地培養出學生對於特殊教育的基本理念，同時也能養成基本的教學技能，由此，應加以鼓勵學生努力培養自己的其他專長，以儲備個人實力，未來道路寬廣，教職可能僅僅是未來就業諸多選項中的其中之一而已。當然，若非要從事教職，也可以多方考慮相關的領域和工作環境，例如：往機構發展，或是擔任代課教師，也都是不錯的就業考量。

在政策建議方面，在開放多元管道培育師資前，教師需求量的事先評估不完備，是導致現階段我國師資供需失衡的重要因素，而且現況已是一發不可收拾的局面，近年來累積數以萬計的儲備師資儼然形成國家資源的一種浪費，過去由於政治力量介入，使得多元管道師資培育的呼聲高漲，於是大量開放師培門檻，但是卻未能考量到未來需求的多寡，使得今日師資培育系統中，所培育

的師資良莠不齊。教育本身有其專業性，並非商品，尊重教育的專業性是必要的考量，我國在教育事業的投資過於輕視，未來想必我們還要擔負這些後果。

在教學品質方面，第一，教師素質問題，未能完全尊重特殊教育，也使得特殊教育的專業性受到波及，在歐美國家及日本，擔任特教教職者，皆被要求需具備教師專業訓練，取得碩士學位，這類作法無非是要保障現今特殊教育的專業，較之這類作法，現今我國大量開放師資培育的學程，也促使現今我國特殊教育師資的背景大不相同，在教育上所應該秉持的精神和態度或是教師基本技能似乎不再受到重視了！近來又遭逢師資需求飽和，導致過剩的情形，對傳統師資培育系統的師範校院產生莫大的衝擊，連帶地影響了新生的錄取標準下降，特殊教育學系的情況也不例外，這樣的情形不免令人擔憂未來我國特殊教育師資的素質是否也會受到影響；第二，城鄉差距在特殊教育上仍未改善，在偏遠地區任教的教師流動率極高，但是當地可能因為文化不利而對於特殊教育有其一定的需求存在，因此，公費仍有其必要性；第三，既然現況下，儲備教師數量充斥，且少子化情形也愈趨明顯，那麼政府應該順應這些狀況充分運用人力資源，提升師生比例，以提高教學品質。

在社會情形方面，主要的問題徵結在於少子化的情形持續惡化，未來的教學情形若再不作有效的改善措施，發展令人堪憂；其次在於目前各縣市對於特殊教育的重視程度普遍低落，應該加強對於特教經費的編列，並重視特殊教育的專業性。

（四）全國各師範校院特殊教育學系之未來發展走向

以「設立研究所」及「培養其他專長」二項，是大多數教授持的共同看法。除此之外，如果希望特教系有獨特發展的話，應朝有特色的地方去發展轉型。轉型有二種方式，一種是師範校院自己的轉型，另一種是整併、功能的轉型，但教育大學的優勢在於師資培育，其他方面難以與其他大學競爭，所以可以考慮減招大學部的學生，擴大功能，用在在職進修，之後如果有需要，可以考慮學士後師資班，這是較有彈性的。此外，早療、成人特教、聽語、社工、社會福利、輔助科技等區塊如能發展也是不錯的，另外也需建立起特殊教育證

照制度及加強學生的能力以提升競爭力。而在師院改制為大學之後，提供的學習內容應較為多元，讓學生有較多的選擇。

（五）現今全國各師範校院特殊教育學系在課程上的因應措施

「加強專業課程」及「理論與實務結合」二項，是多數教授們共同的看法。因為加強專業課程之後，我們的課程可往多元化發展，鼓勵學生去考一些證照，如此一來，學生的出路會更為廣泛，除當老師之外，可朝相關領域去發展、努力。此外，理論與實務也需相結合，讓學生在教學上更加的專精，也更能夠了解自己的興趣是否在特殊教育身上。

教授們也認為，除實務經驗要加強外，在課程上則因師資受限的關係，所以學生們有時能得到的資源是受限的，所以可以參考國外，在某些障礙類別要修滿一定的學分及特定的學分才行。所以，在課程上，多障、重度、極重度是認知課程方面需要加強的；其次，情意方面，需著重態度及情意方面之考核；技能上，則是教材教法、教材設計及實習等方面的加強。但也有人認為，特教系的專業知能已經夠了，應加強的是相關領域的部分，讓學生有機會到他校去修其他專業課程，不要就現在的資源來要求學生。另外，輔系也是必需的，因為現今的社會當中，不只要會一個專長而已，而是要求多個專長才能符合社會需求，這是時代的趨勢。而電腦、英文及溝通能力更是必需加強的。最後，在實習方面，有教授認為應調降師生比，不要讓一位督導教授，帶那麼多的學生，才會有較好的實習品質。

其次，除課程因應外，學生們也需加強自己的特教專業知能、英語、電腦能力，提升自我的能力，讓自己具有當一個專業的教師所具備的知能，如此一來在撰寫IEP、設計教具時才不會捉襟見肘，而英語佳，便能夠得到國外最新的第一手資訊。另外，學生本身也需加強自身之學習態度，以更加積極進取之態度來面對課業，多充實自己，參加社團或系學會等都是磨練自身能力之機會，學習如何和他人溝通、處理人際關係、培養觀察能力，都是很重要的。

（六）特殊教育學系之系主任、教授及學生對未來的生涯規劃

教授們普遍認為特教系學生除了系上所提供的專業課程外，需再加強特教專業知能和培養外語能力、電腦能力等第二專長和人際關係應對進退等。另外在問卷訪談中特教系學生面對未來就業會採行的其他方面的生涯規劃考量，次數由高到低分別為：「結婚，當家管」、「繼承父母的事業」、「到其他國家就業」、「出國唸書」、「攻讀神學院、傳教」、「當社工人員」、「到私人公司應徵工作」、「在家待職」、「從軍報國」、「教具、輔具的研發及買賣」、「當臨時工」、「當國小老師」、「從事第二專長的工作，如寫作」、「尋找國小代課工作，再等待機會」、「大眾傳播」、「商業」、「往中國大陸發展」、「教幼稚園」、「多充實自己各方面的能力」、「早療工作」、「轉換跑道，重學另一專長」、「往適應體育方向發展」、「環遊世界」、「從事製造業」、「漁業」、「進修和工作可同時進行」、「到海外當義工，培養世界觀」、「報考其他後學士科系」、「建築師」、「設計師」、「任職於非營利組職，如基金會」、「輔導諮商」、「當志工」、「考其他職照，如烘焙」、「休學重考」、「鋼琴教師」、「插畫家」、「當保姆」、「自由工作者」。由內容可知，具有創意之選擇，亦所在多有。

伍、結論與建議

一、結論

本研究的主要目的在於了解現今多元衝擊下我國特殊教育師資培育的問題，並探究出相對應的對策以作為因應。以下分為兩部份，首先歸納結論，接著提出建議。

（一）現今多元衝擊下對我國特殊教育師資培育之影響

現今的少子化情形漸趨嚴重，將對未來的師資需求產生重大威脅，但是時至今日，我國每年仍舊存在大量的儲備師資，而一般師範校院的學生又缺乏其

他專長素養的培養，愈演愈烈，將來恐怕產生嚴重的失業問題。

　　根據本研究有效問卷之向度一：對於當前師資培育多元衝擊之填答結果可知，全國特殊教育學系的學生普遍感到多元衝擊的存在，各校間和性別間對於感受的強烈並無明顯落差，惟年級間產生感受強度的顯著不同，可能由於對於未來就業問題和就業現場的了解程度不同或是學習動機和學習心情不同。

（二）特殊教育學系相關人士對現今特殊教育師資培育之看法

　　在本研究之問卷調查中，特教系學生對於政府的建議作法超過 50 % 以上總受試人數表示贊同的看法包含：「政府單位可擴增退休名額，鼓勵屆齡老師退休」、「各教育機關應依法淘汰不適任教師」、「大學特殊教育學系不應再開設特殊教育師資班及外系選修之特殊教育學程班，僅由特殊教育學系培育特教師資」、「提高我國特殊教育經費佔總教育預算之比例」、「提升我國目前教育體制下的師生比（如：每年每班提升 0.1 個教師比率）」、「在實習前實施教師專業科目檢定考試，以取得實習資格，可有效控管實習教師之人數」，透過上述解決之道可以為目前供需失衡的情況順利解套。

（三）未來全國各師範校院特殊教育學系之未來發展走向

　　由問卷及訪談中可得知，不同背景學生與教授們對特殊教育學系未來發展走向的看法。在所有的有效樣本中，大部分的男、女學生除在「減少大學部招生名額，增加研究生錄取名額，培養具碩士學位的特教師資」的意見上有較大的出入外，對於其他的問題，大多抱持同意的看法。

　　在不同年級的學生當中，各個年級之學生在問題看法上，大多是持非常同意或是同意的看法，第三則是不同意。其中「特教系應轉變其機能，改以提供在職教師進修機會為主」的選項，是最多人贊同的選項。

　　在不同學校學生在特殊教育學系未來發展問題的看法上，以「特教系應轉變其機能，改以提供在職教師進修機會為主」、「特殊教育的各種障礙類別之師資應在課程中分組獨立培養」方面，各校間看法差異較大，其中以前者差異最為明顯，同意與不同意者各半。而其他選項則以非常同意與同意者較多。

（四）現今全國各師範校院特殊教育學系在課程上的因應措施

　　由問卷及訪談中可得知，不同背景學生與教授們對特殊教育學系在課程上因應措施的看法。在所有有效樣本中，男、女學生除在「特教專門學分總學分數在全部課程之比重應調降」以不同意者為多，及在「系上開設的課程，足以應付未來職場上所需」上，是男學生同意及不同意人數相差不多外，女學生大多數持不同意之看法外，其餘各題之看法皆以同意者為多。

　　在不同年級的學生當中，各個年級之學生在課程因應問題看法上，除「特教專門分總學分數在全部課程之比重應調降」以不同意為多，「特教系開設的課程，足以應付未來職場上所需」以一、三、四年級以不同意看法為多，二年級以同意看法為多出現分歧外，其餘問題皆以同意者為多。

　　在不同學校學生對課程因應問題看法上，大多數學校的學生對於「課程足以因應所需」的問題上好壞皆參半，所以可得知系上所開設之課程，還是有不少比例之人無法被滿足其需求。此外，幾乎全部學校的學生都反應應「調降專門課程學分比重」。其餘「規劃新課程和調整課程方向」之選項，幾乎都以同意者為多，非常同意者其次。

（五）多元衝擊下對全國各師範校院中特殊教育學系之系主任、教授及學生對未來的生涯規劃

　　訪談各師範大學及教育大學的系主任和教授，教授們普遍認為特教系學生除了系上所提供的專業課程外，需再加強特教專業知能和培養外語能力、電腦能力等第二專長能力和人際關係應對進退等。另外在問卷訪談中，特教系學生面對未來就業會採行其他方面的生涯規劃考量，由內容可知，具有創意之選擇，亦所在多有。

（六）各師範校院特殊教育學系學生對未來就業的看法及感受

　　根據有效問卷向度五之回應，結果發現有大多數的受試者對於未來教師甄試感到沒有信心，對於未來擔任教職的機會感到悲觀，受試者欲從事教職的意

願也不高；若要從事教職，多數人認為不再以公立國中小作為首要考量，如果有機會，將不排除到特教機構（如教養院）擔任特教老師的可能。

多數受試者不認為特殊教育的教師流動率較高，能提供較多的特殊教育教師缺額，對於要擔任特教老師的資格，有部分受試者認為應提高取得特殊教育教師資格的門檻（如需有碩士學位），但有部分受試者不同意此看法，覺得大學部的學生一樣可以擔任教職的工作，等工作一兩年後再繼續進修。

廣設特殊教育學程班或特殊教育師資班，多數受試者認為會對特殊教育學系學生就業職場上產生競爭壓力，但是選讀特殊教育學系，受試者們則普遍認為不會因此而對未來擔任特殊教育教職的機會倍感信心，自特教系畢業後，也並不會讓他們感到未來的就業選擇機會是很多元的情形，雖然多數受試者覺得自己就讀學校的特教系已提供足夠的就業資訊和就業輔導，但因為目前的特教師資已達飽和，使得對特教系學生未來就業產生了很大的困難。

二、建議

研究者依本研究所發現之問題舉出下述之具體建議，分別為：對特教系的建議、對特教系學生的建議、對特教系老師的建議、對教育部的建議、研究的建議，共五部分。

（一）對特教系的建議

根據問卷及訪談中之回應，研究者歸納出下列幾點建議：

1. 調整課程內容與安排

在特殊教育師資培育課程、教材教法及實習方式上應稍作調整，重視各種類別的教師養成、強調專業精神的培育、開設各類相關課程讓學生能多方了解、配合充足的實習課程結合理論與實務的連結。大體而言，建議系上可加開一些專業知能的課程，提升學生的能力及競爭力，或廣設多元化、多樣性之課程供學生選擇、學習其他的專長，如學生將來不從事教職時，在工作上有其他選擇。目前特殊教育學系之課程偏重身障方面，將來課程安排上，可考慮採障礙分組，除基本學分外，讓學生選

組，同時也鼓勵學生多選修相關課程，修滿一定的學分才能畢業，讓學生能夠在不同障礙類別上有所專精。

2. 跨校或跨系合作，提供多元專長培育

現今各行各業皆強調產學合作，特殊教育亦然，希望能讓鄰近的大學建立課程互相支援的管道，藉由提供跨校選課、資源交流，讓學生學習更多元，增加第二專長選修之機會。特殊教育涉及的範圍廣大，特殊教育學系的師資不足時有所聞，但是不少相關學科對特教教師的培育扮演舉足輕重的角色，欠缺基本能力的專業課程對良好的師資培育而言將是一大隱憂，因此，建議各校多增設相關領域之課程有其必要，倘若受限於師資的不足，可以採取跨校或跨系的合作來增進學生對特殊教育專業的養成。

3. 鼓勵多方面接觸特殊教育學童

為了鼓勵學生多接觸特殊教育的實務層面，並且由實際接觸的機會去磨練自己對於身心障礙學童的應對能力，可以在學生就學前事先聲明、要求，在學期間需從事義工服務達固定時數之下限或是考取相關服務資格方能畢業。讓學生在校時便能自我充實，並能漸漸了解特殊教育之工作、精神以確定自己的人生目標，衡量自己是否適任特殊教育的工作。

4. 發展特殊教育相關專長之特色

目前各特殊教育學系正面臨減招的問題，有不少學校已經陸續針對大一新生的名額減量招生了！在師資供過於求的情況下，目前不少學校除了減招大一新生人數以外，也積極地成立與特殊教育相關的研究所，並且考慮以特殊教育相關範疇發展，成立像是科技輔具研究所、早期療育特殊教育學前研究所、資優教育研究所、特教相關產業之研發等。

5. 吸引有興趣之人士從事特殊教育之專業工作

現今特殊教育的儲備師資充斥，但是明顯可見的問題在於專業素養不足、欠缺對特殊教育的使命感者大有人在，又近來特教系之錄取分數有下降的趨勢，面對這樣的景況，可以透過學前或職前的性向測驗、獎學金制度等，來招攬對特殊教育感興趣的學生前來就讀。

6. 有效輔導系上學生之就業問題

在現今高失業率所帶來的壓力，以及現今師資培育供過於求的情形，在現今師資培育系統中就學的學生皆面臨未來就業的重要考驗，姑且不論教職缺額飽和的情況，就「大學教育」的作用而言，無疑是要培育專業人才，是晉身社會大學的門檻之一。在就業前，系上若能提供與本科系或其他相關專業之就業資訊，供學生參考，作為未來就業的儲備管道或資料，對於學生未來的就業將助益良多。有了充足的選擇，學生能從這些資訊篩選適合自己性向的就業方向，找到適得其所的方向，大家不必為了教甄擠破頭，特殊教育培育系統中所孕育的人才便能分散至每個有特殊教育需求的角落。

（二）對特教系學生的建議

1. 確定自己的性向及興趣所在

利用大學四年的時間仔細摸索自己的興趣何在，專長為何，是否真的願意從事特殊教育的工作。如果願意獻身於特殊教育，在學期間可以多接觸特殊教育的義工服務活動，多聽、多看、多了解特殊教育的相關訊息，隨時掌握與特殊教育相關的資訊，留待未來作為參考資料。

2. 儲備未來基本就業能力

大學教育本身是一種通識教育，接受大學教育，有許多基本的能力是學生們在大學四年中透過通識教育可以習得的，然而在師培體系的特殊教育學系中，學生們可以透過四年來的專業知能，培育習得特殊教育的相關知識，但是與教學息息相關的基本教學技能，也是大學四年中，學生們必須自我要求以養成的技能，例如：板書的書寫、說故事的技能、教學活動和教案設計、美工技巧等。透過這些技能的養成，有助於提升未來就業之競爭力。

3. 多元開發自己的潛能、專長

在學期間，應該積極儲備自己的能力與實力，多方學習、多元開發，讓自己的潛能得到發揮，由自己感興趣的方向著手，可以藉由不同的社團

學習不同的技能，獲取不同的經驗，學習與人溝通共事，甚至可以藉由擔任社團幹部，讓自己發揮所長，學習不同的技能，開發自己的興趣和專長，都是儲備自己未來就業實力的重要環節。嘗試和過去不同的學習經驗，和不同的人一起創作學習，相信能在實際體驗中獲得人生寶貴的成長。

（三）對特教系教師的建議

1. 提供學生就業諮詢

   學生還在學時，就應該提供就業輔導及就業諮詢，讓學生在大一的時候是否對特殊教育老師有興趣，對自我角色的定位有一定的了解，知道畢業後的出路有哪些？面對多元又競爭的職場，需要先培養哪些技能或專長？學生能先做好準備，競爭時才有勝算。就業諮詢可以包括：第一，畢業生的座談會，請已經就業的學長姐回來傳授就業經驗；第二，提供相關的就業資訊及輔導，讓學生有一個諮詢就業問題的管道；第三，善用老師的特教專長領域提供課業輔導、教學經驗的傳授課程，以作為未來就業所需的諮詢服務。

2. 積極從事特殊教育之研究工作

   特殊教育最早是從國外引入台灣，已有十多年，但是特殊教育每年都在進步，學生所要習得的特教專業知識，全賴系上老師們到國外取經或是鑽研國外第一手資料，才能取得最先進的專業資訊，並且傳授這些寶貴的資訊給學生。特殊教育的實踐，象徵著一個國家社會福利工作的指標，對我們的社會也有極大的幫助，為了開拓我國特殊教育的發展，研究者建議學校提供合適的研究環境，並有效鼓勵教師們從事特教之研究，惟有如此，我國的特殊教育才能獲得良善的發展前程，進而與國外的特殊教育並駕齊驅，走向世界潮流。

3. 培養學生特殊教育之精神

   要擔任特教教育工作者是必須要持有三種心：耐心、愛心和恆心，教導這些特殊兒童所付出的心力，要比照顧一般普通學童難上許多，特殊教

育的工作，講求服務的精神，身為特殊教育中的一分子，我們更要時常反問自己是否擁有足夠的特教專業精神？稱得上是「特教人」嗎？這些孩子的需求是什麼，我可以幫助這些孩子找到自己的一片天嗎？在教學上，要求學生們自許成為一個稱職的特教人，時時反躬自省，讓學生肯定特殊教育工作的必要性，也強調自己的重要！「我唸的是特別的系，要幫助特別的人！」身為特教系的學生就要要求自己為學生的服務必須有專業的品質，從專業的素養方面來自我充實，並對特教以外的世界有著同等的關懷和了解。

（四）對教育部的建議

在政府經費不足以及教育政策不當下，造成了許多流浪（儲備）教師的產生，在少子化及其他多元因素衝擊下，教職嚴重供過於求成為目前師資培育政策下最迫切、也最為嚴重之問題。研究者依據本研究所得之發現提出以下的建議：

1. 建立完善之考核機制

前幾年特教老師還很缺乏時，很多只要加修特教 40 學分班的教師紛紛轉任特教老師，然而部分老師所涉足的專業特教知識或許有些不完善，使得很多有志擔任特教工作的新鮮人卻無法一展長才，這些專業素養不足、欠缺對特殊教育的使命感者大有人在，研究者建議政府相關單位應建立一套完善的考核機制，警惕部分不適任教師，也表揚辛苦奉獻在特教領域的老師得到更多肯定。

2. 提出合理的供需評估

隨著學程開設越來越多，教師的缺額也就愈來愈少，特殊教育也受到影響。教育部應當謹慎評估特教師資的需求量，在培訓人才前，考量未來的人口變化、教育的需求情況，以及特殊教育未來的實施、規劃，完備的審核後，再進一步地進行人才的培植。教育是百年樹人之大業，寧可忍一時之缺，讓各縣市先聘學科專長的代課老師，等師範校院培育出優質的特教老師，也不宜大量地生產培植不夠專業、不夠精進的教育人

才。特殊教育的專業性不容忽視！

3. 控管現今的師資培育數量

近年來少子化及不婚族增多等因素，使得學生人數減少，許多學校也紛紛在減班，從 1997 年至今，許多大學院校開設教育學程來培育老師，但卻沒有做到總量管制，導致現今出現僧多粥少的情形且愈演愈烈。就當前首要的問題而言，研究者建議可以採取程序上的控管，即改變目前的師資培育數量，透過學者專家的建議，提出有效解決問題之策略，例如：即刻減少師資的培育數量，將不健全或不適合的教育學程或學分班刪撤，或是有效強化師資培育的專業性，如：先檢定再實習等方式，才不至於讓整個國家社會花費許多經費培育特教老師，大家一股腦地湧入這個系統但卻缺乏專業素養，或是缺少發揮長才的機會。

4. 構築完善的專業人員培育計劃

為了配合多元化時代的趨勢，擔任一位特教老師，需要的是專業的培育，教育單位除了開設特教的專業科目以外，目前我國的培育系統尚缺一套完整的特教師資培訓、審定的計畫，沒有可靠、固定的標準來審定特殊教育專業人員之特教專業能力；另外，就專業人員的養成部分，特殊教育所涉及的領域廣泛，為有效培植人才，應提供足夠的經費供各特殊教育學系增設其他領域的專業課程，讓特殊教育學系學生來選修，以加強學生其他方面的技能，讓自己多一些準備，才能在職場上運用專業，發揮所學。

5. 有效地提升特殊教育師資之專業素質

在歐美地區，特殊教育教師在取得教師資格前，必須取得碩士學位，有更專業、專精的學術背景，相較我國的體制下，這樣的觀念仍然欠缺，因此應該有效地鼓勵特殊教育師資專業水準的提升，在教育上才能提供更完善、更有水準的專業服務。另一方面，就現況下而言，我國出生人口持續降低，但流浪教師卻日趨增加，使得許多優秀的學生選讀特教系的意願大為降低，未來恐怕教師素質將面臨崩盤的窘境，因此，研究者建議相關各大專校院應該提供更多元化的特殊教育專業課程，並提供適

量的實習機會，讓學生可以透過理論與實務的結合，有效地提升未來教師的專業素養。

（五）研究建議

1. 研究建議方面

因問卷的題數近六十題，且採雙面作答，部分填答者會跳答部分的題目，或是因題數過多而造成問卷結果並非填答者真實的感受，容易產生問卷無效的情形發生，填答不完整或大部分空白的問卷可不需採用。在提高回收率的作法方面，寄發問卷到各校前可以事先聯絡該校熟識的同學協助催收問卷的工作，或請各校特教系之系辦助理協助提醒各班班代問卷回收之日期。

2. 研究對象方面

因為師範大學和教育大學的課程和培育等方式不同，建議可分成兩類的受訪者，採用不同的訪談題綱，有些訪談題目因為各校體系和政策的因素，較不能反映現況，建議後續的研究可採單一類別做深入的研究。若有足夠的經費和時間，訪談的人次可再增加，訪談的教授愈多，愈可看出之間的差異性和相似性，且較為客觀，更能反映現況。另外，也可以加入針對教育現場上的特殊教育教師，以了解在教學現場反映出的特殊教育師資培育之優點和缺失何在。

參考文獻

中文部分

全國教師會（2006）。**全國教師會教師選聘服務網**。取自 http://140.111.1.189/

吳武典、韓福榮、林純真、林敏慧（1998）。我國特殊教育師資培育與進用政策之分析與調查研究。**特殊教育研究學刊，16**，1-22。

林千惠（1996）。**我國國中身心障礙特殊教育師資培育現況與問題調查研究**。取自 http://grbsearch.stic.gov.tw

林寶貴、邱紹春、蘇芳柳（1998）。**台灣地區特殊教育暨殘障福利機構簡介**。台北市：國立台灣師範大學特殊教育中心。

教育部（2005）。**教育部電子報，109**。取自 http://epaper.edu.tw/109/

鄭英耀、李新鄉、陳聰文（1997）。**師資培育多元化後各教師職前教育體系學生任教承諾之比較研究**。載於中華民國師範教育學會 86 年年刊。

第四章

台灣中小學初任教師教學專業
能力之建構

李坤崇

國立成功大學教育研究所教授

壹、研究緣起

　　常有初任教師感嘆「學非所用、用非所學」，認為師資養成階段所學與教育現場差異甚大，究其因乃師資培育課程的偏差。而師資培育課程的偏差在於師資培育的目標模糊或失焦，究竟師資養成階段的重點在於培養全方位的初任教師，兼具教學、行政、研究的教師，或是培養教學為主的初任教師，行政與研究於在職教育階段逐漸涵養。分析美國有關教學專業能力的標準，主要為美國全國教師專業標準委員會（National Board for Professional Teaching Standards, NBPTS, 2006）五項核心標準、Illinois 專業教學標準（Illinois state board of education, 2006）、New Jersey 教師專業標準（New Jersey department of education, 2006），以及日本《教育職員證照法施行規則》中規範教職相關科目必要事項（文部法令研究會，2004），發現美日師資培育目標乃以培養勝任教學為主的初任教師，而非培養全方位的初任教師。

　　然而，欲以培養勝任教學為主的初任教師，必須先建構初任教師的教學專業能力，方能依此規劃適切課程。

　　本研究旨在經由文獻分析、焦點座談、訪問與問卷調查，以建構台灣中小學初任教師之教學專業能力，具體目的有三：1.了解台灣中小學初任教師的教師教學需求；2.建構出台灣中小學初任教師的教學專業能力；3.提出建構初任教師專業教學能力的配套措施，供教育主管行政機關與師資培育機構參酌。

　　本研究主要名詞詮釋於下：1.教師教育專業之教學能力旨在闡述勝任中小學教學之初任教師應具備的教學專業能力，而非教育研究者或行政人員應具備的基本能力；有關培養教育研究者或行政人員之課程，宜安排於在職教師之專業成長進修；2.中小學初任教師：係指甫任教中等學校、國民小學、幼稚園或特殊教育學校五年內的教師，包括：中小學各階段與類科五年內之初任教師。

貳、文獻探討

　　美國有關教學專業能力的標準，主要為美國全國教師專業標準委員會五項核心標準、Illinois 專業教學標準、New Jersey 教師專業標準。日本則於《教育

職員證照法施行規則》中規範教職相關科目必要事項。

一、全國教師專業標準委員會五項核心標準

美國全國教師專業標準委員會（National Board for Professional Teaching Standards, 2006）五項核心標準如下：

1. 教師對於其教學及學習者具有責任感（Teachers are committed to students and their learning），此標準包括下列四項：「教師幫助學習者擴展其認知能力與發揮潛能」、「教師了解如何使學習者學習與發展」、「教師公平的對待每一個學習者」、「教師了解個體差異，並運用不同方式教學」。

2. 教師了解教學主題並知道如何將內容教導給學生（Teachers know the subjects they teach and how to teach those subjects to students），此標準包括下列三項：「教師了解主要學科知識如何創造、組織並與其他學科相連結」、「教師具有傳達主題內容的能力」、「教師具有多元化之教學方式」。

3. 教師應有管理及監督學習者的責任感（Teachers are responsible for managing and monitoring student learning），此標準包括下列四項：「教師運用多元之教學方式達到學習者的學習目標」、「教師以團體教學方式，並對不同學習型態之學習者運用不同方式教學」、「教師定期評鑑學習者學習過程」、「教師致力於教學目標之達成」。

4. 教師應有系統化的思考教學實務並從經驗中學習（Teachers think systematically about their practice and learn from experience），此標準包括下列兩項：「教師運用不同方式做判斷」、「教師透過專業學習及學術研究來促進自己教學實務」。

5. 教師是學習社群中的成員（Teachers are members of learning communities）。

二、Illinois 專業教學標準

Illinois 州於 2001 年 10 月 31 日提出教師專業教學標準計 11 項，每項均包括知識指標、表現指標兩個向度（Illinois state board of education, 2006）。Illinois 的 11 項專業教學標準如下：

1. 標準一：專業知識，即教師能夠了解主要概念、提問的方法、該科的架構和能讓學生了解該科意義的學習環境。

2. 標準二：人類發展與學習，即教師了解個人如何成長、發展，並學習與提供激勵所有學生知能、社會與個人發展的學習機會。

3. 標準三：多樣性，即教師了解學生如何在學習方法上有所差異，並設計適合不同學習者的教學機會。

4. 標準四：教學計畫，即教師了解教學計畫和依據該學科的知識、學生、社區和課程目標來設計教學。

5. 標準五：學習環境，即教師使用對個人與群體激勵和行為的了解來開發一個鼓勵正面社會互動、主動參與學習和自我激勵的學習環境。

6. 標準六：教學遞送（Instructional Delivery），即教師了解和使用不同種類的教學策略來鼓勵學生批判性思考、問題解決和表現技巧上的發展。

7. 標準七：溝通，即教師使用有效的書寫、口語、非口語、視覺溝通技巧的知識來培養教室內主動探索、協同運作和支持性的互動。

8. 標準八：評量，即教師了解不同種類正式與非正式的評量策略，並使用它們來促進所有學生的繼續發展。

9. 標準九：協同合作關係，即教師了解教育中社區扮演的角色，發展和維持和同事、家長／監護人和社區間的協同合作關係，以支持學生的學習和福利。

10. 標準十：反思與專業成長，即教師是一位能持續性地衡量他的決定和行動如何影響了學生、家長和其他在學習社區中的人員，並能主動地尋求專業成長機會的反思實踐者。

11. 標準十一：專業表現與領導能力，即教師了解教育做為一門專業下，

維持專業表現的標準，並提供領導力來改善學生的學習與福利。

三、New Jersey 教師專業標準

New Jersey 州提出教師專業標準計 10 項，每項均包括知識（Knowledge）、意向（Dispositions）、表現（Performances）三向度（New Jersey department of education, 2006）。New Jersey 的 10 項教師專業標準如下：

1. 標準一：學科知識，即教師應該了解中心概念、探索的工具、學科的架構，尤其是與新澤西州核心／基礎課程內容標準相關時，應設計適合學生發展的學習經驗，讓這些學科知識對所有學生都是可理解的、有意義的。

2. 標準二：人類成長與發展，即教師應了解兒童和青少年如何在學校、家庭和社區的情境下發展與學習，並提供機會來幫助他們的智能、社會、情緒和生理發展。

3. 標準三：多元學習者，即教師應了解文化回應教學的實踐。

4. 標準四：教學規劃與策略，即教師應了解教學規劃、根據學科知識、學生、社區、課程目標來設計長程與短程的計畫，並使用不同種類順應學生發展的策略來促進學習者的批判性思考、問題解決和學業表現技能。

5. 標準五：評量，即教師應了解和使用多樣的評量策略，解釋評量結果以衡量和促進學生學習，並修正教學來培養學生的持續發展。

6. 標準六：學習環境，即教師應了解個人與團體的學習動機與行為，並應設計一個能鼓勵正面社會互動、主動參與學習與自我激勵的支持性、安全的並尊敬人的學習環境。

7. 標準七：特別需求，即教師應改編或修正教學來滿足所有學生的特別學習需求。

8. 標準八：溝通，即教師應使用有效的書寫、口語、非口語、視覺溝通技巧的知識來培養教室內主動探索、合作和支持性的互動。

9. 標準九：協同運作與夥伴關係，即教師應和家長、監護人、家庭、大社區的代表建立關係來支持學生的學習和福利。

10. 標準十：專業成長，即教師應以主動、負責的專業社區成員身分參與多元的反思實踐，尋求專業成長的機會和建立同僚關係，來提高教學與學習過程。

四、日本教職相關科目的必要事項

文部法令研究會（2004）指出《教育職員證照法施行規則》，規定各教育階段師資職前課程中「教職相關科目」各科目之最低學分數與必要事項（如表4-1），各科目的必要事項則為修習師資職前教師者學習的核心內涵。

表 4-1 日本各教育階段師資職前課程中「教職相關科目」各科目之最低學分數與必要事項

教職相關科目	下列之各科目裡所包含之必要事項	小學			國中			高中		幼稚園		
		專修執照	一種執照	二種執照	專修執照	一種執照	二種執照	專修執照	一種執照	專修執照	一種執照	二種執照
教職的意義等相關科目	教職的意義及教員的角色	2	2	2	2	2	2	2	2	2	2	2
	教師的職務內容（包括研修、服務及身份保障等）											
	有助於生涯選擇的各項機會之提供											
教育的基礎理論之相關科目	教育理念、教育相關歷史與思想	6	6	4	6 (5)	6 (5)	4 (3)	6 (4)	6 (4)	6	6	4
	幼兒、兒童及學生身心發展與學習的過程（包括身心障礙幼兒、兒童及學生）											
	關於教育的社會上、制度上之經營事項											
教育課程及指導法之相關科目	教育課程的意義及編成方法	22	22	14	12 (6)	12 (6)	4 (3)	6 (4)	6 (4)			
	各教科的指導方法											
	道德的指導法											
	特別活動指導法											
	教育方法及技術（包括資訊器材及教材的活用）											

表 4-1 日本各教育階段師資職前課程中「教職相關科目」各科目之最低學分數與必要事項（續）

教職相關科目	下列之各科目裡所包含之必要事項	小學			國中			高中			幼稚園		
		專修執照	一種執照	二種執照	專修執照	一種執照	二種執照	專修執照	一種執照	二種執照	專修執照	一種執照	二種執照
教育課程及指導法之相關科目	教育課程的意義及編成方法										18	18	12
	保育內容的指導法												
	教育方法及技術（包括資訊器材及教材的活用）												
學生指導、教育諮商輔導與生涯指導之相關科目	學生指導的理論與方法	4	4	4	4 (2)	4 (2)	4 (2)	4 (2)	4 (2)				
	教育諮商輔導（包括關於諮商的基礎知識）的理論與方法												
	生涯指導的理論與方法												
	幼兒理解的理論與方法										2	2	2
	教育諮商輔導（包括關於諮商的基礎知識）的理論與方法												
綜合演習		2	2	2	2	2	2	2	2	2	2	2	2
教育實習		5	5	5	5 (3)	5 (3)	5 (3)	3 (2)	3 (2)		5	5	5

註：1.「綜合演習」乃指在人類共通的課題，或與日本國家社會全體相關的課題當中任意選擇一個以上的課題，針對此課題進行分析與檢討，同時並就此課題在如何指導幼兒、兒童、學生上之指導方法與技術。

2.括弧中的數字為適用《教育職員證照法》規定者所須修得的最低學分數規定。

五、美、日師資培育課程分析

美國各大學培育師資乃依據所在州規定的教師專業標準或相關準則來規劃課程。日本各大學若培育師資必須依據「日本各教育階段師資職前課程中『教職相關科目』各科目之最低學分數與必要事項」，開設相對應科目、學分數與達成必要事項。

美國、日本大學培育師資的課程相當多元，僅分析美國「City University of New York」（Certificate office, school of education, the city college of New

York, 2006）、「Teachers College, Columbia University」（Curriculum & teaching, Teachers College, Columbia University, 2006）、「UIUC」（Council on teacher education, University of Illinois at Urbana-Champaign, 2006）、「Northern Illinois University」（2006）、「日本東京學藝大學」和「日本東北大學」的師資培育課程之特色於下：

（一）著重實習課程

由表4-2美日師資培育課程中實習學分數比率，可知City University of New York 的實習學分數占 26.91%，Teachers College, Columbia University 的實習學分數占 26.29%，Northern Illinois University 的實習學分數占 18.79%，日本東京學藝大學的實習學分數占 4.77%，日本東北大學的實習學分數占 13.62%。我國中等學校、國民小學、幼稚園教師師資職前教育課程的實習學分數比率依序為 7.69%、0.05%、15.38%，可見，我國中等教育學程、國民小學學程實習學分數比率與美、日相比偏低。

（二）強化實務經驗

City University of New York 師資培育課程，所有課程均含 fieldwork。Northern Illinois University 師資培育課程，以配合州政府規定為主，文化多元、特殊教育和在第四年試教前，必須有 100 小時以上的臨床教育現場經驗。

（三）重視多元文化教育

Northern Illinois University 師資培育課程以配合州政府規定為主，強化文化多元與特殊教育，開設「多元教育中教師的角色（3 學分）」科目。

City University of New York 師資培育課程中，「幼兒教育—研究所師資培訓課程」開設「多元社會中的都市教育（包括 10 小時的 fieldwork）（3）」，「碩士級國小教師（一年級至六年級）師資課程」開設「多元社會中的都市教育（包括 10 至 15 小時的 fieldwork）（3）」，「碩士級的國小雙語教師」開設「多元教育 （包括 10 小時的 fieldwork）（3）」，「碩士級學前至十二年

表 4-2　美日師資培育課程中實習學分數比率

培育類別課程	總 學 分 數	實 習 學分數	實習比率
City University of New York			26.91%
幼兒教育—學士級師資培訓課程	40	12	30.00%
幼兒教育—研究所師資培訓課程	40-46	9	19.57%～22.50%
學士級國小教師（一年級至六年級）師資課程	27	6	22.22%
碩士級國小教師（一年級至六年級）師資課程	40-49	15	30.61%～37.50%
學士級的初級中等教育數學師資課程	20	6	30.00%
碩士級的初級中等教育數學師資課程	20	5	25.00%
學士級的英文老師師資培育課程	23	6	26.09%
Teachers College, Columbia University			26.29%
出生至八歲的幼兒教育師資課程（M.A.）	35-38	6	15.79%～17.14%
碩士級初級國小老師師資課程 （M.A.）	29-35	9-12	25.71%～41.38%
國小特殊教育（主修學習障礙）	57-65	17-18	26.15%～31.58%
Northern Illinois University			18.79%
幼教師資培育課程	59	12	20.34%
國小初級教師師資培育課程——幼稚園到九年級	58	10	17.24%
日本東京學藝大學			4.77%
幼稚園師資職前課程	42	2	4.76%
小學師資職前課程	42	2	4.76%
國中師資職前課程	40	2	5.00%
高中師資職前課程	44	2	4.55%
日本東北大學			13.62%
國中教師職前課程	31	5	16.13%
高中教師職前課程	27	3	11.11%
台灣			
中等學校教師師資職前教育課程	26	2	7.69%
國民小學教師師資職前教育課程	40	2	0.05%
幼稚園教師師資職前教育課程	26	4	15.38%

級的英語教學師資培育課程」開設「多元文化中的語言學（3）」。

Teachers College, Columbia University 師資培育課程中，「出生至八歲的幼兒教育（TYD）（M.A.）師資培育課程」開設「幼兒教育的多元文化教法（2-3）」，「雙重證照——幼兒教育和幼兒特殊教育（TYN）（M.A.）師資培育課程」開設「幼兒教育的多元文化教法（2-3）」。另外，UIUC 教育專業課程亦開設「多元議題（1）」。

（四）美國 3 學分科目頗多

City University of New York 師資培育課程中，幼兒教育師資之「研究所師資培訓課程」、國小教育師資之「學士級國小教師（一年級至六年級）師資課程」、「碩士級國小教師（一年級至六年級）師資課程」、「國小雙語師資培育課程」、「碩士級的讀寫能力師資」、「碩士級學前至十二年級的英語教學師資培育課程」，中等教育師資之「學士級的初級中等教育數學師資課程」、「中等教育英語師資課程」、「中等教育社會師資課程」、「中等教育科學師資課程」，特殊教育師資之「碩士級國小（一年級至六年級）特殊教育師資」、「碩士級（五年級至九年級）特殊教育師資」等課程科目絕大多數均高於或等於 3 學分。

Teachers College, Columbia University 師資培育課程中，幼兒教育師資「出生至八歲的幼兒教育（TYD）（M.A.）」、「出生到八歲的幼兒特殊教育（TEC）（M.A.）」、「雙重證照——幼兒教育和幼兒特殊教育（TYN）（M.A.）」，國小教育師資之「碩士級初級國小老師師資課程（M.A.）」、「國小特殊教育（主修學習障礙）」，資優教育師資之「幼兒教育和資優教育初級教師課程（M.A.）」、「國小教育和資優教育初級教師課程（M.A.）」之課程科目多數均高於或等於 3 學分。

UIUC 教育專業課程及 Northern Illinois University 師資培育課程中，「國小初級教師證照（幼稚園到九年級）」、「中等教育師資培育課程（六年級到十二年級）」之課程科目多數均高於或等於 3 學分。

由 City University of New York、Teachers College, Columbia University、

UIUC 及 Northern Illinois University 等師資培育課程，發現多數均為 3 學分以上，而日本、台灣則多為 2 學分。

參、研究設計

本研究乃教育部委託「教育專業課程指引工作圈之實施計畫」之一部分，工作圈委員包括：國立新竹教育大學曾憲政校長、國立彰化師範大學張惠博校長、國立台灣大學符碧真教授、全國教師會詹政道主任、台北市龍門國中江海韻教師（獲 2005 年教學卓越獎）與作者，由作者擔任召集人。本研究設計均經工作圈會議研議後採行，自 2006 年 2 月至今已採取焦點座談、訪問、調查等方法探討中小學初任教師的教學專業能力，未來仍將持續辦理公聽會，謹闡述已進行之研究方法如下。

一、焦點座談

2006 年 6 月 5 日至 6 月 9 日分別於台中市文華高中、台南市後甲國中、台南啟智學校、台灣師大科技學院大樓辦理分區焦點座談，對象為五年內初任教師，包括：高中職教師 7 名、國中教師 8 名、國小教師 7 名、特殊教育教師 5 名與幼稚園教師 2 名，計 29 名。

焦點座談的重點有四：

1. 您從職前教育到初任教職時，您最欠缺的教學、輔導與溝通能力是什麼？您認為該如何調整職前教育的課程（如增刪哪些科目或學分數）？您曾經運用過哪些專業能力？是在何種課程中習得？

2. 您在職前教育所學的「班級經營與輔導能力（班級經營與輔導知能）」是否符合實務工作需求？如果不符合，如何調整教學內涵、教學方法？或調整科目或學分？

3. 您在職前教育所學的「課程設計與教學能力（課程設計、教學實施、學科知識、教材教法、教學評量）」是否符合實務工作需求？如果不符合，如何調整教學內涵、教學方法？或調整科目或學分？

4. 您在職前教育課程的其它寶貴意見？

二、訪問

於 2006 年 5 月 25 日至 6 月 10 日訪談各類五年內初任教師 127 名，其中高中職 10 名，國中 52 名，國小 53 名，幼稚園 10 名，特殊教育 12 名（詳見表 4-3）。訪談重點與焦點座談重點相同。

表 4-3　各類初任教師（五年內）訪談人數概況表

類別	總數	男	女	任教領域或學科人數
高中職	10	5	5	數學 3 人、物理 2 人、化學 1 人、國文 2 人、商業經營 1 人、機械類群 1 人。
國　中	52	13	39	語文（國文）7 人、語文（英文）5 人、數學 5 人、自然與生活科技領域 4 人、社會領域 6 人、藝術與人文 6 人、健康與體育領域 3、綜合活動領域 8 人，8 人未填。
國　小	53	12	41	語文（國文）8 人、語文（英文）5 人、數學 4 人、自然與生活科技領域 5 人、社會領域 6 人、藝術與人文 4 人、健康與體育領域 5、綜合活動領域 6 人，10 人未填。
幼稚園	10	0	10	大班 4 人、中班 3 人、小班 3 人。
特殊教育	12	2	10	高中職特教身心障礙 5 人、國中特殊教育 4 人、國小特殊教育 3 人

三、調查

於 2006 年 6 月 30 日至 7 月 25 日以「職前教育階段教育專業課程基本能力」調查問卷，調查 96 名高中職與國中教師、24 名國小教師、15 名幼稚園教師、24 名特殊教育教師，計 159 名。

「職前教育階段教育專業課程基本能力」調查問卷包括四個向度，除第四向度「您在職前教育課程的其它寶貴意見？」外，其餘三向度各包括 4 至 13 題，此三向度分述如下：

1.「您認為職前教育階段，應培育各類科師資具備『教育基礎課程（如：教育心理學、教育哲學、教育概論、教育社會學）』的基本能力？」此

向度包括下列 4 個題目：⑴了解教育政策脈絡與發展的能力；⑵了解教育心理學、教育哲學、教育社會學等基礎理論的能力；⑶能將教育心理學、教育哲學、教育社會學等基礎理論適切用於教育現場的能力；⑷其它教育基礎課程基本能力（請儘量填寫）。

2. 「您認為職前教育階段，應培育各類科師資具備『教育方法課程（如：班級經營、輔導原理與實務、課程發展與設計、教學原理、教育測驗與評量、特殊教育導論、親師生溝通）』的基本能力？」此向度包括下列 13 個題目：⑴課程規劃與設計能力；⑵編撰教案能力；⑶教學資源運用與整合的能力；⑷編寫紙筆測驗的能力；⑸依據測驗結果省思教學效能或實施補救教學能力；⑹引起學習動機與興趣的能力；⑺班級常規建置與維持能力；⑻班級意外事件處理能力；⑼學生初級預防的能力；⑽引導特殊教育學生學習的能力；⑾親師生溝通能力；⑿引導不同族群、文化學生學習的能力；⒀其它教育方法課程基本能力（請儘量填寫）。

3. 「您認為職前教育階段，應培育各類科師資具備『教學實習及教材教法課程』的基本能力？」此向度包括下列 4 個題目：⑴解讀各領域、各學科課程綱要內涵的能力；⑵轉化各領域、各學科課程綱要內涵到教學現場的能力；⑶了解學生起點行為，善用多元教學策略達成教學目標的能力；⑷其它教學實習及教材教法課程基本能力（請儘量填寫）。

上述每個題目均請受試者就「非常同意」、「同意」、「不同意」、「非常不同意」勾選其中一項，作為其同意程度，並在「其它」題目儘量寫出意見。

四、研究步驟與資料分析

本研究自 2006 年 2 月至 7 月，為期半年。先進行美、日中小學教師專業能力與課程，再以五年內初任教師進行焦點座談與訪問，再次進行問卷調查，後進行資料分析與撰寫報告。

本研究資料分析主要可分為焦點座談、訪問之質的分析，及調查之量的分析，分別說明之。訪問、焦點座談進行時，先於現場進行錄音後轉謄為文字

稿，再劃出關鍵詞句，後歸類劃記整理。量化分析採取 SPSS 13.0 for Windows 版套裝統計軟體進行分析，運用次數、百分比等統計方法。

肆、研究結果與討論

分成焦點座談、訪問、問卷調查結果，及綜合討論等部分說明之。

一、焦點座談結果

四場焦點座談，29 名五年內初任教師提出的重要意見如下：

（一）從職前教育到初任教職時，最欠缺的是教學、輔導與溝通能力

幾乎所有五年內初任教師均認為從職前教育到初任教職時最欠缺的是實務技能，而非理念。與談者強調「理念可以自己讀，但是實務卻需要演練與經驗傳承」、「學校學的東西理論太多，缺乏實務演練」、「教授無實務教學經驗，講理論重研究，與現場脫節較大」、「師資培育多元化之後，教授參差不齊，沒有實務經驗的教授甚多，造成上課流於理論」、「職前教育有些教授開設 IEP，可能教授沒有寫過 IEP，只強調理念、精神，卻未教導如何實際撰寫，造成初任教時必須重新學習撰寫 IEP」、「職前教育的實務經驗太少，實際任教時適應失調，尤其是障礙程度較重學生之服務與輔導常感精疲力竭」。

與談者提出較多建議者為：增進國小各年段教師「與家長溝通能力」，將特殊教育導論列為必修，增加班級經營、導師知能（學生遭遇問題的實務處理與演練）、青少年心理發展、師生衝突處理、親師溝通（家長溝通技巧）生涯規劃等科目與學分數，應著重務實與演練，改善重理論輕實務現象，如親職教育講理論卻不談實際溝通、師生衝突處理講理論卻不談實際處理。

（二）在職前教育所學的「班級經營與輔導能力」符合實務工作需求狀況

五年內初任教師普遍認為在職前教育所學的「班級經營與輔導能力」難以符合實務工作需求。多半與談者認為開設科目的教授講授內容比學分數重要，

如有些教師說：「教授講了一大堆理論，照本宣科 4 學分也學不到東西，若是能充分以實務印證理論，2 學分就可以學到很多」、「科目名稱不重要，重要的是教授？教什麼？」。

多數與談者提出調整教學內涵、教學方法的主要內容為：1.班級經營科目應增強「建立班級常規、班級危機處理能力」，如情緒障礙處理、學生打人、自傷傾向處理、過動學生處理、性衝動（從小六開始）；2.輔導原理與實務科目應善用角色扮演、強化個案研討、偏差學生輔導。

多數與談者提出調整科目或學分的主要內容為：1.強化多元文化教育，增加此類科目；2.增加教育法律課程之科目與學分數，增加教師在法律的素養，如《教師法》與教師、家長的關係，學生涉及《民法》、《刑法》、家暴、性侵等相關法令的介紹；3.增加教學評量、教案設計、課程設計之科目與學分數，應著重務實，如編製月考考卷與實際撰寫教案；4.輔導知能、班級經營、教學評量應列為必修且增加學分數，並搭配實習制度來強化實務技能；5.增加親師溝通學分數與實務能力，如面臨家長質疑或提出的問題、建立家長對教師信心、與家長溝通對談方式，可請學長姐返校經驗傳承溝通技巧。

（三）在職前教育所學的「課程設計與教學能力」符合實務工作需求的狀況

五年內初任教師均認為缺乏課程設計能力，教學能力較能符合實務工作需求。「課程設計」方面大多未修習相關科目，不知統整課程、學校課程計畫之意涵。「教學實施」、「學科知識」方面，中等教育學程較能精熟其任教學科，但國小因屬包班教學，僅修習數科教材教法難以滿足包班需求。「教材教法」方面，教授僅採用報告、剪報上課，卻未教導撰寫教案，建議上課實際演練，透過觀摩分享，輪流實地操演。「教學評量」方面捨本逐末，只談信度效度，卻忽略學生能力指標、未檢測能力指標，更未進行測驗編製。另外，調整「教學媒體與操作科目」勿淪為投影機操作技巧與製作 ppt，應與教材教法結合，強化錄影、剪輯，及其與教學的結合。

（四）在職前教育課程的其它寶貴意見

　　五年內初任教師絕大多數強調「重要科目應有科目關鍵能力」，引導大學教授，不能放任教授各行其是。對理論科目的意見為「理論科目應有思考脈絡、理論架構，而非只是唸書」、「職前教育修習『理論課程』教授未提供系統理論，學到做書面報告、口頭報告。如教育哲學、教育心理學應先有理論深化，再談實務」。

　　五年內初任教師均很強烈感受「一年制實習教師比較用心學」，半年制實習教師感受不到實習，實習心態較消極，只想取得資格；可能因缺額太少，志不在此，實習態度消極甚多。其它對實習制度較重要的意見為：1.實習制度立意頗佳，但未落實，如實習指導教師未用心指導；2.實習流於形式，未檢核實習的執行過程，更未進行尾端結果檢測。建議實習每雙週檢討、省思報告，精簡扼要的省思，讓實習生紀錄自己發生什麼事；3.國小教師實習最好包班一個月或兩週，較能深入了解班級運作；4.師資培育機構應強化人格教育，有些實習生認為做學校事情不重要，學校教師要求反彈，造成教師不想要求；5.師資培育機構應嚴格審核實習學校，要求實習學校落實實習輔導制度。不能將實習老師淪為做雜事，卻不讓實習教師試教；6.教育部應評估實習制度規劃與實施績效落差，謀求改善策略。

　　五年內初任教師認為各階段重要科目均應有其科目關鍵能力，其提出「教育部應讓教師了解國小低、中、高年級要學會什麼能力，國中畢業要具備哪些能力，高中職畢業要具備哪些能力，讓教師有方向感，而非只是教完教材就好了」、「教育部擬定國中、高中職畢業要具備哪些能力，有助於課程銜接」、「教育部應該明訂重要科目應有科目關鍵能力，讓學生知道學習目標，檢核教授教學成效」。

二、訪問結果

　　分析各類科 127 名五年內初任教師，將訪問高中職 10 名，國中 52 名，國小 53 名，幼稚園 10 名，特殊教育 12 名的訪談內容關鍵詞句劃記，整理於表

4-4 至表 4-8。為精簡篇幅，謹呈現劃記次數高於二成的關鍵詞句，欲知詳細內容可洽作者。

　　由表 4-4 可發現從職前教育到初任教職時，最欠缺的教學、輔導與溝通能力中，高中職、國中、國小、幼稚園教師最欠缺的教學能力為：「班級經營（級務處理、班級危機處理、學生問題處理、常規建立、班級凝聚力）」、「家長溝通（建立家長對教師的信心）」、「學生心理輔導（青少年心理問題、學業困擾、交友、婚姻觀念）」、「教學過程中對學生發問問題的能力（教學過程的常規維持、偶發事件處理）」。高中職、國中、國小、幼稚園、特殊教育教師最欠缺的輔導能力為「輔導學生的能力（個案實務研討）」、「特殊學生輔導（如聽障、視障或多重障礙）」。高中職、國中、國小、幼稚園、特殊教育教師最欠缺的溝通能力為「與家長溝通的能力（一般家長的溝通技巧）」、「與學生溝通的能力」。

　　因應欠缺的教學、輔導與溝通能力（詳見表 4-5），高中職、國中、國小、幼稚園教師認為應列為必修或增加學分數的科目為「班級經營」、「親師溝通」、「輔導原理與實務」、「教材教法」、「教育實習」（強化實務討論、觀摩與實作）、「特殊教育導論」、「教學評量」、「教育心理學」。特殊教育教師則強調「親師溝通」、「輔導學生實務訓練」。

　　高中職、國中、國小、幼稚園、特殊教育教師認為職前教育所學的「班級經營與輔導能力（班級經營與輔導知能）」多半不符合實務工作需求的狀況（詳見表 4-6）。高中職、國中、國小、幼稚園、特殊教育教師認為可經由「邀請現職老師做座談分享」、「委由第一線教育現場之現職老師教授實務內容」來調整教學方法，應調整的教學內涵為「導師的角色和任務」、「班級行政管理」、「班級自治活動」、「班級常規輔導」、「學生違規與暴力行為」、「班級情境佈置」、「班級氣氛與師生關係」、「親師關係」、「法律常識」、「班級經營與行為改變技術課程互相配合」。另外，應強化班級經營與輔導個案的實務技能（詳見表 4-7）。

表 4-4　從職前教育到初任教職時，最欠缺的教學、輔導與溝通能力

關鍵詞	高中職		國中		國小		幼稚		特殊	
◎教學能力	n	%	n	%	n	%	n	%	n	%
班級經營（級務處理、班級危機處理、學生問題處理、常規建立、班級凝聚力）	7	70	22	42	39	74	5	50		
家長溝通（建立家長對教師的信心）	6	60	15	29	33	62				
學生心理輔導（青少年心理問題、學業困擾、交友、婚姻觀念）	5	50	14	27	26	49				
教學過程中，危機處理與應變能力（教學過程的常規維持、偶發事件處理）			19	37						
協同教學的能力（技巧、意願）			7	13						
掌握教學情境、時間的能力（掌握教學情境、深度、時間）			16	35			4	40		
教學過程中對學生發問問題的能力（教學過程的常規維持、偶發事件處理）					25	47				
教導基本學科知識的能力（語文、數學、社會、自然）					15	28				
音樂教學方面的能力					13	25				
品德教育教學的能力					9	17				
教導生活課程的能力（含社會、自然、藝術與人文）					7	13				
讓特殊學童與一般學生共同學習的教學能力					7	13				
統整教學的能力					5	9				
銜接分科教材與合科教材的能力					3	6				
◎輔導能力										
輔導學生的能力（個案實務研討）			24	46	31	58	6	60		
特殊學生輔導（如聽障、視障或多重障礙）			19	37	23	43			6	50
輔導學生偏差行為的能力					13	25			3	25
晤談技巧			15	29						
與家長溝通的能力（一般家長的溝通技巧）			17	33	35	66	6	60	7	58
與學生溝通的能力			12	23	23	43				
如何和不理性的家長溝通					14	26				
與同事的能力			3	6					3	25
與學校行政人員溝通的能力							1	10		

●●●●●
表 4-5　因應欠缺的教學、輔導與溝通能力，如何調整職前教育的課程（如增刪哪些科目或學分數）

關鍵詞	高中職		國中		國小		幼稚		特殊	
◎增加科目或學分數	n	%	n	%	n	%	n	%	n	%
班級經營改為必修	8	80	31	60	39	74	4	40		
親師溝通列為必修	6	60	17	33	37	70	1	10	6	50
輔導原理與實務	7	70	24	46	29	55				
教材教法	6	60	17	33	27	51	1	10		
教育實習（強化實務討論、觀摩與實作）			14	27	25	47	3	30		
特殊教育導論（改列為必修）	6	60	21	40	31	58	4	40		
教學評量	5	50	21	40	19	36				
將「教育心理學」列為必修			9	17	19	36	4	40		
教學原理的學分數（強化實務）			7	13	9	17				
校園法律知識的課程			11	21	11	21				
實務討論的課程			12	23	2	4				
青少年問題與輔導的學分數（強化實務）			13	25	14	26				
青少年犯罪法律常識的課程			13	25	13	25				
課程發展與設計的學分數（強化實務）			15	29	19	36				
增加輔導學生實務訓練的學分數					6	11			8	67
增加「教師情緒管理」的課程					15	28				
增加「教師心理衛生」的課程					13	25				
將「行為改變技術」的課程列為必修					11	21				
◎減少科目或學分數										
減少教育概論的學分數，或改為選修			7	13	1	2				
減少教育哲學的學分數，或改為選修	2	20	5	10	1	2				
減少教學原理的學分數，並改為選修			7	13						

表 4-6 職前教育所學的「班級經營與輔導能力（班級經營與輔導知能）」符合實務工作需求的狀況

關鍵詞	高中職		國中		國小		幼稚		特殊	
◎增加科目或學分數	n	%	n	%	n	%	n	%	n	%
班級經營能力符合實務工作需求	3	30	6	12	18	34	4	40	4	33
班級經營講述太理論，不符實務工作需求	6	60	5	10	33	62	4	40	6	50
需有實際經驗，理論與實際運用間方能相輔相成			8	15	8	15				
輔導知能符合實務工作需求					12	23				

表 4-7 職前教育所學的未符合實務工作需求，如何調整教學內涵、教學方法

關鍵詞	高中		國中		國小		幼稚		特殊	
◎教學方法	n	%	n	%	n	%	n	%	n	%
邀請現職老師做座談分享（學長姐返校傳承經驗）			10	19	5	9			5	42
委由第一線教育現場之現職老師教授實務內容（多參加進修研習，充實班級經營與輔導的教學方法）			5	10	4	8	4	40	6	50
◎教學內涵										
教學內涵應包含「導師的角色和任務」、「班級行政管理」、「班級自治活動」、「班級常規輔導」、「學生違規與暴力行為」、「班級情境佈置」、「班級氣氛與師生關係」、「親師關係」			19	37						
加強班級經營所應具備的法律常識	3	30	6	12						
將班級經營與行為改變技術課程互相配合，列為基本學科課程					21	40				
理論與實務並重，更應偏實務上的運用	6	60			31	58	6	60		
◎教學內涵——實務演練方面										
讓學生實際至班級學習班級經營技巧（增加實務培訓：多提供情境討論、模擬練習與實地見習或個案探討）			7	13	38	72			7	58
讓學生到現場觀摩現職老師如何經營班級（或再請教資深教師來做自我調整）			3	6	24	45	6	60		
讓學生實際輔導個案（輔導應加重個案研討）	3	30	8	15						

　　高中職、國中、幼稚園、特殊教育教師認為職前教育所學的「課程設計與教學能力」多半不符合實務工作需求的狀況（詳見表 4-8）。國小教師認為「教育測驗與評量過於專業難懂，應著重測驗編製」、「所學為舊課程，面臨九年一貫新課程，會覺得很吃力」，特殊教育教師則強調「撰寫IEP（個別化的教育方案）能力不足」。

表 4-8　職前教育所學的「課程設計與教學能力」符合實務工作需求的狀況

關鍵詞	高中職		國中		國小		幼稚		特殊	
	n	%	n	%	n	%	n	%	n	%
職前教育所學符合實務工作需求	2	20	13	25	23	43	4	40	4	33
職前教育所學太偏理論，不符合實務工作需求	5	50	12	23	17	32	5	50	6	50
教育測驗與評量過於專業難懂，談論信效度，實際教書時很少運用到，應著重測驗編製			11	21	21	40				
所學為舊課程，面臨九年一貫新課程，會覺得很吃力（課程設計屬分科學習，與現今統整理念有落差）			7	13	27	51				
課程設計與教學評量著重於書寫教案，鮮少有機會實施					15	28				
撰寫 IEP（個別化的教育方案）能力不足									6	50
教案設計能力不足									3	25

　　高中職、國中、國小、幼稚園、特殊教育教師認為可經「由第一線教育現場之老師或學長姐教授實務內容」來調整教學方法，教學內涵應「加強教學觀摩」、「加強實務演練」、「增加規劃整體課程的教學內涵」。另外，教學應讓學生至教育現場作觀摩（詳見表 4-9）。

表 4-9 職前教育所學的「課程設計與教學能力」未符合實務工作需求，如何調整教學內涵、教學方法

關鍵詞	高中職		國中		國小		幼稚		特殊	
◎教學方法	n	%	n	%	n	%	n	%	n	%
由第一線教育現場之老師或學長姐教授實務內容	6	60	3	6	19	36	4	40	6	50
藉由討論、分享來得到有益於教學的收穫	3	30								
上課前一定要充分了解授課對象的學生背景					13	25				
◎教學內涵										
加強教學觀摩	7	70								
加強實務演練（教學省思的帶領技巧）	6	60			11	21	4	40		
增加創意課程的教學內涵			7	13						
增加規劃整體課程的教學內涵（大單元中統整設計及教學技巧）			1	2	7	13	4	40		
加強對能力指標的認識					15	28				
破除領域限制，介紹各國的創意教學					11	21				
針對現在多數障礙類別再細開課程，如專注力訓練課程、書寫障礙、數學障礙、社交技巧等									4	33
教師需不斷在職進修，增加本身之教學內涵									3	25
◎教學內涵——實務演練方面										
讓學生至教育現場作觀摩			21	40	15	28				
讓學生至現場，依國中生的需求、程度、特性來設計課程（增加實務培訓：安排學生到教學現場實際操作、增加實務練習、實例分享、共同討論解決方法）			13	25	33	62			6	50
多要求教案撰寫的實作			12	23						
多要求編製段考試卷的實作			7	13	11	21				
「教材教法」的課讓準老師們多練習					13	25				
增加優良作品之觀摩					11	21				

　　高中職、國中、國小、特殊教育教師均強調「科目名稱不重要，重要的是教授？教什麼？」（詳見表 4-10），國中、國小教師均強調「讓有經驗的在職教師授課」，國小教師均強調「採取三明治的教學方法，實務以及理論並行」，幼稚園教師認為「幼兒體能與遊戲」請專業、有經驗的老師來上會比較好。

　　高中職、國中、國小、幼稚園、特殊教育教師均強調「教育實習應延長為一年，現行半年實習成效欠佳」，國中、國小教師均強調「確實落實實習制度，不應淪為形式或僅讓實習教師處理雜務」、「增加到校實習時間」。高中職、國中、國小、特殊教育教師均強調「實習制度規劃良好卻未落實，應落實績效，強調考核與尾端管理機制」、「重要科目應有科目關鍵能力」。

● ● ● ● ●
表 4-10　對職前教育課程的其它寶貴意見？

關鍵詞	高中職		國中		國小		幼稚		特殊	
◎教學方面	n	%	n	%	n	%	n	%	n	%
科目名稱不重要，重要的是教授？教什麼？	4	40	33	63	41	77			6	50
教授的身教、言教、多元的教學法、和學生的互動情況、時時自我充實提升、保持對此志業的熱忱，皆會對教育界的生力軍有不可磨滅的影響	3	30								
讓有經驗的在職教師授課			17	33	29	55				
幫助學生了解教育相關法規，以了解整個教育生態以及自己的權利義務			11	21						
採取三明治的教學方法，實務以及理論並行					21	40				
理論的相關課程讓學有專精的大學教授開班授課					13	25				
培養準教師對教職的道德觀與認同感					12	23				
教學必須因地制宜、因應學生的個別差異					11	21				
「幼兒體能與遊戲」請專業、有經驗的老師來上會比較好							3	30		
「幼兒自然科學與數概念」很少應用，但應該被重視							2	20		
加強資訊融入教育的能力							3	30		

表 4-10　對職前教育課程的其它寶貴意見？（續）

關鍵詞	高中職		國中		國小		幼稚		特殊	
◎教學實習及教材教法、教育實習										
確實落實實習制度，不應淪為形式或僅讓實習教師處理雜務			33	63	33	62				
增加實務、對策、方法的實作課程			31	60						
增設教學實務經驗分享的課程			21	40						
教育實習應延長為一年，現行半年實習成效欠佳	6	60	25	48	25	47	3	30	6	50
增加到校實習時間（如大四時實際到校實習一個月或每週到校實習半天）			17	33	17	32				
增加實際教學的機會					17	32				
建議讓實習學校多提供準教師學習的資源			9	17	11	21				
增加處理班級實務的機會					11	21				
試教強化教案實務					11	21				
實習制度規劃良好卻未落實，應落實績效，強調考核與尾端管理機制	6	60	6	12	9	17			3	25
職前教育修習「實務課程」，如教材教法與教育實習應由具中小學教學實務經驗者，較能導引學生實務的能力			21	40	23	43			2	17
◎實習方面										
理論科目應有思考脈絡、理論架構，而非只是唸書（職前教育修習「理論課程」教授未提供系統理論）			23	44	25	47				
重要科目應有科目關鍵能力	6	60	19	37	29	55			5	42

三、問卷調查結果

159 名受試者認為職前教育階段，應培育各類科師資具備「教育基礎課程」的三項基本能力：「了解教育政策脈絡與發展的能力」、「了解教育心理學、教育哲學、教育社會學等基礎理論的能力」、「能將教育心理學、教育哲學、教育社會學等基礎理論適切用於教育現場的能力」，其同意程度均高於

97%，且不同類別學程教師在三項教育基礎課程能力均無顯著差異（詳見表4-11）。受試者反應的其他教育基礎課程基本能力，主要者為：人際關係（3）、口語表達（2）、教育法規常識（2）、創新教學（2）、生涯輔導、執行行為改變技術、行動研究、研究統計，並將結果應用於教室現場。

表4-11 受試者認為職前教育應培育各類科師資具備「教育基礎課程」基本能力的反應與卡方考驗

	非常同意		同意		不同意		非常不同意			
	n	%	n	%	n	%	n	%	χ^2	p
1. 了解教育政策脈絡與發展的能力	56	35.22	99	62.26	4	2.52	0	0.0	3.019	.806
中等教育學程教師	35	36.4	58	60.4	3	3.13	0	0.0		
國小教育學程教師	9	37.5	14	58.33	1	4.17	0	0.0		
幼稚園教育學程教師	6	40	9	60	0	0.0	0	0.0		
特殊教育教育學程教師	6	25	18	75	0	0.0	0	0.0		
2. 了解教育心理學、教育哲學、教育社會學等基礎理論的能力	71	44.65	86	54.09	2	1.26	0	0.0	2.773	.837
中等教育學程教師	40	41.67	54	56.25	2	2.08	0	0.0		
國小教育學程教師	12	50	12	50	0	0.0	0	0.0		
幼稚園教育學程教師	6	40	9	60	0	0.0	0	0.0		
特殊教育教育學程教師	13	54.17	11	45.83	0	0	0	0.0		
3. 能將教育心理學、教育哲學、教育社會學等基礎理論適切用於教育現場的能力	91	57.23	64	40.25	3	1.89	1	0.63	5.591	.780
中等教育學程教師	54	56.25	39	40.63	2	2.08	1	1.04		
國小教育學程教師	16	66.67	7	29.17	1	4.17	0	0.0		
幼稚園教育學程教師	6	40	9	60	0	0.0	0	0.0		
特殊教育教育學程教師	15	62.5	9	37.5	0	0.0	0	0.0		

　　159 名受試者認為職前教育階段，應培育各類科師資具備「教育方法課程」的十二項基本能力：「課程規劃與設計能力」、「編撰教案能力」、「教學資源運用與整合的能力」、「編寫紙筆測驗的能力」、「依據測驗結果省思教學效能或實施補救教學能力」、「引起學習動機與興趣的能力」、「班級常規建置與維持能力」、「班級意外事件處理能力」、「學生初級預防的能力」、「引導特殊教育學生學習的能力」、「親師生溝通能力」與「引導不同族群、文化學生學習的能力」，其同意程度均高於 98%（詳見表 4-12），且不同類別學程教師在十二項教育方法課程能力僅「編寫紙筆測驗的能力」、「引導特殊教育學生學習的能力」兩項教育方法課程能力具顯著差異，國小教育學程教師非常同意「編寫紙筆測驗的能力」的比例最高（62.5%），幼稚園教育學程教師非常同意者僅 13.33%；特殊教育教育學程教師非常同意「引導特殊教育學生學習的能力」的比例最高（62.5%），中等教育學程教師非常同意者僅 31.25%。

表 4-12 受試者認為職前教育應培育各類科師資具備「教育方法課程」基本能力的反應與卡方考驗

	非常同意		同意		不同意		非常不同意			
	n	%	n	%	n	%	n	%	χ^2	p
1. 課程規劃與設計能力	94	59.12	64	40.25	1	0.63	0	0.0	1.187	.978
中等教育學程教師	55	57.29	40	41.67	1	1.04	0	0.0		
國小教育學程教師	15	62.5	9	37.5	0	0.0	0	0.0		
幼稚園教育學程教師	10	66.67	5	33.33	0	0.0	0	0.0		
特殊教育教育學程教師	14	58.33	10	41.67	0	0.0	0	0.0		
2. 編撰教案能力	76	47.80	81	50.94	2	1.26	0	0.0	2.123	.908
中等教育學程教師	46	47.92	48	50	2	2.08	0	0.0		
國小教育學程教師	13	54.17	11	45.83	0	0.0	0	0.0		
幼稚園教育學程教師	7	46.67	8	53.33	0	0.0	0	0.0		
特殊教育教育學程教師	10	41.67	14	58.33	0	0.0	0	0.0		

表 4-12　受試者認為職前教育應培育各類科師資具備「教育方法課程」基本能力的反應與卡方考驗（續）

	非常同意		同意		不同意		非常不同意			
	n	%	n	%	n	%	n	%	χ^2	p
3. 教學資源應用與整合的能力	96	60.38	61	38.36	2	1.26	0	0.0	5.533	.477
中等教育學程教師	53	55.21	41	42.71	2	2.08	0	0.0		
國小教育學程教師	18	75	6	25	0	0.0	0	0.0		
幼稚園教育學程教師	8	53.33	7	46.67	0	0.0	0	0.0		
特殊教育教育學程教師	17	70.83	7	29.17	0	0.0	0	0.0		
4. 編寫紙筆測驗的能力	74	46.54	82	51.57	3	1.89	0	0.0	35.330	.000
中等教育學程教師	46	47.92	50	52.08	0	0.0	0	0.0		
國小教育學程教師	15	62.5	9	37.5	0	0.0	0	0.0		
幼稚園教育學程教師	2	13.33	10	66.67	3	20	0	0.0		
特殊教育教育學程教師	11	45.83	13	54.17	0	0.0	0	0.0		
5. 依據測驗結果省思教學效能或實施補救教學能力	92	57.86	64	40.25	3	1.89	0	0.0	9.351	.155
中等教育學程教師	49	51.04	45	46.88	2	2.08	0	0.0		
國小教育學程教師	19	79.17	5	20.83	0	0.0	0	0.0		
幼稚園教育學程教師	8	53.33	6	40	1	6.67	0	0.0		
特殊教育教育學程教師	16	66.67	8	33.33	0	0.0	0	0.0		
6. 引起學習動機與興趣的能力	108	67.92	49	30.82	2	1.26	0	0.0	5.089	.532
中等教育學程教師	66	68.75	28	29.17	2	2.08	0	0.0		
國小教育學程教師	19	79.17	5	20.8	0	0.0	0	0.0		
幼稚園教育學程教師	10	66.67	5	33.33	0	0.0	0	0.0		
特殊教育教育學程教師	13	54.17	11	45.83	0	0.0	0	0.0		
7. 班級常規建置與維持能力	108	67.92	49	30.82	2	1.26	0	0.0	5.514	.480
中等教育學程教師	65	67.71	29	30.21	2	2.08	0	0.0		
國小教育學程教師	20	83.33	4	16.67	0	0.0	0	0.0		
幼稚園教育學程教師	9	60	6	40	0	0.0	0	0.0		
特殊教育教育學程教師	14	58.33	10	41.67	0	0.0	0	0.0		
8. 班級意外事件處理能力	106	66.67	51	32.07	2	1.26	0	0.0	7.521	.275
中等教育學程教師	64	66.67	30	31.25	2	2.08	0	0.0		
國小教育學程教師	20	83.33	4	16.67	0	0.0	0	0.0		
幼稚園教育學程教師	10	66.67	5	33.33	0	0.0	0	0.0		
特殊教育教育學程教師	12	50	12	50	0	0.0	0	0.0		

表 4-12　受試者認為職前教育應培育各類科師資具備「教育方法課程」基本能力的反應與卡方考驗（續）

	非常同意		同意		不同意		非常不同意			
	n	%	n	%	n	%	n	%	χ^2	p
9. 學生初級預防的能力	86	54.09	69	43.40	4	2.51	0	0.0	5.144	.525
中等教育學程教師	50	52.08	43	44.79	3	3.13	0	0.0		
國小教育學程教師	16	66.67	8	33.33	0	0.0	0	0.0		
幼稚園教育學程教師	9	60	5	33.33	1	6.67	0	0.0		
特殊教育教育學程教師	11	45.83	13	54.17	0	0.0	0	0.0		
10.引導特殊教育學生學習的能力	66	41.51	86	54.09	7	4.40	0	0.0	13.061	.042
中等教育學程教師	30	31.25	60	62.5	6	6.25	0	0.0		
國小教育學程教師	14	58.33	10	41.67	0	0.0	0	0.0		
幼稚園教育學程教師	7	46.67	7	46.67	1	6.67	0	0.0		
特殊教育教育學程教師	15	62.5	9	37.5	0	0.0	0	0.0		
11.親師生溝通能力	114	71.70	43	27.04	2	1.26	0	0.0	5.561	.474
中等教育學程教師	68	70.83	26	27.08	2	2.08	0	0.0		
國小教育學程教師	21	87.5	3	12.5	0	0.0	0	0.0		
幼稚園教育學程教師	10	66.67	5	33.33	0	0.0	0	0.0		
特殊教育教育學程教師	15	62.5	9	37.5	0	0.0	0	0.0		
12.引導不同族群、文化學生學習的能力	73	46.50	79	50.32	5	3.18	0	0.0	5.992	.424
中等教育學程教師	40	41.67	52	54.17	4	4.17	0	0.0		
國小教育學程教師	15	65.22	8	34.78	0	0.0	0	0.0		
幼稚園教育學程教師	7	46.67	7	46.67	1	6.67	0	0.0		
特殊教育教育學程教師	11	47.83	12	52.17	0	0.0	0	0.0		

　　受試者反應的其他教育方法課程基本能力，主要者為：創新教學（3）、方案教學與設計（2）、人際關係（2）、幼兒行為觀察（2）、資訊化教學（2）、教育法規常識、教學團隊分享合作與對話的能力、跨年級教學、口語表達、統整教學、多元文化課程設計、主題課程設計、幼兒課程活動設計、執行行為改變技術、測驗分析、發聲與聲帶保護技巧。

　　159 名受試者認為職前教育階段，應培育各類科師資具備「教學實習與教材教法課程」的三項基本能力：「解讀各領域、各學科課程綱要內涵的能力」、「轉化各領域、各學科課程綱要內涵到教學現場的能力」、「了解學生起點行為，善用多元教學策略達成教學目標的能力」，其同意程度均高於98%，且不同類別學程教師在三項「教學實習與教材教法課程」能力均無顯著差異（詳見表 4-13）。

● ● ● ● ●

表 4-13　受試者認為職前教育應培育各類科師資具備「教學實習與教材教法課程」基本能力的反應與卡方考驗

	非常同意		同意		不同意		非常不同意			
	n	%	n	%	n	%	n	%	χ^2	p
1. 解讀各領域、各學科課程綱要內涵的能力	67	42.14	90	56.60	2	1.26	0	0.0	8.767	.187
中等教育學程教師	33	34.38	62	64.58	1	1.04	0	0.0		
國小教育學程教師	13	54.17	10	41.67	1	4.17	0	0.0		
幼稚園教育學程教師	9	60	6	40	0	0.0	0	0.0		
特殊教育教育學程教師	12	50	12	50	0	0.0	0	0.0		
2. 轉化各領域、各學科課程綱要內涵到教學現場的能力	90	56.60	66	41.51	3	1.89	0	0.0	11.328	.079
中等教育學程教師	48	50	47	48.96	1	1.04	0	0.0		
國小教育學程教師	19	79.17	4	16.67	1	4.17	0	0.0		
幼稚園教育學程教師	9	60	5	33.33	1	6.67	0	0.0		
特殊教育教育學程教師	14	58.33	10	41.67	0	0.0	0	0.0		
3. 了解學生起點行為，善用多元教學策略達成教學目標的能力	92	58.23	65	41.14	1	0.63	0	0.0	3.993	.678
中等教育學程教師	51	53.13	44	45.83	1	1.04	0	0.0		
國小教育學程教師	17	73.91	6	26.09	0	0.0	0	0.0		
幼稚園教育學程教師	9	60	6	40	0	0.0	0	0.0		
特殊教育教育學程教師	15	62.5	9	37.5	0	0.0	0	0.0		

受試者反應的其他「教學實習與教材教法課程」基本能力，主要為：教學檔案建置（3）、創新教學（2）、教材教法設計（2）、資訊化教學能力（3）、教學專題研究、教案編寫技巧、專業統整及合作的能力、多元化教學。

四、綜合討論

依據文獻分析、焦點座談、訪問與問卷調查結果，綜合討論於下：

（一）研議教師教學關鍵能力，作為師資培育目標

參與焦點座談五年內初任教師絕大多數強調「重要科目應有科目關鍵能力」，引導大學教授，不能放任教授各行其是。訪問教師時，其亦強調「重要科目應有科目關鍵能力」。上述與美國全國教師專業標準委員會五項核心標準、Illinois 專業教學標準、New Jersey 教師專業標準均揭櫫表現標準的理念相符。

（二）提出三類 20 項教學專業能力獲 95%以上支持

本研究提出的 3 項教育基礎課程能力，12 項教育方法課程能力，5 項教學實習及教材教法課程能力來調查 159 名教師，結果獲得 95%以上受調查教師支持，修改潤飾後或可作為教師的教學關鍵能力。

中等教育學程、國小教育學程、幼稚園教育學程、特殊教育教育學程等不同類別學程教師在 3 項教育基礎課程能力，12 項教育方法課程能力，5 項教學實習及教材教法課程能力僅「編寫紙筆測驗的能力」、「引導特殊教育學生學習的能力」兩項教育方法課程能力具顯著差異，國小教育學程教師非常同意「編寫紙筆測驗的能力」的比例最高（62.5%），幼稚園教育學程教師非常同意者僅 13.33%；特殊教育教育學程教師非常同意「引導特殊教育學生學習的能力」的比例最高（62.5%），中等教育學程教師非常同意者僅 31.25%。本研究依據調查結果修正三類 20 項教學專業能力，詳見結論。

（三）培育以學生為中心，並能勝任教學之初任教師

美國全國教師專業標準委員會五項核心標準、Illinois 專業教學標準、New Jersey 教師專業標準均強調以學生為中心的理念，且皆以教學為核心；日本《教育職員證照法施行規則》中規範教職相關科目必要事項亦以教學為主。

（四）著重理論與實務辯證

參與焦點座談的初任教師對理論科目的意見為「理論科目應有思考脈絡、理論架構，而非只是唸書」。Illinois 專業教學標準之標準十強調「反思與專業成長」，可見，師資培育課程應強化理論與實務辯證。

（五）提高實務的比例與內涵，並強化與教育現場結合

幾乎所有參與焦點座談的五年內初任教師均認為從職前教育到初任教職時最欠缺的是實務技能，而非理念，其強調「理念可以自己讀，但是實務卻需要演練與經驗傳承」；多半與談者認為開設科目的教授講授內容比學分數重要。美國 City University of New York 師資培育課程所有課程均含 fieldwork，Northern Illinois University 師資培育課程必須有 100 小時以上的臨床教育現場經驗。美國全國教師專業標準委員會核心標準四為「教師應有系統化的思考教學實務並從經驗中學習」。因此，國內師資培育課程應提高實務的比例與內涵，並強化與教育現場結合。

（六）強化教育實習，並落實檢核機制

參與焦點座談的初任教師均很強烈感受「一年制實習教師比較用心學」。訪問高中職、國中、國小、幼稚園、特殊教育教師均強調「教育實習應延長為一年，現行半年實習成效欠佳」，國中、國小教師均強調「確實落實實習制度，不應淪為形式或僅讓實習教師處理雜務」、「實習制度規劃良好卻未落實，應落實績效，強調考核與尾端管理機制」。因此，師資培育課程應強化教育實習，並落實檢核機制。

（七）儘量規劃 3 學分以上之統整性教育專業科目

由 City University of New York 、Teachers College, Columbia University、UIUC 及 Northern Illinois University 等師資培育課程，發現多數科目均為 3 學分以上，且幾乎所有學分數均強化教育專業課程科目內涵、教育現場經驗與實習的統整，如國小教師課程中觀察兒童發展、多元社會中的都市學校、國小教學之理論與實務、小朋友如何學數學：教學的啟示、國小課程發展等科目，均著重科目內涵、教育現場經驗與其它相關科目知能的統整，而非切割零散的科目。因此，教育專業課程應儘量規劃 3 學分以上之統整性教育專業科目，以強化課程之深度與廣度，並增進科目間的連結與統整。

（八）賦予師資培育機構專業自主權責，並落實尾端管理

美國各州研定教師專業標準後，其師資培育機構依標準規劃課程與科目學分數。日本亦僅規範教職相關科目之必要事項，由各師資培育機構依必要事項規劃課程與科目學分數。我國卻由教育部訂定「中等學校、國民小學教師師資職前教育課程教育專業課程科目及學分」、「幼稚園教師師資職前教育課程教育專業課程科目及學分」、「特殊教育教師師資職前教育課程教育專業課程科目及學分」並要求各師資培育機構遵行，然因上述規定流於繁瑣、淺顯、失焦，使得初任教師覺得學非所用。未來似應賦予師資培育機構專業自主權責，並落實尾端管理。

伍、結論與建議

依據文獻分析與研究發現，提出扼要之結論與規劃教育專業課程建議。

一、結論

呼應本研究目的，本研究精簡提出兩項結論：

（一）初任教師教學專業能力包括三類 20 項

本研究依據調查結果，並經工作圈委員討論修正三類20項教學專業能力。

一為「教育基礎課程能力」，各類科師資應具備教育基礎課程能力為：1.了解教育政策脈絡與發展的能力；2.了解教育心理學、教育哲學等基礎理論的能力；3.能將教育心理學、教育哲學等基礎理論適切用於教育現場的能力。

二為「教育方法課程能力」，各類科師資應具備教育方法課程能力為：1.課程規劃與設計能力；2.編撰教案與創新教學能力；3.教學資源運用與整合的能力；4.編寫紙筆測驗的能力；5.依據測驗結果省思教學效能或實施補救教學能力；6.引起學習動機與興趣的能力；7.班級常規建置與維持能力；8.班級意外事件處理能力；9.學生初級預防的能力；10.引導特殊教育學生學習的能力；11.親師生溝通能力；12.引導不同族群、文化學生學習的能力。

三為「教學實習及教材教法課程能力」，各類科師資應具備教學實習及教材教法課程能力為：1.解讀各領域、各學科課程綱要內涵的能力；2.轉化各領域、各學科課程綱要內涵到教學現場，並製作教學檔案的能力；3.了解學生起點行為，善用多元教學策略達成教學目標的能力；4.了解學生各領域、各學科常見的學習盲點，並予以導正的能力；5.了解擬任教職場工作狀況的能力。

（二）教育專業課程應培育以學生為中心，並能勝任教學之初任教師

從美、日教師專業標準、專業教學標準或科目必要事項，及焦點座談與訪問結果分析，師資培育的教育專業課程應培育以學生為中心，並能勝任教學之初任教師，應與培養教育研究者或行政人員有所區隔。有關培養教育研究者或行政人員之課程，宜安排於在職教師之專業成長進修。

二、規劃教育專業課程建議

限於篇幅本研究建議僅聚焦於規劃教育專業課程之建議，分述如下：

1. 教育專業課程應著重理論與實務辯證，提高實務的比例與內涵，並強化與教育現場結合。

2. 教育專業課程應儘量規劃 3 學分以上之教育專業科目，以強化課程之深度與廣度，並增進科目間的連結與統整。

3. 教育專業課程應強化教育實習，並落實檢核機制。

4. 教學專業能力宜由各校師資培育中心本於專業自主規劃科目與學分數，報教育部核備後實施。

參考文獻

中文部份

文部法令研究會（2004）。**文部法領要覽**。東京：行政出版。

英文部份

Certificate office, school of education, the city college of New York (2006). *About certification.* Retrieved, September 4, 2006, from http://www.ccny.cuny.edu/education/certoff/aboutcertification.html

Council on teacher education, University of Illinois at Urbana-Champaign (2006). *Requirements and procedures.* Retrieved, September 4, 2006, from http://www.ed.uiuc.edu/cte/certification/requirements/index.html

Curriculum & teaching, Teachers College, Columbia University (2006). *General information.* Retrieved, September 4, 2006, from http://www.tc.edu/c%26t/detail.asp? Id=General+Information&Info=Certification+Chart

Illinois state board of education (2006). *The Illinois professional teaching standards.* Retrieved, September 4, 2006, from http://www.isbe.state.il.us/profprep/CAS-CDvr/pdfs/24100_ipts.pdf

National Board for Professional Teaching Standards (2006). *The five core proposition.* Retrieved, September 4, 2006, from http://www.nbpts.org/the_standards/the_five_core_propositio

New Jersey department of education (2006). *Standards for required professional development of teachers.* Retrieved, September 4, 2006, from http://www.state.nj.us/njded/profdev/standards.htm

Northern Illinois University (2006). *NIU teacher certification programs.* Retrieved, September 4, 2006, from http://www.teachercertification.niu.edu/tcp_int.htm

第五章

我國中小學教師在職進修碩士學位現況與需求之調查研究

洪仁進

國立臺灣師範大學教育學系副教授

王秀玲

國立臺灣師範大學教育學系副教授

康瀚文

國立臺灣師範大學教育學系博士候選人

謝馥宇

國立臺灣師範大學教育學系碩士班研究生

壹、緒論

一、研究動機與目的

　　我國近年來由於政府對教師在職進修的提倡，研習會、座談會、工作坊以及在職進修學位等均成為教師吸收新知、專業成長的來源。根據吳美麗（1996）對師範學院國民教育研究所碩士班學生的調查研究指出：國小教師進修意願強烈，且對在職進修學分班的意願較高；而李奉儒（2002）則對雲嘉南五縣市中小學的調查研究發現：教師優先選擇的進修型態以「學位課程的在職進修碩士專班（夜間或週末）」為首要，其次是「學位課程的教學碩士班（夜間或週末）」，可見目前教師在職進修最迫切需要的是進修碩士學位，恰與世界各先進國家的教師教育逐步提升至碩士學歷的潮流不謀而合（王如哲，2006；The Homles Group, 1986）。

　　回溯我國此波教師在職進修的浪潮，自《師資培育法》的公布施行以後，改以多元化、儲備性及甄選制的鬆綁觀點，作為推展師資培育的圭臬。此一師資培育政策的丕變，帶動了職前師資培育機構的爭相申辦，快速增長，實能符應民主社會中多元儲備、自由甄選的開放價值外，對於在職教師的專業成長方面，該法第 19 條亦有所規定：「期以透過在職進修管道的規劃及建構，提升在職教師「專業化」與「優質化」的教育職能和素養。」

　　其次，為能賦予在職教師專業進修的合法性，教育部遂於 1997 年公布《教師法》，明文規定教師不僅擁有「參加在職進修、研究及學術交流活動」的權利（第 16 條），且教師也須履行「從事與教學有關之研究、進修」的義務（第17 條），這種將在職進修「同時」視為既是權利，也是義務的規定，實有助於強化教師專業發展能力的立法意圖。甚且，該法還列有「進修與研究」專章，授權大學校院得視實際需要，設立進修研究機構或單位，訂定相關獎勵辦法，保障教師權益，鼓勵各級學校教師主動積極進修研究，一方面充實教師教學的專業素養；一方面增進教育工作的職能績效，落實教育專業永續精進的理想。

　　因此，基於提高高級中等以下學校教師學歷，以及提升教師專業知能的目標考量，教育部於 1998 年公布《大學校院辦理高級中等以下學校及幼稚園教師在職進修學分班計畫審查要點》與《大學校院辦理高級中等以下學校及幼稚園教師在職進修碩士學位班審核作業要點》，以為各大學校院辦理「教師在職進修碩士學位班」與「碩士學位在職進修專班」之依據。至於碩士學位班的類別，該審核作業要點定為「一般教學」、「特教教學」及「學校行政」等三類（第 3 條）。在此政策導向的推波助瀾下，既能激勵在職教師進修研究的強烈動機，也能提供在職教師提高學歷的有效管道，對於強化教師專業能力的精進發展，貢獻極大。

　　然而，我國教師進修碩士學位雖逐漸成為趨勢，但觀諸目前的法令與制度，多將教師進修的責任視為教師的生涯發展，學位與課程設計由各大學自行開設，管道雖然多元但制度略顯紛亂，並未建立一套系統性的教師進修碩士之管道，在品質控管與配套措施的配合仍有許多不足之處。

　　基於上述理念，本研究擬探究我國目前中小學教師進修碩士的學習動機、滿意度與未來期望，研究對象為我國公立中小學正在進修或已取得碩士學歷的教師群體，透過問卷調查的方式，希望能了解教師在進修碩士的過程中，其進修的動機與影響因素為何，以及對進修學校所提供的師資、課程、未來規劃與所學應用上的相關意見，加以歸納整理後提出對我國未來規劃教學專業碩士學位管道的相關建議。

二、研究設計

　　本研究採問卷調查法，透過預試與專家審查的過程編製「現職教師進修碩士學位調查問卷」，並以分層隨機抽樣的方式對我國台灣省、台北市以及高雄市之公立中小學正在進修或已取得碩士學歷的教師群體進行意見調查，以獲得其對我國目前教師進修碩士的現況、滿意度與未來規劃教學專業碩士制度之相關建議。

　　近年來有關教師在職進修的調查研究相當豐富，唯直接研究在職進修碩士學位的相關研究較少。為了解教師進修碩士的現況、滿意度與未來規劃之意

見，本研究除進行文獻探討外，並參採林煌（2001）所編製的「我國中小學教師終身進修制度調查問卷」、陳思婷（2004）所編製的「科學教育研究所教學碩士班學生之在職進修動機與教師專業成長調查問卷」，以及廖志昇（2004）所編製的「師範院校在職進修碩士班學生學習動機、學習滿意度問卷」，上述三者均經過嚴謹的預試與專家審查過程，具有良好的信效度。本研究據此編製成「現職教師進修碩士學位調查問卷」，並商請九位學者專家進行審查，再根據審查結果進行修正以形成正式問卷。

　　本研究所編製之「現職教師進修碩士學位調查問卷」採四點量表，共分為「填答者基本資料」、「進修碩士班之動機與影響因素」、「進修碩士班之滿意程度」以及「未來教學專業碩士師資培育管道之政策與規劃」四個部份。第一部份「填答者基本資料」旨在了解填答者之相關背景，包括性別等九個層面；第二部份「進修碩士班之動機與影響因素」則旨在了解目前正在進修或已經獲得碩士學位之教師，其進修碩士學位之動機與影響因素，共包括：「社會環境因素」、「學校組織因素」、「個人發展因素」、「進修需求因素」與「進修活動因素」等五個層面；第三部份「進修碩士班之滿意程度」旨在了解目前正在進修或已經獲得碩士學位之教師，其對進修碩士之有關師資、課程、學習成效與制度等層面的滿意程度，共包括：「師資素質」、「課程安排」、「學習成效」與「制度規劃」等四個層面；第四部份「未來教學專業碩士師資培育管道之政策與規劃」旨在了解正在進修或已經獲得碩士學位之教師，其對未來規劃教學碩士制度之看法與期許，包括：「招生方式」、「課程結構」與「進修制度」等三個層面。

　　問卷調查採分層隨機抽樣的方式，首先將台灣省、台北市以及高雄市區分為北、中、南、東四區。再依縣市國中與國小數目，各縣市國中數 60 所以上隨機取 9 所、30 所以上未滿 60 所隨機取 6 所、30 所以下隨機取 3 所；各縣市國小數 200 所以上隨機取 9 所、100 所以上未滿 200 所隨機取 6 所、100 所以下隨機取 3 所。最後上述數目再平均分布大、中、小型學校，大型學校（61 班以上）發 16 份問卷、中型學校（13 班至 60 班）發 12 份問卷、小型學校（12 班以下）發 6 份問卷，共發放國中 111 所，1258 份問卷；小學 108 所，

1224 份問卷。

　　本研究於 2006 年 6 月進行問卷發放，國中與國小共發放 2482 份，回收 821 份，可用 813 份，總回收率為 33%。回收後進行統計分析，第二、第三部份使用次數分配以了解各層面的填答情形；第四部份由於部份題項為複選題，則兼採次數分配與複選題分析以了解各層面的填答情形。

貳、文獻探討

一、我國在職進修碩士學位之現況

　　Hargreaves（1980）引用社會學觀點，認為因循舊規的教師，往往造成自己的學習能力日益減弱，當一個老師成為拙劣的學習者時，可以預見其對於變遷、調整及革新的態度將愈益困難（引自張淑貞，2002）。國外學者 D. Michael 亦認為，教師於大學中接受四年的職前教育，卻有四十年的時間在教室中教學；然而這四年受教所習得之各種教學與專業知能，對於未來教室趨於多樣與異質之情境，顯然將露出不足之窘境（郭茂松，2001）。有鑑於此，教育當局業已於《教師法》中規定終身學習及進修係為教師的權力與義務，並研擬教師在職碩士學位專班之設立，以厚植教師教學專業自主之能力，提高教師敬業的熱忱（林清江，1998）。為規劃質量並重的進修途徑，前教育部長林清江先生研擬試辦教學碩士班、學校行政碩士班及特教教學碩士班，教育部並於 1998 年 12 月頒佈了《大學院校辦理高級中等以下學校及幼稚園教師在職進修學位班共同作業要點》（其後更名為《大學校院辦理高級中等以下學校及幼稚園教師在職進修碩士學位班審核作業要點》），作為教師在職進修碩士學位之相關法源依據。

　　依《大學校院辦理高級中等以下學校及幼稚園教師在職進修碩士學位班審核作業要點》第 3 條規定：「各大學校院於教學資源充裕及確保教學品質條件下，得辦理教師在職進修『教學碩士學位班』、『特教教學碩士學位班』或『學校行政碩士學位班』，提供教師進修碩士學位之機會。」本研究彙整 95 學年度教師在職進修碩士專班之簡章，發現計有 3 所師範大學（台灣師範大

學、彰化師範大學、高雄師範大學）、6所教育大學（國立台北教育大學、台北市立教育大學、新竹教育大學、台中教育大學、屏東教育大學、花蓮教育大學）、3所原師範院校改制為一般大學（台南大學、嘉義大學、台東大學）、4所一般公立大學（政治大學、中山大學、東華大學、中正大學）、5所私立大學（慈濟大學、輔仁大學、淡江大學、中原大學、銘傳大學）及4所公私立科技大學（朝陽科技大學、雲林科技大學、台灣科技大學、屏東科技大學），共計25所公私立大學設有相關之教育類科在職碩士專班。

為求研究能代表當今教師在職專班之現況，深入探討各專班之特色實有必要，是以，本研究以各實施機構代表性之均衡為考量、最終能符應教師在職碩士專班與教育相關類科碩士在職專班之研究目的，依師範校院培養師資之傳統與特色、公私立大學辦學特色、一般大學與技職體系培育人才方向及學校所在之地理位置等層面作為樣本學校取材依憑後，分別選取出台灣師範大學、彰化師範大學、高雄師範大學、國立台北教育大學、台北市立教育大學、台中教育大學、台南大學、嘉義大學、台東大學、政治大學、東華大學、中正大學、淡江大學、台灣科技大學、屏東科技大學等15所較具代表性學校作為深入探討對象，並就班別、上課時間、報考服務年限限制、錄取標準等進行分析歸納於後述。

（一）開設之類別與班別

綜合上述15所辦理教育相關系所在職碩士專班，其所開設之類別與班別可歸納為以下幾點重點：

1. 就類別而言，符應教育部既定政策，可歸納為教學碩士類、學校行政類及特殊教育類。
2. 就各式班別而言，顯示在回流教育下，教師及學校行政人員及教育部（局）行政人員渴求進修、追求個人專業成長之決心。
3. 就各教育機構而言，開設之班別亦針對幼稚園、小學、中學、高職教師作出區隔，亦顯示了各級教師追求更高之學歷，及自我增權賦能之企圖心。

（二）招生辦法

本研究臚列《大學校院辦理高級中等以下學校及幼稚園教師在職進修碩士學位班審核作業要點》對於相關報考資格、招生方式、錄取標準與教學時間等之規定，繼之分析各校招生辦法重點規定。茲分述如下：

1. 報考資格

(1)法源依據

依據《大學校院辦理高級中等以下學校及幼稚園教師在職進修碩士學位班審核作業要點》，報考教師在職進修碩士專班者，需符合大學畢業及同等學力之要項，再者，需有實際任教服務年資滿二學年以上之年資，該年資指取得合格教師證書後之年資，並不含括代理代課、試用、實習教師及兵役年資。簡言之，為符合「在職教師」終身進修、回流教育充實自我之精神，凡是現任公立或已立案之私立中等學校、國民小學、幼稚園及特殊教育學校（班）編制內按月支領待遇之校（園）長及依法取得教師資格之專任教師皆可報考。

(2)實施情形

觀之上述教師碩士專班及教育類科碩士專班之情形，發現其對服務之報考年限設定，不一而同，可分為下述幾類：

a. 服務年資（專任年資）一年即可：採行此標準為報考限制，計有台中教育大學教育學系碩士班、台中教育大學課程教學研究所、政治大學學校行政碩士在職專班、中正大學台灣文學學程教師在職專班、淡江大學教育政策與領導研究所碩士在職專班。然而政治大學學校行政碩士在職專班為教師專班，僅限教師報考，如此低門檻之年資規定似於法不符；其次，台中教育大學兩所專班，雖為一般制研究所兼收在職生，但在職生標準限現任教師，似也遊走於法律標準之灰色地帶；再者，其他班別雖非教職專班，兼收教育類公務人員等，但是其年資設定亦有待商榷。

b. 服務年資（專任年資）需滿二年：採行此標準為報考限制之學校及

系所爲最多，計有台灣師範大學、彰化師範大學、高雄師範大學、國立台北教育大學、台北市立教育大學、台東大學等上述學校之所有系所，及屏東科技大學之大部分系所。

c. 服務年資（專任年資）需滿三年：採行此標準爲報考限制之系所不多，均爲科技大學所開設之班別，計有台灣科技大學之自動化及控制研究所、材料科技研究所碩士在職專班、應用外語系碩士在職專班及屏東科技大學企管研究所碩士在職專班。

d. 服務年資（專任年資）需滿四年：採行此標準者亦爲少數，諸如東華大學教育學碩士在職專班、中正大學教育學研究所碩士在職專班。推其原因，可能兩校地理位置均不在都會區，進修資源亦較北部、南部等可貴，故而開班宗旨希望提供教學經驗豐富之教師，更多進修與教學相長之機會。

e. 服務年資（專任年資）需滿六年：採行此標準爲報考限制之系所，計有台灣科技大學工業管理系碩士在職專班、資訊管理系碩士在職專班等兩班。推其原因，可能是學校「管理」階層都爲具有相當經驗之教師擔任，爲求理論與經驗之充實，故而設立此限。

f. 現職教師即可：計有嘉義大學國民教育研究所在職專班課程與教學組、學校行政與教育理論組、幼兒教育學系碩士在職專班、教育行政與政策發展研究所碩士在職專班甲、乙兩組，及台灣科技大學機械工程碩士在職專班、營建工程碩士在職專班、電機工程系碩士在職專班、資訊工程系碩士在職專班、設計研究所碩士在職專班。而嘉義大學班系爲「非教師在職專班」，相關人員亦可就讀；台灣科技大學班系爲一般碩士班及在職碩士班專案加收高職教師，且名額採外加另計形式，是否違反教師進修之法源依據需服務滿二年以上，仍待商榷。

2. 招生方式

⑴法源依據

依據《大學校院辦理高級中等以下學校及幼稚園教師在職進修碩士學

位班審核作業要點》，採公開招生、專班招考；考試科目由各校自訂，亦即，筆試將為必要條件，唯其比重可由各校權衡。

(2)實施情形

a. 專班招考：實施「『教師』在職進修碩士專班」招考之學校，計有三所師範大學（台灣師範大學、彰化師範大學、高雄師範大學）及國立台北教育大學、台北市立教育大學、台南大學、政治大學部分班別，均限定需有教師身份始得報考。

b. 專案外加名額方式：如台灣科技大學、屏東科技大學係在一般碩士班或在職進修專班中，以專案方式，增額錄取高職教師，各班增額錄取一至五名員額不等，載明於各系所招生簡章中。

c. 一般碩士班分別錄取一般生及在職教師若干名額：台中教育大學採行此法招收現職教師，因此，在職教師必須配合白天上課，且一般生與在職生接受相同之課程，故其課程規劃偏重理論性。

d. 一般教育類之「非教師」在職碩士專班，教育類公務人員或相關人員亦可報考：諸如原師範院校改制為一般大學之嘉義大學、台南大學、台東大學以及非師範體系之東華大學、中正大學、淡江大學等均是以非教師專班之方式，辦理教育、教學類科之碩士專班，亦提供教育類公務人員及相關人員進修研讀之機會。

3. 錄取標準

(1)法源依據

依據《大學校院辦理高級中等以下學校及幼稚園教師在職進修碩士學位班審核作業要點》，除筆試外，錄取標準得酌採計教學經驗及教學成就。

(2)實施情形

歸納上述 15 所辦理教育類科在職碩士專班之機構，發現其錄取標準有下列幾種形式：

a. 僅以筆試成績為準：台北市立教育大學數學資訊教育教學碩士學位班、嘉義大學國民教育研究所在職專班、台中教育大學教育學系碩

士班等。

b. 筆試成績加上書面審查成績：諸如台灣師範大學生命科學系教學碩士班、高雄師範大學所有教師在職專班、嘉義大學所有教育類科在職碩士班、政治大學中等學校教師在職進修國文教學碩士學位班等。

c. 筆試成績加服務年資積分：諸如國立台北教育大學大部分教師在職碩士專班。

d. 筆試成績加上口試成績：諸如淡江大學所有教育類科碩士在職專班。

e. 筆試成績加書面審查成績加口試成績：諸如台灣師範大學教育心理與輔導學系教學碩士班、彰化師範大學英語文教學碩士班、台灣科技大學、屏東科技大學所有教師可就讀碩士專班等。

　　上述各校所謂之筆試，乃依各系所簡章所規定，所指定之考科，從選考、指考、加考國文或英文，情形不一。簡言之，筆試仍為公開招考之要項，最少一科，多則考五科，其各科比重亦有不同規定，難以備載；平均而言，筆試以考兩科專業科目之系所為多，但持平而論，在職專班之考科總數均較一般碩士班來得少。

　　首先就書面審查部份，通常是指：「教師獎勵事蹟」（如優良教師、記功敘獎等）、「教師論文著作」（如學術專刊、經審查之研討會論文、全國發行之教育期刊、相關教學著作、論文競賽得獎者等）、「參加教學相關活動具有成果者」（如國科會專題研究、編寫教科用書、教學媒體製作、正式命題競賽獲獎、教學補充資料、種子教師、研發教材等）及「進修及研究計畫」、「自傳」等，各系所規定亦有差異，亦有科系將「年資」併入書面審查者。

　　其次年資部份，各系所計算方式亦有所不同，一般行政類碩士班而言，曾任中小學校長為最高之加分級距、例如：國立台北教育大學學校行政碩士學位班係每滿一學年加 1 分；曾任中小學主任（幼稚園園長及主任）係次一個加分級距，如每滿一學年加 0.7 分；曾任中小學或幼稚園組長為更次一級之加分級

距，每滿一學年加 0.5 分；一般教學碩士班而言，多不計行政或導師職務，而是單純加計服務年資，每服務滿一年加 0.8 分之情形最多。總而言之，服務年資積分最高以 30 分為限。

最後口試的部份，則是綜合學經歷、教學理念、專業科目教學演示（如音樂科演奏）、理論議題，或英文對答能力等綜合性面試，各系所規定不一。

4. 教學時間

　(1)法源依據

　　依據《大學校院辦理高級中等以下學校及幼稚園教師在職進修碩士學位班審核作業要點》，教學時間以利用寒假、暑假、夜間、週末或其他特定時間實施為原則，以配合在職教師之需求。

　(2)實施情形

　　分析上述教育類科碩士在職專班之上課時間，可歸納為下述幾種模式：

　　a. 於暑期授課：暑期班與夜間班兩者為最多之授課模式。

　　b. 於夜間（週一至週五夜間）授課：暑期班與夜間班兩者為最多之授課模式。

　　c. 夜間及週末授課：如中正大學外國語文學系碩士專班、台灣文化學程教師在職專班，淡江大學所有教育類相關在職碩士班等。

　　d. 夜間、週末及暑期授課：如嘉義大學國民教育研究所碩士在職專班。

　　e. 週末及暑期授課：如政治大學中等學校教師在職進修國文教學碩士學位班、學校行政碩士在職專班。

　　f. 同一般碩士班授課時間：如台中教育大學碩士班，在職生名額列入一般碩士班招考，故上課時間與一般碩士生同；再者，台灣科技大學、屏東科技大學之一般碩士班專案加收高職教師者亦同。

　　g. 依錄取之研究生議決之：嘉義大學教育行政與政策發展研究所碩士在職專班因以離島人員為報考限制，故其上課時間為錄取之研究生所議決之，採權變之方式。

二、課程架構

依據《大學校院辦理高級中等以下學校及幼稚園教師在職進修碩士學位班審核作業要點》，教師在職進修碩士專班課程設計，應朝向教育專業知能與實務工作結合之方向規劃，以配合在職教師之需求，必修課程不得與一般碩士班併班上課。大體而言，一般研究所的課程內容著重於理論（符碧真，2002）。因此，教師於研究所學之博大精深的「純理論」，將可能與日常的學校生活之實踐產生分離之情形。簡言之，「學術理論」與「教學實務」仍有差距之可能，中小學教師與大學教授之間存在著一個關於實踐與知識間的巨大鴻溝（Tom, 1999）。

準此，既然教師進修碩士學位業已成為教師進德修業之重要指標，教師在職專班之課程規劃宜不同於一般「理論性」為主的碩士班，其課程需能兼具「理論」與「實務」之融合為主，提供一個理論與實務「對話」的機會，才能真正地幫助教師反省其教學過程、充實其關於教育之知能。是以透過良好的課程規劃、教師藉由碩士專班之修讀，將有助於充實更多之行政知能，改善其教學技巧與策略，對於特教與輔導有更多的技巧與同理的了解，並藉由學術訓練與思辯，獲取更多的批判意識，進而具有轉化教材之動能。教師在職專班之課程架構，其核心宗旨無非是充實其理論與實務聯結之專業知能，並進而能兼顧研究能力與解決實務問題能力的培養。教師透過碩士專班之進修，除了能幫助教師學習新的教學技巧或更艱深的專業知識外，亦能幫助教師自我反省、自我剖析、自我規劃、自我選擇、自我研究，以及與同僚的對話互享（林明地，1998）。

今日教師之教學壓力繁重、社會問題紊亂、學生問題叢出不窮、教改措施推陳出新……等，均使得教師之耗竭感較往昔來得多。再者，以教師封閉的工作環境、單打獨鬥的學校文化而言，極容易有疲累、孤寂之感。在職教師透過進修碩士，將可獲致充實教育理念，與同為教師的班級同學分享教學難題，提供彼此鼓勵與支持，並能對於教學理論深入研究，補足教學上困疑之處。是以，透過碩士學位進修，應有助於教師專業自覺之滿足，充實教育理念與動

能，以迎接教育現場之挑戰。基於上述理念，本研究經文獻探討，整理分析目前我國教師在職進修碩士的現況，並依此基礎設計「未來教學專業碩士師資培育管道之政策與規劃」問卷，問卷區分「招生方式」、「課程結構」以及「進修制度」等三個層面，期能了解正在進修或已經獲得碩士學位之教師，其對未來規劃教學碩士制度之看法與期許，以做為我國未來規劃教學專業碩士學位管道的意見基礎。

三、教師在職進修碩士之相關研究

（一）進修之動機與影響因素

國內外有關教師參與在職進修動機的研究多採成人學習動機類型加以詮釋與分類。最早研究動機類型之學者為 Houle（1961; 引自韓諾萍，2002），他根據深度訪談 22 位參加芝加哥繼續教育課程之成人參與學習動機結果，提出三分類型論（three-type）：

1. 目標取向：學習者應用學習以達成特定目標。
2. 活動取向：學習者參加學習活動以求社交接觸，重視活動過程所具有的意義，與活動的目的或內容無關
3. 學習取向：學習者目的在於求知，純粹為學習而學習，以此類型為最長久。

Houle 的研究設計雖然不夠嚴謹，但其研究成果引起學者對成人繼續教育的後續研究。如 Okun（1979）將動機分為外誘與內發兩種動機，並認為兩者均可促使教師參與在職進修。Boshier（1977）則分析了過去研究，編製成《教育參與量表》（*Educational Participation Scale, EPS*），並對加拿大溫哥華地區 242 位成人教育參與者進行研究，其量表可分為逃避／刺激、職業進展、社交興趣、外界期望與認知興趣等 6 個動機因素（含社會服務因素）。其後 EPS 為其他教育學者採用並研究參與進修的教師，茲將研究成果列舉如下：

1. Brancsum（1986）對 225 位 Southeast Missouri State University 具有博士學位的教師進行研究，結果得到社交參與、外在刺激、認知興趣、職業

進展、社會服務與避免例行單調生活等 6 個因素。其中以「認知興趣」
動機取向最強。

2. Minnock（1986）對 Kansas 大學繼續教育課程 137 位專業人員（包含教
師）進行研究，結果得到職業進展、社交互動、專業成長與強制影響等
4 個動機因素。其中「職業進展」與「專業成長」為主要的因素。

3. Poltechar（1987）對 932 位泰國東北部參與在職進修的教師進行研究，
研究結果發現共有職業進展、社會服務、認知興趣、逃避／刺激、社交
關係、社交接觸與增進智慧等 7 個動機因素。

　　至於國內對教師參與在職進修的動機與影響因素研究相當豐富，如林如萍
（1991）參酌 EPS 編製成「中等學校教師參與在職進修動機問卷」，並對中
等教育教師進行問卷調查，調查結果發現以「認知興趣」為最強，其餘依次為
「職業進展」、「社會服務」、「他人影響」、「社交關係」、「同儕影
響」、「逃避／刺激」與「家庭影響」；林煌（2001）則使用自編的「我國中
小學教師終身進修制度調查問卷」對全省國中小教師進行研究，研究發現影響
教師參與進修的主要因素為「進修需求」、「進修活動」與「社會環境」等因
素。在此基於本研究之研究目的，僅將教師在職進修碩士學位的相關研究列舉
如下：

1. 吳美麗（1996）對 808 位國小教師參與研究所進修態度進行研究，結果
發現國小教師進修意願強烈，且對在職進修學分班的進修意願較高，而
教師進修之主要動機為「充實教育知能」，教師參與學士後進修最希望
享有的待遇是「晉級加薪」。

2. 吳瑞香（2001）以 88、89 學年入學之師範學院教育研究所碩士班非師
範體系學生為研究之母群體進行普查，研究結果發現師範學院教育研究
所碩士班非師範體系學生之入學動機，係以追求自我實現及懷抱對教育
的興趣和熱忱為主。

3. 韓諾萍（2002）選取台東縣市國民小學教師 390 人進行研究，研究結果
發現國民小學教師參與研究所進修的主要動機為充實教育專業知能，其
次為生涯規劃及個人理想的完成。

4. 陳思婷（2004）對三所國立師範大學科學教育研究所教學碩士班學生在職進修動機與專業成長態度進行研究，研究發現在職進修動機以「求知興趣」層次最強，次之為「職業進展」層次。

5. 廖志昇（2004）對四所師範學院在職進修碩士班學生進行研究，研究發現其學習動機具有多元取向且認同度均高，其中以「求知興趣」認同度最高，「逃避／刺激」認同度較低。

綜合上述國內外研究可以發現，有關目前教師在職進修碩士的動機與影響因素以「求知興趣」為主，「職業進展」為次；求知興趣當中以充實教育專業知能與自我實現為主，而職業進展方面則希望在職級與薪級方面得到提升。

本研究為求周延起見，在動機與影響因素方面廣泛參採教師在職進修之各層面，並以林煌（1997）所編製的「我國中小學教師終身進修制度調查問卷」、陳思婷（2004）所編製的「科學教育研究所教學碩士班學生之在職進修動機與教師專業成長調查問卷」為藍本，編製為本研究之「進修碩士班之動機與影響因素調查問卷」，問卷層面則包括：「社會環境因素」、「學校組織因素」、「個人發展因素」、「進修需求因素」與「進修活動因素」等五個層面。

（二）需求與滿意程度

由於教師進修制度變遷相當快速，國內外有關教師進修碩士學位之需求與滿意程度的研究並不多見。如從教師在職進修的需求方面來觀察，多半都以「進修學分／學位」為主要的需求（史詩琪，2001；吳美麗，1996；李奉儒，2002），而滿意度也以「進修學分／學位」最為滿意（溫昇樺，2004），可見目前教師對於進修碩士學位的需求迫切。以下將分述進修碩士學位方面的相關需求與滿意度之相關研究：

1. 吳瑞香（2001）以88、89學年入學之師範學院教育研究所碩士班非師範體系學生為研究之母群體進行普查，研究結果發現師範學院教育研究所碩士班非師範體系學生之需求，係以「獲得教育專業知能及研究知

能」為目標。

2. 嵇慶生（2004）對文教行政人員參與回流教育碩士在職進修專班學習滿意度之滿意情形進行研究，研究發現整體而言，文教行政人員參與回流教育碩士在職進修專班具有中等以上的學習滿意度，而學習滿意度最高層面為「人際助力」，最低層面則為「行政服務」。

3. 廖志昇（2004）對四所師範學院在職進修碩士班學生進行研究，研究發現師範學院在職進修碩士班學生，學習滿意度具有多元取向且滿意度均高，其中以「人際關係」滿意度最高，「行政支援」滿意度較低。

綜合上述研究可以發現，在教師進修碩士的學習滿意度方面以「人際關係」滿意度最高，「行政支援」的滿意度最低；而進修碩士的需求則以「獲得教育專業知能及研究知能」為主要的目標。

本研究為了解教師進修碩士班的滿意程度，參採廖志昇（2004）所編製的「師範院校在職進修碩士班學生學習動機、學習滿意度問卷」，據以編製成「進修碩士班之滿意程度調查問卷」，層面包括「師資素質」、「課程安排」、「學習成效」與「制度規劃」等四個層面。

參、調查研究結果之分析與討論

本研究對我國台灣省、台北市以及高雄市之公立中小學，正在進修或已取得碩士學歷的教師群體進行意見調查，旨在了解目前中小學教師進修碩士學位的動機、滿意度與相關建議，茲分析問卷調查結果如下。

一、進修碩士班之動機與影響因素

此部份問卷旨在了解目前正在進修或已經獲得碩士學位之教師，其進修碩士學位之動機與影響因素，共分為「社會環境因素」、「學校組織因素」、「個人發展因素」、「進修需求因素」與「進修活動因素」等五個層面，以下就各層面分述之。

（一）社會環境因素

社會環境因素包括社會對教師職業看法的改變與期許等環境因素，其結果如表 5-1 所示：

表 5-1　「社會環境」因素次數分配表

項目 \ 題目	第 1 題	第 2 題	第 3 題	第 4 題	第 5 題
個數	810	812	812	809	810
平均數	3.3333	3.4298	3.1983	3.4920	3.0432
標準差	.58197	.58019	.66540	.59930	.73201
社會環境因素排序	3	2	4	1	5

從表 5-1 我們可以發現，「社會環境」因素題項均達 3 分以上，可見教師承認「社會環境」因素對於進修碩士學位的動機確實有其影響。從上述五個題項來看，社會環境因素以「提升教師專業地位」的動機影響最大，可見社會環境變遷的影響，促使教師亟欲提升己身的專業地位。

（二）學校組織因素

學校組織因素包括學校行政與課務的安排、主管與同仁的壓力等因素，其結果如表 5-2 所示：

表 5-2　「學校組織」因素次數分配表

項目 \ 題目	第 6 題	第 7 題	第 8 題	第 9 題	第 10 題
個數	812	810	810	811	810
平均數	3.3485	3.3704	3.3247	3.2207	2.8654
標準差	.61463	.67159	.68320	.71965	.80813
學校組織因素排序	2	1	3	4	5

從表 5-2 我們可以發現,「學校組織」因素題項除第 10 題外,其他題項均達 3 分以上,可見教師承認「學校組織」因素對於進修碩士學位的動機確實有其影響。從上述五個題項來看,學校組織因素以「學校能給予公假進修」的動機影響最大,可見教師最需要的行政支援是能給予公假而無後顧之憂。另外,「學校同仁不斷進修所造成的壓力」的動機較弱,可能目前教師進修碩士學位風氣已盛,教師取得碩士學歷者日增,同儕進修的壓力自然會逐漸減輕。

(三)個人發展因素

個人發展因素包括個人生涯發展、職業與學歷期許、經濟與家庭因素,其結果如表 5-3 所示:

表 5-3 「個人發展」因素次數分配表

項目 \ 題目	第 11 題	第 12 題	第 13 題	第 14 題	第 15 題	第 16 題
個數	813	812	813	812	813	810
平均數	3.4822	3.2943	3.3998	3.0603	3.3149	3.1617
標準差	.58194	.67604	.66128	.82055	.70308	.70300
個人發展因素排序	1	4	2	6	3	5

從表 5-3 我們可以發現,「個人發展」因素題項均達 3 分以上,可見教師承認「個人發展」因素對於進修碩士學位的動機確實有其影響。從上述六個題項來看,社會環境因素以「有助於個人發展」的動機影響最大,可見內在動機是促使教師進修碩士學位的最大動力。

(四)進修需求因素

進修需求因素包括個人在教學與行政工作上,面對知識的進修需求。其結果如表 5-4 所示:

表 5-4　「進修需求」因素次數分配表

項目 ＼ 題目	第 17 題	第 18 題	第 19 題	第 20 題	第 21 題
個數	813	813	812	811	810
平均數	3.4367	3.4022	3.1502	2.9593	3.0000
標準差	.57449	.61335	.71419	.78225	.76383
進修需求因素排序	1	2	3	5	4

　　從表 5-4 我們可以發現，「進修需求」因素題項除第 20 題外，其他題項均達 3 分以上，可見教師承認「進修需求」因素對於進修碩士學位的動機確實有其影響。從上述五個題項來看，進修需求因素以「提升教育專業知能」的動機影響最大，此研究結果與「社會環境」因素的研究結果相同，可見內在因素裡，獲取專業知能以提升專業地位是教師進修碩士的重要因素。另外，「增進校務管理知能」的動機較弱，可能是目前碩士學位所提供的學習成果較無助於校務管理知能，故較無影響。

（五）進修活動因素

　　進修活動因素包括進修學校的距離、時間、師資等制度因素。其結果如表 5-5 所示：

表 5-5　「進修活動」因素次數分配表

項目 ＼ 題目	第 22 題	第 23 題	第 24 題	第 25 題	第 26 題	第 27 題
個數	810	809	811	810	765	765
平均數	3.1272	3.3337	3.1455	3.2000	3.0105	3.0928
標準差	.74075	.59898	.69463	.65549	.75363	.71668
進修活動因素排序	4	1	3	2	6	5

從表 5-5 我們可以發現，「進修活動」因素題項均達 3 分以上，可見教師承認「進修活動」因素對於進修碩士學位的動機確實有其影響。從上述六個題項來看，進修活動因素以「進修時間安排的適當性」的動機影響最大，此研究結果與「學校組織」因素的研究結果有所呼應，教師在進修碩士的外在因素裡，最重視的可能就是進修時間能否配合學校，在必要時是否可以請假進修，如果學校能提供支援，教師進修時間能安排妥當的話，應有助於提升教師進修碩士學位的意願。

（六）進修碩士班之動機與影響因素整體層面分析

我們將上述五個層面的分數加以累計平均後，得出各層面的平均分數，此結果有助於我們了解教師在各層面的意見。其結果如表 5-6 所示：

表 5-6　「進修碩士班之動機與影響因素問卷」層面次數分配表

題目\項目	第1層面	第2層面	第3層面	第4層面	第5層面
個數	805	804	808	807	760
平均數	3.3009	3.2279	3.2867	3.1913	3.1653
標準差	.46762	.49668	.50150	.53870	.49901
層面平均數排序	1	3	2	4	5

從表 5-6 我們可以發現，在進修碩士班之動機與影響因素的五個層面因素裡，以第一層面「社會環境因素」最為重要，可見外在環境的變遷仍是促使教師進修碩士學位的最主要因素。

二、進修碩士班之滿意程度

此部份問卷旨在了解目前正在進修或已經獲得碩士學位之教師，其對進修碩士之有關師資、課程、學習成效與制度等層面的滿意程度，包括：「師資素

質」、「課程安排」、「學習成效」與「制度規劃」等四個層面，以下就各層面分述之：

（一）師資素質因素

師資素質因素係指進修碩士班時，對師資素質的滿意程度。其結果如表5-7所示：

表5-7　「師資素質」因素次數分配表

題目 項目	第1題	第2題	第3題	第4題	第5題
個數	807	808	806	807	804
平均數	3.2887	3.2611	3.1985	3.1537	3.1318
標準差	.53850	.54975	.61274	.54676	.64689
師資素質滿意排序	1	2	3	4	5

從表5-7我們可以發現，「師資素質」因素題項均達3分以上，可見教師對於目前進修或已獲得碩士學位之師資素質感到滿意。從上述五個題項來看，師資素質因素以「教授的專業知識豐富」最令教師滿意。

（二）課程安排因素

課程安排因素係指進修碩士班時，對課程內容、負擔及規劃的滿意程度。其結果如表下頁5-8所示。

從表5-8我們可以發現，「課程安排」因素題項除第9題外，其他題項均達3分以上，可見教師對於課程安排感到滿意。從上述五個題項來看，課程安排因素以「課程內容符合專業領域學習需要」最令教師滿意，可見目前碩士學位的課程內容在專業領域上的提升對教師頗有幫助；唯「課程內容能配合學校現場的問題」的分數偏低，可見課程規劃仍是重理論、輕實踐，教師們可能較重視學校現場的問題解決能力，但碩士學位的課程規劃似乎仍有不足。

表 5-8　「課程安排」因素次數分配表

項目 ＼ 題目	第 6 題	第 7 題	第 8 題	第 9 題	第 10 題
個數	808	808	808	806	808
平均數	3.2834	3.1634	3.1621	2.9851	3.1188
標準差	.58280	.58739	.61352	.71698	.57906
課程安排滿意排序	1	2	3	5	4

（三）學習成效因素

　　學習成效因素係指進修碩士班時，對學習成效與應用所學於工作上的滿意程度。其結果如表 5-9 所示：

表 5-9　「學習成效」因素次數分配表

項目 ＼ 題目	第 11 題	第 12 題	第 13 題	第 14 題	第 15 題	第 16 題
個數	807	807	805	807	803	807
平均數	3.1648	2.9009	3.1019	3.3061	3.0486	3.1276
標準差	.64477	.78925	.67622	.61354	.72976	.65316
學習成效滿意排序	2	6	4	1	5	3

　　從表 5-9 我們可以發現，「學習成效」因素題項除第 12 題外，其他題項均達 3 分以上，可見教師對於目前進修或已獲得碩士學位之學習成效感到滿意。從上述五個題項來看，學習成效因素以「所學能精進自己的教學專業知識」最令教師滿意，可見目前碩士學位的學習成效在專業領域上的提升對教師有所幫助，也呼應了前述「課程安排」因素的研究發現；唯「所學能應用於自

己的行政工作上」的分數偏低，這與先前進修碩士學位的動機之研究結果相同，一般教師似乎認為在修習碩士時不太會獲得行政工作方面的知能，故此動機較為薄弱，而滿意度也稍嫌低落。

（四）制度規劃因素

制度規劃因素係指進修碩士班時，對修業過程中整體制度層面的滿意程度。其結果如表 5-10 所示：

表 5-10　「制度規劃」因素次數分配表

項目 ＼ 題目	第 17 題	第 18 題	第 19 題	第 20 題
個數	805	807	807	807
平均數	3.1702	3.1363	3.1041	3.1351
標準差	.57701	.59046	.62143	.58759
制度規劃滿意排序	1	2	4	3

從表 5-10 我們可以發現，「制度規劃」因素題項均達 3 分以上，可見教師對於目前進修或已獲得碩士學位之制度規劃感到滿意。從上述四個題項來看，制度規劃因素以「課程規劃」最令教師滿意。由於在前述課程安排因素的滿意程度上，教師對「課程內容能配合學校現場的問題」的滿意程度稍嫌不足，推測原因是碩士課程多半以理論為主，而前來修課的教師也大致能了解並接受之，但碩士課程裡是否能滿足教師對於學校行政知能的需求，或許可以有進一步深入的探討。

（五）進修碩士班之動機與影響因素整體層面分析

我們將上述四個層面的分數加以累計平均後，得出各層面的平均分數，此結果有助於我們了解教師在各層面的滿意程度。其結果如表 5-11 所示：

表 5-11 「進修碩士班之滿意程度問卷」層面次數分配表

題目 項目	第 1 層面	第 2 層面	第 3 層面	第 4 層面
個數	800	806	797	805
平均數	3.2080	3.1439	3.1071	3.1360
標準差	.47171	.48524	.53614	.50815
層面平均數排序	1	2	4	3

從表 5-11 我們可以發現，教師對進修碩士的滿意程度方面以第一層面最高，亦即教師認為在師資素質方面最令他們感到滿意。

三、未來教學專業碩士師資培育管道之政策與規劃

此部份在了解目前正在進修或已經獲得碩士學位之教師，其對未來規劃教學專業碩士制度之看法與期許，此部份有助於我們了解教師對未來教學專業碩士制度的期望與建議，有助於未來相關政策與制度的修正。問卷內容大致以目前教師在職進修碩士之制度為藍圖，主要包含：「招生方式」、「課程結構」與「進修制度」等三個層面，以下將就各層面分述之。

（一）招生方式

招生方式包括：未來教學碩士管道考試的制度與計分方式。以下將就各題項分別論述之：

1. 共同科目──國文、英文考科可設立及格標準

   一般的在職進修碩士班入學考試裡，國文、英文是必考的共同科目，用來測驗報考的教師是否具有基礎的語文能力，但目前少有學校規定及格標準。然而本研究調查發現，有六成八的教師認為國文、英文應該設立一定的錄取標準（參見表 5-12），推測原因可能是語文能力是學習的基本能力，進修碩士仍需一定的語文能力才能應付未來修業時完成課業與研究的要求。

表 5-12　「未來國文、英文是否要達一定標準」次數分配表

項目	次數	百分比	有效百分比
贊成	552	67.9	68.2
反對	257	31.6	31.8
有效總和	809	99.5	100.0
缺答	4	.5	
總和	813	100.0	

2. 教育專業科目可加重計分

　　教師進修碩士學位，各大專院校均依據《大學校院辦理高級中等以下學校及幼稚園教師在職進修碩士學位班審核作業要點》加以辦理，依照所開設的班別來看，多屬於教育方面的學位，或與教育相關的學位為主，自然在教育專業科目方面較為重視。因此在入學考試的意見上，教育專業科目是否需加重計分，本研究調查發現，有六成八的教師認為教育專業科目應加重計分（參見表 5-13），可見教師對進修碩士學位時，確實較為重視教育專業科目。

表 5-13　「未來教育科目是否要加重計分」次數分配表

項目	次數	百分比	有效百分比
贊成	555	68.3	68.8
反對	252	31.0	31.2
有效總和	807	99.3	100.0
缺答	6	.7	
總和	813	100.0	

3. 入學考試可採統一考試方式

目前在職進修碩士班入學考試均由各校自行辦理。但就本研究發現，有六成三的教師認為未來教學專業碩士學位可採統一考試的方式（參見表5-14）。究其原因，可能跟各校自行辦理考試，教師往往需到各校報名並參加考試，其報名次數與報名費可能太多，尤其是許多學校考試科目大多雷同，是否有必要四處奔波以參與各校的考試，值得商榷。不過採統一考試是否會產生新的問題、如何克服，則有待進一步的研究。

表 5-14　「未來是否要採統一考試」次數分配表

項目	次數	百分比	有效百分比
贊成	512	63.0	63.7
反對	292	35.9	36.3
有效總和	804	98.9	100.0
缺答	9	1.1	
總和	813	100.0	

4. 試題內容應理論和實務並重

由於在職進修碩士班以在職進修教師為主要的學生來源，在課程需求與考試內容方面，自然需要重視實務經驗。本研究也發現，有八成六的教師認為入學考試的試題內容應理論與實務並重，不可偏廢（參見表5-15）。

表 5-15　「未來試題內容」次數分配表

項目	次數	百分比	有效百分比
理論	36	4.4	4.5
實務	72	8.9	9.0
並重	696	85.6	86.6
有效總和	804	98.9	100.0
缺答	9	1.1	
總和	813	100.0	

5. 考試題型可以申論或以申論為主來搭配其他題型

　　關於考試題型部份，教師較為傾向以申論題搭配簡答題為主
（30.7%），或單純的申論題為主（28.1%），可見教師比較贊成以申
論為主的考試題型（參見表 5-16）。

表 5-16 「未來考試題型」次數分配表

項目	次數	百分比	有效百分比	排序
申論	223	27.4	28.1	2
簡答	27	3.3	3.4	
選擇	50	6.2	6.3	
申論簡答	244	30.0	30.7	1
選擇簡答	107	13.2	13.5	
選擇申論	144	17.7	18.1	3
有效總和	795	97.8	100.0	
缺答	18	2.2		
總和	813	100.0		

6. 相關表現並不一定要加計於考試總分

　　在有關考試時是否需要加計相關表現的選項裡，教師們勾選「其他」的
比例高於其他選項，就開放性答案的填答情形來看，多半認為純筆試並
無需加計相關表現；至於選項中則以行政職務的比例最高（參見表
5-17）。此結果與現況並不完全相符，如前面文獻探討所討論的，許多
學校均採計書面審查與年資等分數，唯教師們認為不需加計相關表現，
可能認為筆試較為客觀，也或許與目前進修碩士學歷者較為年輕，相關
表現仍不多所致，此部份可能需要進一步的探究。

表 5-17　「未來考試時總計需加計哪些項目」次數分配表

項目	次數	勾選者佔全部勾選者的比例	勾選者佔有效樣本的比例	排序
年資	315	11.0	39.0	6
研習時數	428	14.0	53.0	4
敘獎	497	17.3	61.6	3
行政職務	534	18.6	66.2	2
研究著作	351	12.2	43.5	5
其他	746	26.0	92.4	1
總和	2871	100.0	355.8	

（二）課程結構

課程結構包括：未來教學碩士管道的課程內容與知識、學分規劃。以下將就各題項分別論述之：

1. 未來課程仍以行政知能與研究知識為主

在有關未來課程應重視哪些知識的選項裡，教師勾選「其他」的選項高於其他選項，就開放性答案的填答情形來看，多數並未填答，亦沒有較為多數的答案；至於選項中則以「教育行政政策」、「教育研究方法」、「學生輔導能力」的比例較高（參見表 5-18），其中「教育行政政策」的知識為教師所重視，也呼應了前面進修需求的動機與學習成效滿意度裡，教師對於行政知能確實有其需求，值得納入未來的課程規劃當中。

2. 未來課程應以加強統計能力與教育理論為主

在有關未來課程應加強哪些能力的選項裡，教師勾選「其他」的選項仍高於其他選項，就開放性答案的填答情形來看，多數並未填答，亦沒有較為多數的答案；至於選項中則以「運用統計能力」、「認識教育理論」、「外國語文能力」的比例較高（參見表 5-19），除了教師認為這些能力仍

表 5-18　「未來課程應重視哪些知識」次數分配表

項目	次數	勾選者佔全部勾選者的比例	勾選者佔有效樣本的比例	排序
教育專業理論	441	9.4	54.6	
教學方法技術	338	7.2	41.9	
教育行政政策	554	11.8	68.6	2
學科專業知識	413	8.8	51.2	
教育研究方法	505	10.8	62.6	3
批判反思能力	423	9.0	52.4	
處理問題能力	330	7.0	40.9	
學生輔導能力	489	10.4	60.6	4
班級經營能力	412	8.8	51.1	
其他	784	16.7	97.1	1
總和	4689	100.0	581.0	

表 5-19　「未來課程應加強哪些能力」次數分配表

項目	次數	勾選者佔全部勾選者的比例	勾選者佔有效樣本的比例	排序
外國語文能力	545	12.7	67.7	
獨立研究能力	309	7.2	38.4	
運用統計能力	611	14.2	75.9	2
批判思考能力	357	8.3	44.3	
解決問題能力	217	5.0	27.0	
搜集資訊能力	371	8.6	46.1	
認識教育理論	600	13.9	74.5	3
各科專門知能	495	11.5	61.5	
其他	797	18.5	99.0	1
總和	4302	100.0	534.4	

需加強外，也代表這些能力是目前進修碩士所必備的重要能力。

3. 未來課程仍傾向理論和實務並重

就對未來課程的期望，教師們普遍仍認為應以理論和實務兩者並重為主（參見表 5-20），此部份意見也與對入學試題的期望相符。

表 5-20 「未來課程性質」次數分配表

項目	次數	百分比	有效百分比
理論	15	1.8	1.8
實務	46	5.7	5.7
並重	733	90.2	90.2
其他	6	.7	.7
缺答	13	1.6	1.6
總和	813	100.0	100.0

4. 未來上課仍以多元方式為主

就有關未來上課方式的選項裡，教師勾選「其他」的選項仍高於其他選項，就開放性答案的填答情形來看，多數並未填答，唯部份回答「應都包括，只是比例不同」，可見部份教師期望上課方式能多元一點；至於選項中則以「學生報告」、「分組討論」、「教師講授」的比例較高（參見表 5-21）。

表 5-21 「未來上課方式」次數分配表

項目	次數	勾選者佔全部勾選者的比例	勾選者佔有效樣本的比例	排序
教師講授	595	17.0	73.9	4
學生報告	702	20.1	87.2	2
師生共同討論	247	7.1	30.7	
分組討論	622	17.8	77.3	3
實務演練	540	15.5	67.1	
其他	789	22.6	98.0	1
總和	3495	100.0	434.2	

5. 必修學分以 7-10 學分為主

就未來必修學分多寡的選項裡，教師認為 7-10 學分的必修是合理的範圍。就目前的教師在職碩士班的總學分約 25-36 學分來看，教師們認為必修學分約佔總學分的三到四分之一（參見表 5-22）。

表 5-22 「未來必修學分」次數分配表

項目	次數	百分比	有效百分比	排序
2-6 學分	120	14.8	15.1	4
7-10 學分	327	40.2	41.1	1
11 學分以上	219	26.9	27.5	2
不需必修	129	15.9	16.2	3
有效總和	795	97.8	100.0	
缺答	18	2.2		
總和	813	100.0	100.0	

6. 畢業總學分以 25-36 學分為主

就未來畢業總學分多寡的選項裡，教師認為 25-36 學分是合理的範圍，似乎也與目前的各校在職碩士班所規定的總學分相符（參見表 5-23）。

表 5-23 「未來畢業總學分」次數分配表

項目	次數	百分比	有效百分比	排序
18-24 學分	224	27.6	28.3	2
25-36 學分	473	58.2	59.7	1
37 學分以上	95	11.7	12.0	3
有效總和	792	97.4	100.0	
缺答	21	2.6		
總和	813	100.0		

7. 多數教師贊成應撰寫論文

　　至於未來教學專業碩士畢業時是否要撰寫論文，有接近八成的教師贊成
應撰寫論文，值得注意的是，仍有兩成的教師反對撰寫論文，此發現值
得未來進一步深入探討（參見表 5-24）。

表 5-24　「未來是否要撰寫論文」次數分配表

項目	次數	百分比	有效百分比
贊成	633	77.9	79.3
反對	165	20.3	20.7
有效總和	798	98.2	100.0
缺答	15	1.8	
總和	813	100.0	1.6

8. 未來修業年限以兩到三年為主

　　未來教學專業碩士的修業年限應以幾年較合適的問題，教師們認為以兩
到三年較為合適，此研究結果與目前各校的制度大致相同（參見表
5-25）。唯有二成三的教師選答「無年限」，值得注意。

表 5-25　「未來修業年限」次數分配表

項目	次數	百分比	有效百分比	排序
一年	24	3.0	3.0	
二年	265	32.6	32.6	1
三年	241	29.6	29.6	2
四年	72	8.9	8.9	
無年限	191	23.5	23.5	3
缺答	20	2.5	2.5	
總和	813	100.0	100.0	

9. 未來上課時間可以一般上課時間為主

對於未來教學專業碩士上課時間的安排上，教師們勾選「其他」的選項仍高於其他選項，就開放性答案的填答情形來看，多數意見以「彈性」、「視個人需要為主」；至於選項裡則以「一般上課時間」最為教師所認同（參見表 5-26），這點甚為特別，一般上課時間意指周一到周五上課時間，在職帶薪教師不可能進修，為何會有許多人選擇此選項，值得進一步了解。

● ● ● ● ●
表 5-26　「未來上課時間安排」次數分配表

項目	次數	勾選者佔全部勾選者的比例	勾選者佔有效樣本的比例	排序
一般上課時間	742	24.1	92.4	2
暑期	393	12.8	48.9	5
週末或週日	538	17.5	67.0	4
夜間	624	20.3	77.0	3
其他	776	25.3	96.6	1
總和	3073	100.0	382.7	

（三）進修制度

進修制度包括：未來教學專業碩士管道的學科領域、待遇以及與其他師資培育、檢定、評鑑制度的配套措施。以下將就各題項分別論述之：

1. 未來開設班別仍以多元彈性為主

就未來教學專業碩士可能開設的班別，教師們勾選「其他」的選項仍高於其他選項，就開放性答案的填答情形來看，多數意見以「均可」、「視個人需要為主」，選項裡的填答情形也相當多元，可見目前教師對碩士班別的要求並沒有一定的意見（參見表 5-27）。另外，勾選「學科教學專業」者較少，但就實際情形來看，各校開設的班別大多以教育

專業為主,是否教師真的不太需要學科教學專業的進修學位,值得進一步深入研究。

表 5-27　「未來開設類別」次數分配表

項目	次數	勾選者佔全部勾選者的比例	勾選者佔有效樣本的比例	排序
一般教育專業	642	17.0	79.8	4
學科教學專業	356	9.4	44.2	6
特殊教育	714	18.9	88.7	2
輔導與諮商	614	16.2	76.3	5
學校行政	676	17.9	84.0	3
其他	783	20.7	97.3	1
總和	3785	100.0	470.2	

2. 教師們普遍認為取得碩士學歷後,不需任何獎勵

　　就未來取得教學碩士學歷後,是否需要獲得何種待遇,教師們普遍認為不需要任何獎勵(91.5%),但也有許多人認為可以記功嘉獎(89.1%)(參見表 5-28)。

表 5-28　「未來享有待遇」次數分配表

項目	次數	勾選者佔全部勾選者的比例	勾選者佔有效樣本的比例	排序
取得進階證書	231	9.3	28.7	5
取得第二專長	306	12.3	38.1	4
增加服務績分	505	20.2	62.8	3
記功嘉獎	716	28.7	89.1	2
不需任何獎勵	736	29.5	91.5	1
總和	2494	100.0	309.6	

3. 未來進修模式仍然以在職帶薪為主

關於未來教學專業碩士的進修模式方面，教師們普遍認為「在職帶薪」仍是較為可行的進修模式，可能原因與經濟來源、家庭和學校支持與否有關（參見表 5-29）。

表 5-29　「未來進修模式」次數分配表

	次數	百分比	有效百分比	排序
留職停薪	104	12.8	12.8	2
在職帶薪	507	62.4	62.4	1
修習留職	80	9.8	9.8	4
修習在職	84	10.3	10.3	3
缺答	38	4.7	4.7	
總和	813	100.0	100.0	

4. 仍有半數左右的教師認為未來所有師資不一定需要取得碩士學歷

關於未來教師是否一定需要取得碩士學歷，教師意見呈現分歧的現象。有半數左右的教師反對需要取得碩士學歷，由於問卷調查的對象是以正在進修或已進修的教師為主，卻仍有半數左右的教師認為並不一定要取得碩士學歷，其背後的原因可進一步加以探究（參見表 5-30）。

表 5-30　「是否所有師資均需進修」次數分配表

	次數	百分比	有效百分比
贊成	387	47.6	47.6
反對	414	50.9	50.9
缺答	12	1.5	1.5
總和	813	100.0	100.0

5. 仍有半數左右的教師認為未來有志教職的學生不一定要先取得碩士學歷

關於未來有志教職的學生是否必須先取得碩士學歷，教師意見也相當分歧。仍然有半數以上的教師認為並不需要先行取得碩士學歷，唯亦有四成六的教師認為可以先取得碩士學位（參見表 5-31）。由於目前中小學教師僅需學士學歷即可任教，在提升師資素質的政策推動上，是否要將教師整體學歷提高至碩士層級，教師們的意見仍然相當分歧。

表 5-31　「是否所有大學生均先取得碩士學位」次數分配表

	次數	百分比	有效百分比
贊成	374	46.0	46.0
反對	423	52.0	52.0
缺答	16	2.0	2.0
總和	813	100.0	100.0

肆、結論

本研究旨在了解我國中小學教師在職進修碩士學位現況與需求，期能透過文獻探討與問卷調查等研究方式，了解教師在進修碩士的過程中，其進修的動機與影響因素為何，以及對進修學校所提供的師資、課程、未來規劃與所學應用上的相關意見，並以此做為未來規劃教學專業碩士之建議。

經問卷調查發現，教師們進行在職進修碩士學位的動機相當多元，其中社會環境的影響最為重要，可見自台灣推動教育改革以來，相當重視教師專業的發展與終身進修制度，要求教師持續進修。教師在外在環境的變遷與壓力之下，進修碩士學位成為一股風潮。不過就調查結果也可以發現，教師內在的動機也相當重要，尤以吸收專業知能、提升專業地位最為重要，可做為未來規劃教學專業碩士管道的參考。

至於教師們對目前進修碩士的各層面均感滿意，尤以師資素質的滿意度最高，可見目前開設進修碩士學位的教授素質均佳。唯教師們重視學校問題解決

的能力，尤其是行政方面的知能，也許可以列入未來教學專業碩士管道在規劃課程時的參考。

在對未來進修管道的需求與建議方面，教師們的意見頗為認同目前的進修制度。在招生方式方面，共同科目可設立一定標準、教育類科可加重計分、考試題型盡量以筆試為主，均與目前制度相去不遠，唯教師們建議入學考試可採統一考試方式，此點可以進行後續的了解；課程結構方面，在學分、修業年限、上課方式方面並無太大的轉變，只有在未來的課程方面建議加強行政知能與研究知識；至於進修制度方面，班別多元、晉級加薪與在職帶薪的進修模式與目前現況相符，唯在是否一定要取得碩士學歷方面，教師們的意見呈現分歧的狀況。雖然有半數以上的教師認為並不一定要取得碩士學歷，但亦有四成多的教師認為碩士學歷有其必要性，而且也贊成有志教職的大學畢業生可先取得碩士學歷。

最後，我國教師進修的情形已經愈來愈普遍。根據教育部（2004）統計，高中職以下各級學校教師的學歷不斷攀升，擁有碩士學歷的比率至 92 學年度止，國小教師已達到 8.1%，國中教師 11.7%，公立高職教師 15.8%，公立高中為 17.7%。目前共計 25 所公私立大學設有相關之教育類科在職碩士專班，而相關的調查研究也顯示，目前教師最迫切需要的是進修碩士學位（李奉儒，2002）。本研究的結果顯示，教師具有強烈的進修意願，對於目前的進修制度也有相當的滿意程度，由於教師進修碩士已經成為世界各國提升教師素質的重要管道，為因應教師專業發展的需求，我國教師進修碩士的管道應有重新規劃的必要性。未來應視實際需要逐步擴大教師進修碩士的管道，增加課程與制度的彈性，並將之視為教師專業發展的重要一環，以促進教師素質的穩定提升。

參考文獻

▪ 中文部分

王如哲（2006）。從荷蘭、芬蘭及愛爾蘭看台灣教育的發展。上課講義。

史詩琪（2001）。新竹市國民小學教師在職進修現況與需求之調查研究。國立
新竹師範學院國民教育研究所碩士論文，未出版，新竹市。

吳美麗（1996）。國小教師對參與學士後進修之態度及其影響因素之調查研
究。國立新竹師範學院國民教育研究所碩士論文，未出版，新竹市。

吳瑞香（2001）。師範院校教育研究所碩士班學生入學動機、需求、期望與生
涯發展之研究。國立台東師範學院教育研究所碩士論文，未出版，台東
市。

李奉儒（2002）。我國中小學教師在職進修型態與方式之調查研究。比較教
育，**53**，1-28。

林如萍（1991）。中等學校教師參與在職進修動機取向研究。國立台灣師範大
學家政教育研究所碩士論文，未出版，台北市。

林明地（1998）。從自我更新取向的專業發展看教師在職進修。發表於台北市
立師範學院主辦之「八十七學年度教育學術研討會」。

林清江（1998）。邁向新世紀的教育政策。1998 年 9 月 23 日中國國民黨中央常
務委員會報告專文。中山學訊，**3**。2006 年 6 月 1 日取自http://www.yatsen.
gov.tw/chinese/publication/show.php? p_id=3&id=36&PHPSESSID=80bd
b0645f84726dac203da66e8880a3

林　煌（2001）。我國中小學教師終身進修制度之研究。國立台灣師範大學教
育學系博士論文，未出版，台北市。

張淑貞（2002）。國小碩士教師研究所進修學習意涵之探究。私立東海大學教
育研究所碩士論文，未出版，台中市。

教育部（2004）。教育部電子報第 **68** 期──數字看教育。2006 年 5 月 30 日取
自http://epaper.edu.tw/068/number.htm

符碧真（2002）。國內大學教育相關研究所碩士學位定位之研究。載於中華民國師範教育學會（主編），**師資培育的政策與檢討**（頁 250-273）。台北市：學富。

郭茂松（2001）。**從專業理論探討國小教師專業發展中在職進修之研究**。國立台南師範學院國民教育研究所碩士論文，未出版，台南市。

陳思婷（2004）。**三所國立師範大學科學教育研究所教學碩士班學生在職進修動機與專業成長之研究**。國立台灣師範大學科學教育研究所碩士論文，未出版，台北市。

嵇慶生（2004）。**文教行政人員參與回流教育碩士在職進修專班學習滿意度之調查研究**。國立高雄師範大學成人教育研究所在職專班碩士論文，未出版，高雄市。

溫昇樺（2004）。**國民小學教師在職進修成效滿意度之研究**。國立嘉義大學國民教育研究所碩士論文，未出版，嘉義縣。

廖志昇（2004）。**研究生學習動機與學習滿意度關係之研究——以師院在職進修碩士班為例**。國立屏東師範學院國民教育研究所碩士論文，未出版，屏東市。

韓諾萍（2002）。**國小教師參與學士後在職進修之動機與其專業發展情形之研究**。國立台東師範學院教育研究所碩士論文，未出版，台東市。

■ 英文部分

Boshier, R. (1977). Motivational orientations re-visited: Life-soace motives and the education participation scale. *Adult Education, 27*(2), 89-115.

Branscum, S. Y. (1986). Patterns of and motivations for formal learning participation of university. *Dissertation Abstracts International, 47*(7), 415-A.

Minnock, E. W. (1986). *Motivational orientations of professionals engaged in man-datory continuing education.* Unpublished doctoral dissertation, Kansas State University, KS.

Okun, H. (1979). *Self-actualization and its influence upon in-service achievement in the workshop setting.* Unpublished doctoral dissertation, Columbia University Teachers College, NY.

Poltechar, B. (1987). *A study of the motivational orientations of teachers attending community-based in-service teacher education programs in Northeastern Thailand.* Unpublished doctoral dissertation, Southern Illinois University, IL.

The Holmes Group (1986). *Tomorrow's teachers.* East Lansing, M.I.: The Holmes Group.

Tom, A. R. (1999). Reinventing master's degree study for experienced teachers. *Journal Teacher Education, 50*(4), 245-254.

第六章

論知識轉型與教師效能
發展的契機

陳淑敏

國立臺灣師範大學社會教育學系博士
國立臺灣師範大學教育研究中心助理研究員

壹、前言

　　教師觀念和素質是教育改革成功與否的核心關鍵，教師應該具有反省、實踐及志業等素養（方志華，2002：8；Palmer, 1998; Pollard, 2002: 93-95）。台灣自 1997 年起規劃推動九年一貫課程與教學改革，奠立學生學習的十大基本能力後，教師肩負著教學上十大基本能力的實踐與使命。「人與自然」、「人與社會」及「人與自我」三個構面不但指向學生，也間接指向了教師本身。教師專業素養不能僅依賴於師資培育歷程所積累的認知、情意和技能，而必須進一步重新審視教師專業與社會轉型的關連性，例如：教學形式上協同教學的採行、教學理念上創新的投入、教學工具上教育科技工學的應用等。

　　有鑑於在社會觀感上，對教師效能的顯現往往服務於公共、規範、齊一目標，造成教師的表現外顯於個人的價值。在教師自我效能上，因缺乏自我價值和存在感而無從發揮潛能，教師效能因涉及績效優劣的考量，往往將效能輸出加以量化，此在許多中央或地方之教育評鑑的實施更加普遍。在教育行政上，教師效能的表現向來是主管教育行政機關與社會輿論關切的教育議題。在學術研究上，學術界對教師效能意涵、形成策略、評鑑標準……等仍存在不同見解。多元社會中組織並不是為了自己而存在，每一個組織都是用以執行某種社會功能的社會機構，組織的目標是對個人和社會具有貢獻，當自我將效能感由個人層次延伸至組織層次，再藉由組織外顯，應該如何理解教師效能在社會脈絡中的定位與方向？成為值得探究的課題。

　　教師效能不單是教育績效責任的一環，甚至是社會整體判斷教師素質良窳的參照標準。此發展趨勢，一方面突顯教師在教育改革中的重要性，卻也彰顯教師效能發展上的許多挑戰。而台灣主管教育行政機關推動教育政策時，指陳教師缺乏第二專長、教學缺乏開創性，是導致教育改革失敗的核心因素。相關陳述看似將教師效能推向一籌莫展、百口莫辯的境地，惟諷喻的是，提升「教師效能」以促進教育發展的相關論述卻又日益升高，例如：教師分級、教師認證、教師評鑑等政策的推動皆連結至教學績效、教學創新的成果，進而將教育改革的成敗與教師效能進行嚴密的邏輯關連。

　　加拿大學者指出，教師觀點的轉變是教育改革的最好途徑（Louden, 1991: xii）。為求抽絲剝繭在理論層次上理解教師效能的討論與前瞻，本文首先定義與釐清教師效能（teacher efficacy）的範疇與意涵。其次，追溯社會變遷對教師效能發展的激發。再者，分析知識類型變革過程中，教師效能所面臨的知識形式之遞嬗及衍生的教師身份的變化。本文主張應分別從不同的取徑強化教師效能的研究，而教育社會學為其重要的理論基礎。[1]

　　本研究希望達成的目的為：

1. 釐清教師效能（teacher efficacy）的範疇與意涵。

2. 論述社會變遷形成對教師職能期待的差異。

3. 了解知識轉型對教師此一「知識工作者」角色所產生的變動和挑戰。

貳、教師效能的範疇與意涵

一、教師效能的可能性

　　因教師對教學有效性所秉持的信念，包括教師對教育的信仰及自身能力的信任；信仰與信任的高低將左右教師在教學歷程願意投注的心力，可以產生相當不同的價值取捨。如：「當學生動機和表現低落時，教師通常不能改變什麼，因為學生的動機和表現大部分決定於其家庭環境的影響」，或者採取「如果我很努力地嘗試，我能夠幫助那些對學校感到反感或學習動機低落的學

---

1 從十九世紀和二十世紀末期以來，許多社會學家陸續關心教育議題和社會發展脈動之間相互指涉的邏輯，不過一直到 1950 年代和 1960 年代間「教育社會學」（sociology of education）才顯示為一個明顯的探討領域，敘陳的脈絡從涂爾幹的功能論，用以解釋教育與經濟、社會流動和政治秩序之間的關係，同時解釋學校組織、師生互動；而馬克思主義則分別把教育看成是在幫助「資本主義生產關係」（relations of production）之「再製」（reproduction）或維持的過程；或另一方面將教育視為「反抗」（resistance）資本主義制度之需求的一個「場所」（site）；而後，多元論者的理論勃興，以韋伯為代表，韋伯社會學主張學校與教師所發生的事務，必須與較為廣泛的社會相聯繫，企圖將「鉅觀的」和「微觀的」兩種教育分析取向相結合（Blackledge & Hunt, 1985: 2-4），教育社會學取向的消長乃與社會整體變遷趨向，密不可分。教育社會學研究重大的貢獻，在於理解和詮釋教育現場與社會環境、社會變遷之間存在的關連性，無論其所誘發的現象是衝突或功能、正向或負面。

生」，兩者預期與態度落差極大。也就是說教師效能感低落的教師，可能會在教學歷程規避本身的職責，而此一態度的外顯對教學和學生學習都是負面效果。

以台灣發展經驗而言，最明顯的例子是師範單一軌道的師資養成體系重新調整。透過多元化的師資來源與繁複的聘用制度，致使教師必須在更具挑戰性的環境下，爭取教職，此門檻的提高，一方面考驗教師外顯的教學能力，也意味著進入教師職場必須在初階時便需具備強烈的動機，激發更高的動機，俾作為爾後達成職場工作與任務的基礎。動機如何轉換成教師效能一直是在師資培育與教師生涯中備受關注的議題，當前台灣對於期盼進入教職者用高度競爭的壓力來加以考驗，而對於已經在教學現場的教師，則希望漸次採用教師分級或評鑑來激發教師效能。這兩種取徑仍然過於切割，也就是說讓動機、競爭、生涯等形成扭曲的結合，看不到完整的教師效能圖像。

二、教師角色的不同定位

「如何產生優秀教師？」是一個被提問許久的問題，職前的師範教育或在職的教師進修，總是著眼於提升及改善教師教學上的能力及行為，而忽略教師對自我工作表現的主觀認知和自我評估，導致無論教育政策推動或者社會對教育改革的催促。有意或無意間，將教師當作是教育改革的阻力之一，然而，教師職能的發揮從外在到內在、被動到主動、反省到受評等層面，皆應廣涉並觸及。對於教師角色存在不同的定位，如教師是專業領域的專家、教師是學習的引導者、教師是誘發學習動機者、教師是道德的先行者，或者將教師視為是課程的設計者、研究者和領導者（Heck & Williams, 1984: 116-192）。

隨著大眾傳播媒體對教育議題的關注，社會大眾對教師的期待更加延伸，學校不只是學習知識的場所，也是學習社會化與他人合作、學習職場生活及成為有責任公民的培養處。再者，教師角色受到文化背景因素的左右，以西班牙而言，教師教學是合作的活動，而且對本土社區具有高度責任，而法國學校教師比較傾向認為自己是學科專家（Calderhead & Shorrock, 1997: 1）。也有將教師效能視為教師動機的驅動機制，此種論點有助於理解當社會環境對教師表現

評價不佳時，除了從專業上質疑教師能力之外，更會從動機層面來質疑教師的態度（Kowalski, 1995: 243-256）。

　　因之，當重視教師學術表現時，乃主張教師是學科權威，而博雅教育便是確立學科權威的重要根基。當主張教師是教學現場實務工作者，此時，教師宛若工藝家，在傳達學科知識與班級經營上，具備充分的教學技巧及能力以傳達教學內容（Heck & Williams, 1984: 86）。強調教師可以突顯其個人特色時，則將教師身份視為一種生活方式，教學是一個不斷形成的歷程，也是教師個人的發展經過，重視教師個人特長，期許教師在教室中形成密切的人際互動關係（Heck & Williams, 1984: 72）。當力求教師扮演批判反思角色時，則將校園視為社會改革及社會不公的一個環節，教師所要致力的應該是提升民主價值與去除社會不公，教師是反思及改變現況的代言人（Calderhead & Shorrock, 1997: 1-2; Freire, 1970; Heck & Williams, 1984: 64）。不同的預設對於教師效能感的判斷也就產生差異，這也反映在我國學者對教師效能的詞彙之運用，如：「教師效能感」、「教師自我效能」、「教學自我效能」、「教師效能信念」、「教師教學效能」和「教學效能」等（吳璧如，2002：47-48）。教師效能一直以來面臨如何加以測量、評估的問題，甚至因此成為值得進行學術研究的教育課題（Wollfolk & Hoy, 1990: 81）。

三、教師效能研究偏重個人的及定量的條件

　　回顧目前研究取向有幾個比較需要再議之處：第一，教師效能議題的論述過度落入個人社會認知歷程的發展，且將教師效能視為教師個人對課室的控制、對教學的控制以及對專業規範的執行（王麗雲、潘慧玲，2000：173-199；張德銳，2002；黃儒傑，2004：83-104；潘慧玲等，2004：153-156）。其根據社會認知心理學（social cognitive psychology）的預設，主張人並非受制於環境與生物條件，乃具有控制或掌握自身行為的能力，教師在教學歷程絕非刻板或者無所依循，在環境影響、自身行為及人際互動三者交錯而成的認知、情意及行為交互作用中，教師可藉由各種因素來達成自己的期望（Henson, Benett, Sienty, & Chambers, 2001），此取向卻忽略除了個人因素之

外，了解教師效能的發展還需要審度社會變遷所引起的價值、觀點、形式、目標等「知識」之遞嬗。

第二，教學歷程的倡議應該漸次考量宏觀社會的變遷，而教學歷程不再是一條從教師延伸至學生、教室或者校園而終止的過程（Calderhead & Shorrock, 1997: 20-35）。乃是一條具縱深至社會，貫穿時間與空間的動線，其延伸的相關論述在探討全球化脈絡下的教育發展時更加深刻（Burbules & Torres, 2000）。

第三，當教育改革成效與課程改革成敗連結後，教師效能對課程改革的影響不僅限於工具理性層面，還有許多感性存在的面向需要關照（Noddings, 1984）。關於融入關懷、倫理、感性等觀點於教師養成或效能的討論，已有學者試圖從女性主義的脈絡為出發點，將女性的各種特質視為構成教師效能的一環，包括互相依存、社群、關連、身體、情緒、自然、內在性、和平以及生命，強調女性思維及生命特質中對關係性、個殊性、情感偏好的立場（Fischman, 2000）。特別是 Noddings 建構的教育藍圖，認為當教師面對學生學習各類情境，教師是一位關懷者，而這也重視教師養成應該著重於培育教師的敏感度及權變能力的面向（方志華，2002：9-17），包括：教師如何看待知識，亦即去專業化的專業要求；教師如何看待學生，亦即對培養理想學生個體的關懷；教師如何看待自己，在於教師對教育關懷者身份的實踐；教師如何實踐關懷，亦即在關懷歷程中，接納經師與人師的關係，在實踐中體現教學的價值。

四、當前教師效能研究面向包含態度與專業

教師效能具有個人效能、成效效能及教學效能等不同構面（Soodak & Podell, 1996: 401-411），或將教師效能區分為個別與合作的形式，純粹將教師效能與個人的效能加以連結，或將教師效能的表現，視是統括了自身與其他教師之間的協同成果；或認為教師效能是為效能預期、期望結果與專業信念的統合（吳壁如，2002：50-55）。Ashton（1984）提出在態度上對於教師效能論述的幾個要點，包括：

1. 自我實現感：將工作視為有意義與重要的工作。

2. 對學生行為或成就抱持正面期望：教師期許學生進步。

3. 視學生學習為己責：接受責任並能展現評估績效的意願。

4. 達成學習目標的策略：規劃學生學習及目標，構思達成的策略。

5. 正面情感：對教學、自我及學生具有良好的感受。

6. 信心感：相信自己可以影響學生。

7. 對師生共同目標的理解：和學生共同實現目標。

8. 民主決策：讓學生參與目標及策略的決策。

從自我實現到將學生學習視為首要，而且漸漸將師生關係步入共同商議的氛圍之中，指引教師效能的建構範疇及師資培育的歷程。教師生涯可能繼續精進或停滯，而教育中有意義的學習，需要被創造、被察覺。Rogers（1961: 337）指出有意義的學習往往要在最困難的處境中才最可能發生，同時，教師本人要能在教學中接納自己真實的感覺，教師是一個人，而不是個沒有情感的課程標準之化身，也不只是個世代傳遞知識的管道；一個老師若不論學生素質優劣，都能接納並了解學生的感覺，則有意義的學習便會產生。教師是否能夠在教學歷程自我學習並進行有效教學，除了專業知識與技巧之外，還需成為自己。「讓自己成為一個有意義的人」意指著工作與自我的統合，教師職業是自身與自我實現的途徑，而非維生工具。

在態度之外，還需考慮專業因素，專業來自於三種因素：知識（knowledge）、自主（autonomy）與責任（responsibility）。知識來自於藉由有效的科學方法及特定理論模式以形成專家知識系統（Hoyle & John, 1995: 46）；自主則是因為專業的工作是在不確定的情況中進行，需要進行判斷而不是例行公事，故而相當需要從科層箝制及政治限制的情形中掙脫，才能為受服務者爭取最佳成效（Hoyle & John, 1995: 77）；而責任則是因為專家與受服務者之間需要有平衡的關係，責任立基於專家在日復一日的工作中仍夠秉持對於工作的承諾及熱誠，以獲得良好的成效（Hoyle & John, 1995: 104）。除了探討教師在教學中各種活動歷程的成效與配置外，還需要納併各種不同的作法與想法，分別是：統合考量融入科技於教學的時間、班級經營相關公民素養活動的時間、學生活動的時間和社會化形成的時間（Hargreaves, 1989）。激發或呈現教師效

能所根據的不是照表操課或藉由作業標準的規範為終點，教師的感性生活對良好教師的形塑具有相當影響，而這些不應該加以忽略，有關心理的、社會的和政治的等範疇都是教師效能之組成（Hargreaves, 1998: 315-336）。諸多有關教師專業或教師效能的研究提出了「what」與「how」的回答，關於「why」的討論則相對為少，這是本研究念茲在茲的問題。職是，討論教師效能無論探討態度或專業都有賴於將教師效能與社會脈絡加以連結，衍生於兩個背景取向：第一、社會對「效能」的期待日益多樣化；第二，教師效能與社會環境整合的思考愈形重要。

參、社會變遷與教師效能

一、傳統社會學論述對教師效能之蘊義

在歷史經驗上，社會變遷往往立基於政治、經濟、文化環境的變化，社會學家分別由不同的角度審視世界文明的發展，涂爾幹以「集體意識」（social conscience）的強烈來區分社會性質。早期社會型態被稱為機械連帶（mechanical solidarity）的社會，所有成員持有相同的價值觀、遵守同樣的規範，且以非常相同的方式來思考（Morrow & Torres, 1995: 41-78）。涂爾幹進一步探討現代社會性質，認為已經走向了有機連帶（organic solidarity）的社會，具有高度分工的特性，社會好比一個有機體，依據工作分成各類專家與專家團體（Blackledge & Hunt, 1985: 24-5）。涂爾幹在《分工論》中表示，當社會日益趨於複雜時，因強調人類個體之權利與尊嚴的道德理想的興起乃是發展的主流，促使個人自集體意識的臣服中一步一步解放出來的現象（Durkheim & Halls, 1984; Giddens, 1971: 174-175）。在此社會脈絡下，教師效能的實踐旨在如實地傳遞社會集體、共通、普遍的價值與信仰，社會或者教師個人對教師效能的評估，都是奠基在集體利益之上。

類同於對涂爾幹理論對社會集體意識關注的取徑，在方法論上馬克思主義也從宏觀的社會變遷為論述架構，其對社會變遷的終極預設是共產主義社會。主張社會將歷經不同社會型態，分別從原始社會過渡到奴隸社會，再由封建社

會過渡到資本主義社會，最後登場的是共產主義社會（George, 1982）。馬克思理論對歷史的觀察是精準的，共產主義隨蘇聯的解體，世人對資本主義往共產主義社會邁進的可能性產生高度疑慮。如果我們從社會變遷的脈絡來看，馬克思學派傾向於主張教師是導引資本主義社會走向共產主義社會的先行者，的確，後繼諸多學者也做這樣的努力，包括：法蘭克福學派、後結構主義學派、批判理論等（Morrow & Torres, 1995: 217-248）。這些努力在實質上，雖然沒有將社會從資本主義成功地過渡到共產社會，但對教師效能卻具有重大的啟發，尤其批判理論對社會公平正義的堅持，敦促知識份子負起批判與反省知識論述中的威權與宰制現象（Apple, 2003; Bourdieu & Passeron, 1991; Giroux, ed., 1991）。

二、後現代社會知識形式之崛起

後現代社會的知識形式（轉型）與教師效能之間存在某種的辯證關係，這種關係成立的前提在於：第一、傳遞知識為教育事業的本質，當知識形式快速變遷之際，教師傳遞知識的內容、形式、媒介與目標應隨之調整；第二、教師效能與知識轉型的辯證關係絕非憑空而生，乃是透過教師效能論述與教學歷程產生媒合關係，此前提相當具有實踐的指引意義；第三、此辯證關係是動態的、循環的交會，亦即，教師效能足以進一步左右著教育改革的成敗。批判理論和高度資本主義後的全球化社會的銜接，在後現代主義中得到了實現（Usher & Edwards, 1994）。在教育論述上亦奇妙的將教育由立基於國家發展、社會安定以維繫現代社會為本的進路，逐漸朝向重視性別、階級、種族、社群的後現代社會發展（Edwards & Usher, 1994; Giroux, ed., 1991; Morrow & Torres, 1995: 407-434; Quintero & Rummel, 2003）。

因後現代觀點對知識觀點的實踐和論述有所洞察，知識論述的本質往往對社會實踐和發展產生巨大的影響。在這樣的邏輯下，讓教育改變以往居被動地傳遞社會既有觀念價值之角色，反而是創造社會發展的主動引導的力量，亦即教育歷程如何傳遞知識和傳遞什麼知識，不再僅僅受限於文化作用，乃具體發揮政治及權力論述的作用。這種知識運作形式鼓舞開放性的思維，開放的目的

不只為了尋找確定的答案，也指涉到新的和多元的經驗範疇。尤其，當認識到差異及他者時，將轉化為對不確定和不可預知可能性的接受理解（understanding），而這也正是後現代教育所強調的（Usher & Edwards, 1994: 30）。為了能夠實現開放的對待知識及他者，自我反省（self-referentiality）乃是後現代觀點的關鍵面向，持續地提醒所有論述之權力影響（power effects），將焦點從個人主義轉向社會賦權，如同傅柯所提的無論解放的意向是什麼，解放與權力意志（will to power）是不可切割的。後現代觀點從發展出來的前提和技巧中對教育提供決定性的觀點，後現代觀點對教育開展不同的檢視方式，將教育視為社會實踐（social practice），包括：教學歷程、知識及知識被構成和傳遞的方式。尤其，當前知識轉型對於知識的前提、價值和實踐產生更開闊的註解，此乃教師效能研究應致力於將社會變遷納入考量之處。

肆、知識轉型與教師效能

一、知識轉型與教師效能的辯證

　　教育與外部環境之間是否具有充分的調適和潛化過程，足以影響一國的教育成果。以英國發展經驗為例，在 1960 年代師資培育和社會民主（social democracy）具有密切關係，認為一個好的社會不只是把人培養成好的生產者，還需要引導其成為好的男人／女人。由於理念和實踐上的落差，社會民主對英國師資培育的影響並不是成功的。而在 1970 年代間，受到意識型態的爭辯及混淆，師資培育呈現了分裂與自主的情形，也由於政治因素使得新保守政府對師資培育失去了掌握，各種議題受到關注，包括：養成與實習的比例、各種教師條件的要求、實習時間以及與實習指導教師的關係等。到了 1980 年代新自由主義產生了影響力，重視教師與學校、教師與學生之間的關係。而 1990 年代間，師資培育則重視績效與能力。尤其伴隨著校園間合作關係的推動，包括：互補的伙伴關係、合作的伙伴關係。教師能力標準（standards）的倡議也在 1990 年代後期逐漸產生，此一變化突顯社會評估教師效能的核心價值與職能期許有所改變（Furlong, Barton, Miles, Whiting, & Whitty, 2000: 18-25）。

　　近來英國對師資培育則高度討論，全球化脈絡趨勢對教育體系的影響是否強烈，或者教育改革僅僅是教育體系對本土議題的回應罷了（Furlong, et al., 2000: 172）？為了開展及建構與時俱進的教師效能，需立足於不同學生特性的基礎。值得注意的是，不同的學生背景因素在教師的教學歷程中浮現，包括：種族、社會階級、預備成就；學生的學習成效進而形成校園氛圍（學校的態度、規範、信仰、實踐）及教師期望（亦即當前所指稱教師效能、教師效能感）。在校園環境中，教學、教學回饋以及溝通交互作用後，呈現出學習機會（包括：學術學習時間、課程複習）及學生自我期許的結果，相關的一切終將投射至學生學習成效（Proctor, 1984）。具有社會整體意義的是，透過完善的教師效能足以讓學生的學習，超越性別、種族、社經地位等因素的限制（Goddard, Hoy, & Woolfolk, 2000: 500）。教師效能能夠納入不同學生的環境及背景，不再侷限於校園環境中，在這個關懷下，邇來有些學者開始投入建構「集體教師效能」（collective teacher efficacy）的研究。這裡所指的集體教師效能大大不同於涂爾幹理論或者馬克思學派對於「集體」的想法，宏觀社會學理論的「集體」是指教師效能服務於或者抗拒於某種集體的規範與論述，此處所指陳的「集體」，則是在於突顯教師效能並非單獨地個體行為，教師效能具有高度集體性，其邏輯關係為當教師效能為優、為佳時，教師的教學是具有社會效益與教育成效的，反之，則教師效能的社會效益也低落。「集體教師效能」將教師效能的思維從純粹個人層次的關懷轉變為集體價值的關懷，指涉的是教師群體的教育信念所形塑的文化氛圍，將會影響教學成效，而集體教師效能的提升正可以增進學生學習成效的能力 （Goddard, Hoy, & Woolfolk, 2000: 486）。

　　以台灣經驗來看，集體教師效能並未被倡議，更枉論在教育行政加以正視，最近諸多對於流浪教師議題的輿論，大多從甄選制度是否公正、小班教學是否落實，以及流浪教師到底是社會現象還是國家責任之間爭議不休（上萬流浪超額實習教師今上街頭，2005：C7）。如果洞悉集體教師效能的本質，則會發現流浪教師問題的解決不在於為流浪教師開出更多的缺額，而是應該從集體教師效能的建構為著手。換言之，流浪教師不只是突顯未獲得職

缺者的問題，還需溯源處理獲得教職者此端的問題，因為：第一，台灣集體
教師效能是否充分？當這麼多人競逐工作時，看來是充分的，但事實上卻非
如此，因在教職受國家保障的大傘下，教職成為炙手可熱的工作，卻無法讓
教師職場具有存優汰劣的機制，此情勢下如何證成效能？更遑論屬於集體的
效能？第二，從教育改革來看，教師怨聲載道，弔詭的是爭取教職者仍然前
仆後繼，如果沒有因集體教師效能彰顯而來的高度認同感，卻仍有如此多的
投入者，箇中原因值得了解，對這些現象的突破才能讓台灣的集體教師效能
具有健全的意涵。

二、社會知識轉型下教師效能之動能

各種形式的權力只能由責任來證成其正當性，當教師追求尊嚴、權力與
福祉時，社會相對地要求了解教師究竟如何實踐教學者的角色，及此一角色
的特殊性在社會快速變遷的脈動下，如何繼續為社會大眾所支持？「效能」
的呈現總是以目的論來檢視教師工作成效，而教師效能則是以教師為主體而
構築其正當性的途徑。將效能視為目的論的看法是有待反省的，對目的論的
堅持，將阻礙多樣性與發展性的教師角色，如同哈伯瑪斯《認識與旨趣》一
書從技術、實踐及解放等不同知識旨趣論述社會的公平與正義，揭露社會在
高度科學技術的統治下，社會對知識限制與知識傳遞存在過多限制，導致
「技術的旨趣」所創造的成果——已經被政經統治集團所濫用，持續發揮強
大的影響而左右社會運作的方向（Habermas, 1978）。其產生的負面效應是
原本促進人們溝通與行動的「實踐的旨趣」遇到阻撓和破壞，亦即人與人之
間平等對話關係，形成壓迫。人們達成共識的途徑仍然受掌握著政治和經濟
大權的少數人控制，在這種情況下，只有「解放的旨趣」所引導之批判的社
會科學，才能使廣大階層和社會擺脫物質匱乏和人際關係緊張的困境（Har-
bermas, 1978）。

若要設法突破馬克思主義的經濟決定論，則需將思維混合經濟、技術、政
策、文化的系統來反省「技術」的影響，擺脫命定性的發展軌跡，後工業社會
的變化不是單純的經濟宰制，而是揭示政治體制與管理主義的問題（Bell, 1976:

25）。試圖讓人的存在重新獲得自由、獨立和主體性，從固定的框架中解放出來，人與人之間力求摒除統治與壓制的互動關係，甚至，進一步發揮這種力量，將使人類與自然環境誠心和平共存，與當前對環境生態意識的宣揚亦有其不謀而合之處。那麼，下一命題是，「解放的旨趣」之認識觀如何開展教師效能的範疇與價值？此一進路看似模糊不清，實則已有奠基在批判社會學基礎上的教學思維被開展，藉此引起對「政治」、「管理」面向的關注。社會結構與階層的形成不再單獨受制於經濟結構，在經濟結構之外的社會實踐、文化實踐都可以是認識與旨趣（就是樂趣）[2]的統合。

　　此乃強化知識對社會結構與社會變遷的定義，也就是知識的發聲具有多重管道與頻率，有關多元、差異、尊重、個殊、流動等特質所闡述的後現代主義知識與其引發對教育／教學相關形式、內涵、目標之重新檢視。知識的傳遞和建構，成為社會關係、經濟關係、權力關係、文化關係的基礎。解放教育學家Freire 從民主自由的機制確立此立論，主張教育應該是突破權威壓迫的途徑，並提出「對話」的教學方法，主張：對話關係對於知識主體在理解被認知的客體來說是一種不可或缺的能力，教師的學生（students-of-the-teacher）和學生的教師（teacher-of-the-students）之間的界線不復存在。產生新的教師學生（teacher-students）和學生教師（students-teacher）權力關係，為了發揮解放社會壓迫的作用，權威必須支持自由，而不是反對自由（Freire, 1970: 31）。權力的分享也是一種權力結構的重組，知識的建構反應社會結構。知識社會內部「知識」存在高度分化，甚至，可以採取等級和支配地位的傳統階級界線形成不同分野。也就是，在致力於功能理性化的技術知識份子和技術專家治國論者的運作模式，與理念型、轉化型的知識份子之間形成鴻溝及分裂現象。有些時候因此產生雙重權力結構，例如：醫院和研究實驗室之間、大學校長與教授之間、研究機構的研究人員與助理之間諸多主體性的問題需要再議。而以中小學教師來說，則教師與學校行政單位、教師與家長，教師與學生之間的「雙重權力結構」不但是一種關係，也是一種矛盾、一種政治、一種溝通、一種疏離，

2　旨趣及樂趣：我們把樂趣同某一對象的存在或者行為的存在的表象進行連結（Habermas, 1978: 195）。

端賴從怎樣的角度加以解讀及賦予意義（Bell, 1976: 263）。知識的產生已經不再是任何集團的政治宰制，而是一套透過社會中個體與群體身份認同不斷遞嬗的歷程，而最直接的提問便是「什麼是有效的知識？」，其衍生而出的是對於有效知識產生機制之省思。

三、「有效知識」下的教師效能與教師身份

因教師在快速變化的社會環境中工作，且知識形式與價值從固定、單調、權威、唯一的窠臼中釋放而出，故而教學及學習圖像非常巨大地變化，有必要提高教育投資、教育體系動能，以協助優秀教師可以在知識變動的環境中產生創意及巧思（Hargreaves, 2003: xvii）。誠如以研究後現代教育理論著稱的英國學者 Usher 提出知識轉型後，社會生活各層面對於有效知識的重新定義，Usher 對於知識轉型的洞悉並非針對特定或封閉的社會形式，而是體察到全球化脈絡下普世知識價值的偏好與特性，具有幾個重大的訴求以取決知識的有效性（Edwards & Usher, 2000: 79），包括：

1. 在職業實踐層面：有效的知識指在市場和職場中具有利位置。

2. 在生活實踐層面：有效的知識指重新創造認同和差異。

3. 在救贖實踐層面：有效的知識指能夠獲得了解內在生活及潛能的途徑。

4. 在批判實踐層面：有效的知識指對特殊的、壓抑的知識發聲，學習參與及展演的能力。

以職業實踐而言，在應用的場域中生產知識，需要掌握知識供給及需求等市場過程對知識的界定，而知識的生產是科際整合的形式，超越甚至斷裂於學科結構。重視解決問題功用的知識，藉由異質性的技能和經驗的融會創生大量潛在知識。在各種知識的連結途徑上，特別強調電子／數位形式，即使如此，參與知識生產過程的人不能只考量科技，需要融入社會反省的能力（Edwards & Usher, 2000: 88），這樣的分析揭示了職業實踐從實用主義朝向批判反思進展的可能性。

教師效能的來源是從不同要素組成，教師效能的論述與實踐，若未體察知識轉型的衝擊與知識類型的本質，那麼對教師效能的價值與判斷，恐仍將「教

師效能」視為傳統管理主義、績效主義，甚至形式主義的結果。[3] 而在生活實踐方面，當後現代社會中的大敘事被各種關於個人自傳式的、生活經驗的、言說式的事件及體驗所取代之後，教師效能需要傳遞社會多樣性的事實，讓差異具有存在的空間，教師不是一個建構共性社會的角色，而是協助社會尊重與納入不同身份的存在。

　　在精神救贖層面，Vella（2000: 8）說明心靈（精神）學習的重要前提，分別是：人對其生活及學習乃是生而為主體或決定者；任何學習活動是種精神發展歷程；轉化不是來自外在的訊息、知識或技能，而是一種由知識和技能所達到的新自我改變。達成上述假設的原則途徑，第一是「對話」，精神知識學相當看重對話，教師是一個提供資源的角色，而不是專家，是引導而不是專業，是良師益友而不是指導者。對話是指需要和學習者之間有一種互動的模式，例如：可以提出「誰」、「為什麼」、「何時」、「何處」、「什麼」、「目的」及「如何」等，藉由學習者共同討論，形成教育活動。其次，則是對「尊重」（Vella, 2000: 11）之主張，學習是為了學習者而發生，是說明、責任與團隊合作的整合，要做到尊重學習者，需要關切：學習的順序是否合宜？各學習小組的競賽是否合宜？學習對學習者是否有益？學習是否有紮實的理論或技能？當教育陷入效能與功績的單一思考中，則可能過度受到科學技術的壓迫，這種偏頗不但會加諸於學生也會加諸於教師。為了突破這種藩籬，後現代主義對於「故事」與「情感」的重新強調，突破效能的迷思與增加效能的內涵，而女性關懷觀點對道德教育及教育實踐可以有所助益（Noddings, 1987: 177-188）。

　　此恰恰反省了太多學校陷入標準化（standardization）的迷思，如果對教師只是維持秩序和跟從標準化，其潛藏的危機在於，以標準化為依歸的教師，其所教學生將無法應付知識社會的變革，教師效能不是一種片段的判準，教師效能是終身形成、促進社會改變的歷程。教師應該膺任起知識份子（intellec-

---

3 專業化（professionalization）、功績主義（meritocracy）雖可從工具理性及理性活動以約束教師效能的範疇和內涵，卻因是源自於外在制約，而將壓抑其歸屬於強烈社會性範疇的空間（Habermas, 1978: 13）。

tual）的角色，尤其是轉化型的知識份子，霸權與教育的相互證成，如同政治、法律、大眾傳播等都是社會中單一階級用以控制資源及權力的機制。在這種社會中知識份子的身份突出，知識份子有兩種對立的職能，一種是維持統治階級對不公正社會階級的控制，其目的是為了維持現況；另外一種知識份子具有社會功能，主要是為了政治系統的延續。

Gramsci 立基於此論述，提出了有機的知識份子（organic intellectual）的概念，此一知識份子在社會轉進不同發展階段時，可以幫助所有人對政治、經濟及社會變遷中的宰制權力產生抵抗的意識（Mayo, 1999: 40-42; Salamini, 1981）。社會變遷中知識的重心與形式之轉型對教師效能的衝擊與反省，進一步提醒我們對於教師效能的規範與價值應該有所調整。因當知識轉型之後，立基於社會、文化、生活的實際現象上，教師效能的觀察與定義也應該隨之調整。

伍、結論

本文從教育社會學理論闡明社會變遷歷程中，知識轉型的現實，促使教師效能所負載的意義不斷地演變，而當前快速變遷的社會遞嬗，也讓有效知識的概念與範疇，在形式和內涵上不斷演化。尤其，在後現代思潮下，良好的教師更須體察不同認同、身份之間，平衡與維繫社會公理正義的努力，且納入關懷、同理、精神與感性的觀點勢在必行。在實踐範疇上，教育信念的重新確立及對教師專業內涵的再行審議，將是教師效能的兩個重要軸線。

半世紀前，法國激進派馬萊觀察大型企業的工業活動後有感而發，循馬克思主義的路線於 1963 年提出「新工人階級」的觀點，主張所謂新工人階級的發展趨勢在於，工程師和技術人員是一個「新」的工人階級，取代了舊有以勞動力為價值的工人階級。然不同於舊有工人階級被剝削且無自主意識，這些人具有領導革命的潛力。由於企業的高度生產力，使得這些人對社會所能發揮的影響力遠遠超過其人數所佔的比例（Bell, 1976: 184）。教師效能的發展，兼具技術專家、專業管理人員、轉化的知識份子等多重身份，透過本文希望能引發更多人對教師效能長遠發展可能的路線與變化，而非僅拘泥於繁多、細瑣的

條列式規準中箝制教師效能，而如何確保教師素質與教師專業，應該是從知識轉型與教師效能的邏輯關係來發展。如同本文提出的知識不同面向及教師效能相對之回應，教師效能應該是隨著知識轉型所帶動的社會變遷而不斷反省的行動（reflective action），而非無自主意識與無社會聯繫的反射式行動（routine action）。本文結論及建議，綜述如後。

一、教師效能的論述應該考量績效主義之外的訴求

哈伯瑪斯從認識論的角度出發，提點了工具主義、形式主義和績效主義等理性思維，可能形成對於人和人之間對話溝通的阻礙，進而力求透過批判與反省的力量突破此種限制。而葛蘭西也從有轉化的知識份子角度為知識工作者指引生涯志業的方向，這些論述不應只是師資培育的課程素材，還應該涵化為教師效能的重要衡量之一。尤其，在後現代社會脈絡下，女性主義的許多思維更可以讓教師效能的視野，從教室內的教學評鑑範疇，延伸至對於師生互動情境，進而實踐社會公平正義。

二、社會變遷理論有助於體察教師效能意涵的實踐

本研究從傳統社會學派的進路，分析教師效能在不同的社會變遷環境中所產生的意涵，當前對於教師效能是什麼？可以是什麼？相關討論仍然有待進一步融合於社會脈絡。在教育改革風潮下，主管教育行政機關對於教師效能的倡議，仍然過於落入從個別的、單一的和規範性的角度切入，忽略對於增進教師職業生涯中的尊嚴感。這種職業尊嚴感與滿意度的提升正是集體教師效能的要義，闡明教師效能的發展或改進，是融入於宏觀的社會氛圍，故而論述教師效能時，有關整體社會觀感或整體教師職涯滿意度方面，也應該加以衡量，而集體教師效能的研究更待廣泛地探索。

三、「有效知識」提供未來教師效能論述的分析架構

若將教師效能是否考慮到知識轉型因素的差異加以比較，在專業程度上，了解知識轉型的專業是一種學習與發展，不是訓練；在教學合作上，教師同儕

間是團隊、團體,而非獨立作業;在教師績效的規範上,了解知識轉型的學習是深入的知識發展,涵蓋社會與情感面向,而不是標準化的績效;在工作志業上,了解知識轉型者;在情感上是智性與理解的交流,不是勞動的付出;而教學的目的上,則教育是為了因應變動與風險,維持穩定與安全,並非充滿恐懼及不安;信任教學中的每個個體、人群(Hargreaves, 2003: 61)。

　　本文從有效知識的內涵連結於教師效能,便是希望教師效能可以和社會各個不同體系對話,從而可以釐清教師效能的當代意義及推論教師效能未來的遞嬗,而這也可讓教師效能的研究者能夠反思教師效能的研究和討論,不只是立基於教學現場或者行政機關的要求,相對地,需要正視教師效能和社會脈動之間的連結。

參考文獻

中文部分

上萬流浪超額實習教師今上街頭（2005，6月12日）。**聯合報，C7**。

方志華（2002）。關懷倫理學觀點下的教師專業素養。**教育研究資訊，10**
　　（2），1-20。

王麗雲、潘慧玲（2000）。教師彰權益能的概念與實施策略。**教育研究集刊，**
　　44，173-199。

吳璧如（2002）。教師效能感之理論分析。**教育研究資訊，10**（2），45-64。

張德銳（2002）。**師資培育與教師評鑑**。台北市：師大書苑。

黃儒傑（2004）。國小教師效能信念與成敗歸因對教學表現之關係。**教育研究**
　　資訊，12（4），83-104。

潘慧玲、王麗雲、簡茂發、孫志麟、張素貞、張錫勳、陳順和、陳淑敏、蔡濱
　　如（2004）。國民中小學教師教學專業能力指標之發展。**教育研究資訊。**
　　12（4），153-156。

英文部分

Apple, M. W. (2003). *The state and the politics of knowledge.* London: Routledge
　　Falmer.

Ashton, P. (1984). Teacher efficacy: A motivational paradigm for effective teacher
　　education. *Journal of Teacher Education, 35*(5), 28-32.

Bell, D. (1976). *The coming of post-industrial society: A venture in social forecas-
　　ting.* New York: Basic Books.

Blackledge, D. A., & Hunt B. D. (1985). *Sociological interpretations of education.*
　　London: Dover.

Bourdieu, P., & Passeron, J-C. (1991). *Reproduction in education, society, and cul-
　　ture* (Nice Richard, Trans.). London; Newbury Park, CA: Sage in association

with Theory, Culture & Society, Dept. of Administrative and Social Studies, Teesside Polytechnic.

Burbules, N. C., & Torres, C. A. (2000). *Globalization and education: Critical perspectives.* New York: Routledge.

Calderhead, J., & Shorrock, S. B. (1997). *Understanding teacher education.* London: The Falmer Press.

Durkheim, E., & Halls, W. D. (Trans.). (1984). *The division of labour in society.* London: Macmillan.

Edwards, R., & Usher, R. (1994). *Postmodernism and education.* London; New York: Routledge.

Edwards, R., & Usher, R. (2000). *Globalisation and pedagogy: Space, place, and identity.* London; New York: Routledge.

Fischman, G. (2000). *Imagining teachers: Rethinking gender dynamics in teacher education.* Lanham, MD: Rowman & Littlefield Publishers

Freire, P. (1970). *Pedagogy of the oppressed* (Myra Bergman Ramos, Trans.). New York: Herder and Herder.

Furlong, J., Barton, L., Miles, S., Whiting, C., & Whitty, G. (2000). *Teacher education in transition: Re-forming professionalism?* Buckingham, Philadelphia: Open University Press.

George, L. (1982). *Marxism, an historical and critical study.* New York: Columbia University Press.

Giddens, A. (1971). *Capitalism and modern social theory: An analysis of the writings of Marx, Durkheim and Max Weber.* Cambridge: Cambridge University Press.

Giroux, H. A. (Ed.) (1991). *Postmoderism, feminism and cultural politics: Redrawing educational boundaries.* Albany: State University of New York Press.

Goddard, R. D., Hoy, W. K., & Woolfolk, H. A. (2000). Collective teacher efficacy: Its meaning, measure, and impact on student achievement. *American Educa-*

tional Research Journal, 37, 479-507.

Habermas, J. (1978). *Knowledge and human interests* (J. Shapiro, Trans.). Cambridge: Polity Press.

Hargreaves, A. (1989). *Teachers' work and the politics of time and space.* Report, Canada; Ontario. (Eric Document Reproduction Service No. ED 307250)

Hargreaves, A. (1998). The emotional politics of teaching and teacher development: With implications for educational leadership. *International Journal of Leadership in Education, 1*(4), 315-336.

Hargreaves, A. (2003). *Teaching in the knowledge society: Education in the age of insecurity.* Buckingharm: Open University Press.

Heck, S. F., & Williams, C. R. (1984). *The complex roles of the teacher: An ecological perspective.* New York: Teachers College Press.

Henson, R. K., Benett, D. T., Sienty, S. F., & Chambers, S. M. (2001). *Teacher self-efficacy: Substantive implications and measurement dilemmas.* Paper presented at the Annual Meeting of Educational Research Exchange. Texas A&T University, College Station, TX.

Hoyle, E., & John, P. (1995). *Professional knowledge and professional practice.* London: Cassell.

Kowalski, T. J. (1995). Preparing teachers to be leaders: Barriers in the workplace. In M. J. O'Hair & S. J. Odell (Eds.), *Educating teachers for leadership and change* (pp. 243-256). Thousand Oaks, CA: Corwin Press.

Louden, W. (1991). *Understanding teaching: Continuity and change in teachers' knowledge.* N. Y., Cassell: Teachers College Press.

Mayo, P. (1999). *Gramsci, Freire and adult education.* London: Zed Books.

Morrow, R. A., & Torres, C. A. (1995). *Social theory and education: A critique of theories of social and cultural reproduction.* Albany: State University of New York Press.

Noddings, N. (1984). *Caring: A feminie approach to ethics and moral education.*

Berkerly, CA: University of California Press.

Noddings, N. (1987). Do we really want to produce good people? *Journal of Moral Education, 16*(3), 177-188.

Palmer, P. J. (1998). *The courage to teach: Exploring the inner landscape of a teacher's life.* San Francisco, CA: Jossey-Bass.

Pollard, A. (2002). *Reflective teaching: Effective and evidence-informed professional practice.* New York: Continuum.

Proctor, C. (1984). Teacher expectations: A model for school improvement. *The Elementary School Journal, 84*(3), 469-481.

Quintero, E. P., & Rummel, M. K. (2003). *Becoming a teacher in the new society: Bringing communities and classrooms together.* New York: P. Lang.

Rogers, C. R. (1961). *On becoming a person: A therapist's view of psychotherapy.* Boston: Houghton Mifflin.

Salamini, L. (1981). *The sociology of political praxis: An introduction to Gramsci's theory.* Boston: Routledge & Kegan Paul.

Soodak, L. C., & Podell, M. D. (1996). Teacher efficacy: Toward the understanding of multifaceted construct. *Teaching and Teacher Education. 12*(4), 401-411.

Usher, R., & Edwards, R. (1994). *Postmodernism and education.* London: Routledge.

Vella, J. (2000). A spirited epistemology: Honoring the adult learner as subject. In L. M. English & M. A. Gillen (Eds.) (2000), *Addressing the spiritual dimensions of adult learning: What educators can do* (pp. 7-16). San Francisco: Jossey-Bass.

Woolfolk, A. E., & Hoy, W. K. (1990). Prospective teacher's sense of efficacy and beliefs about control. *Journal of Educational Psychology, 82*, 81-91.

第三篇

實習議題之檢討

第七章

反思實踐者應有的學習經驗
——兼論教學實習課程的問題

周淑卿

國立臺北教育大學課程與教學研究所教授

壹、前言

　　反省取向的師資教育在 1980 年代以後蔚為風潮，翻轉了對於教師角色、教學及教師專業成長的假設。

　　1980 年代以前盛行學術取向及能力本位取向理論。學術取向強調，只要精通學科知識即可迅速學會「教這門學科」的方法，也就能成為一位優秀的教師，因此職前教育特別著重任教的學科專門知識；能力本位取向植基於行為主義，重視教學的知識與技巧訓練。台灣的師資教育過去也深受這兩種理論取向的影響，尤其在 1980 年代以後，在能力本位取向主導之下，師資教育特別重視特定教學技巧的鍛鍊，例如：班級經營及學生輔導上重視行為改變技術；教學上則重視發問技巧、板書能力；評量上則強調命題測驗技巧等。在中等教育師資教育中，學術取向的影響力至今仍然不減；目前大學專門課程外加教育學程的師資教育方案也在相當程度上受到學術取向的影響。這兩種取向的理論基本上都假設教師是知識與技能的儲存體，教學即是知識傳輸的管道，只要在職前教育階段讓教師吸收、儲存足夠的知識與技能，即可培養一位勝任的教師。而在其後的生涯中，教師的進修研習重點就在於因應當時的新政策，再補充新知識和新技巧。此種理論中所蘊含的學習觀點正是行為主義，隨著建構學習理論的興起，此種師資教育取向也受到質疑。一如 Zeichner 與 Liston（1996: 5）所質問的：過去的師資教育方案是否讓教師有能力質疑教育目標以及教室、學校脈絡？是否讓教師主動創造、批判課程？是否讓教師有能力思慮各種教學策略？教師能試著由不同角度思考教室中的問題嗎？反省取向的師資教育理論認為「學習如何教學」是教師生涯中必須持續進行的事，教師必須成為一位反思實踐者（reflective practitioner），能在實務情境中進行反思與探究，從問題的思考與解決行動中建構知識，所以著重師資生在學習過程與教學情境中反思、探究能力的發展。

　　能力本位取向代表的是教學的科層觀，此種觀點認為教育的改善關鍵在於教師有正確的程序可資依循，所以教師培養的重點在於讓教師正確無誤地學習這些最佳教學程序。反省取向的教學觀則肯定教師在實務中的專家地位，認為

教師基於對學生與學科教材的深入了解，而能具有對於複雜實務的判斷力。而要促進教師的能力，必須由其對自身經驗的反省開始（Zeichner & Liston, 1996: 6）。

　　過去以來由上而下的教育改革，視教師為方案實施導管，為課程知識的消費者。以教師為反思實踐者的觀點乃拒斥此種觀念，認為教師可以在實務情境中設定問題並解決問題（Zeichner & Liston, 1996: 4）。近年來台灣的教育改革訴諸教師的增能賦權與實踐行動，使得「反思」之說見諸各類文獻。有關如何促進教師反思實踐的論述與策略，迄今已成為師資教育及教師專業發展理論的主流，諸如行動研究、教學檔案、教師敘事等，無不以「反思」為核心。反思不能脫離實踐，對於在職教師而言，日常的實務情境即是刺激反思的來源，也是實踐的場域，於是在職教師專業成長也是眾多反思策略可著力之處。職前教育階段由於缺乏真實情境，要建立師資生的反思實踐能力，相對而言較為不易。師資教育機構向來試圖以「教育實習」提供師資生進入實務情境的機會，然而教育實習的設計卻未必能讓師資生鍛鍊反思實踐的能力。

　　本文試圖再界定「實踐中反思」的要義，藉以討論作為反思實踐者的教師應有之學習經驗，進而檢視師資教育中教學實習課程的問題，最後並提出對教學實習課程設計的建議。

貳、實踐中反思的要義

　　探討反思的意義，多數文獻與研究以 Dewey 和 Schön 的理論為基礎。回到兩位學者的說法，更有助於了解反思所蘊含的要義。

　　Dewey（1933）區分例行行為（routine act）與反思行動二者的差異。前者是由衝動、傳統或權威所引導的行動，後者則包含對於信念與實務之審慎思慮。日常生活中的許多事務或因循舊制，或遵循權威，成為一套例行公事或常規，當人們不假思索，每日運行如常，就形成了例行行為。例如：一位教師上國語課，每個單元都是「朗讀課文─習寫生字─造詞─造句」，長年如此，教學過程成為慣例（folkways）。但是當問題發生，或是人們察覺到問題時，反思就開始了。Dewey（1933）指出，反思是由遭遇問題事件開始，由於經歷到

困頓、疑惑與不確定，人們才會回頭分析其過往的經驗。而所謂反思，即是「依據知識或信念的立論基礎及其可能導引出的結論，對這些信念或既存形式的知識進行積極、審慎、持續的思慮」（Dewey, 1933: 9）。他也提出反思的五個階段，分別是：1.心中浮現一些可能方案的建議；2.就所經歷之困境，界定或設定確切的問題；3.形成假設以引導後續的觀察或資料蒐集；4.進行推理與推論；5.以行動驗證假設（Dewey, 1933: 107-115）。Dewey 強調這五個階段的順序並不是固定的，每一個階段的思考都有助於概念的再澄清，並導向問題的解決。例行行為雖是生活的一部分，但反思才能讓人由單純的衝動、常規活動中釋放，使我們產生遠見以引導行動，並且依我們所覺察到的目標進行計畫。而當我們採取行動時，才知道該做些什麼（Dewey, 1933: 17）。

事實上，Dewey 強調反思並非一系列的程序或步驟，而是一個面對問題、因應問題的整體方式。如果教學是一門藝術，教師是一位藝術家，就應當有寬廣的眼界，對於最終價值與目標的體認，結合其純熟的技巧。因此，反思既是促使教師協調其價值與技巧的方式，也是作為教師者自身存在的方式。在這樣的意義之下，Dewey（1933: 29-33）指出，反思應重視思考的技巧與態度的結合。所謂反思的態度有三個關鍵：

1. 開放的心（open-mindedness）：不受偏見約束，能注意到其他可能性，看到的事實、概念和問題，即使是自己堅守的信念，也願意承認有錯誤的可能。

2. 全心全意（whole-heartedness）：心無旁騖，全心投入於某個事物。當一個人全神貫注時，問題、建議、進一步探討的途徑等，都會自然顯現。求知的力量使人充滿熱情。

3. 責任感（responsibility）：能考慮到每個步驟引發的結果，當這些結果都合理地依循所採取的立場，行動者就願意進行這個步驟。此種責任感保障了各個行動步驟一致，且與信念協調。

由 Dewey 對反思的論述來看，反思除了是思考技巧或心理過程，也包含了態度。也由於反思態度中所蘊含的情感、道德面向，反思甚至也是一種存在的方式。

　　Schön（1983: 50）也認為，專業人員的反思乃是起自某些困惑、麻煩或有趣的現象。當人們試圖要處理這些現象時，就會試著了解它，反省自己行動中隱含的理解。但是真實世界中的問題並不會一如既定的呈現在實務工作者面前，實務工作者需要由困惑、麻煩、不確定的情境材料中自行建構問題。當我們設定了問題，也就是選擇了這情境中我們所要處理的事物，可以設定注意力的範圍，也讓我們專注於此，而能進一步分辨哪些地方出了錯？應該朝哪個方向作改變？（Schön, 1983: 40）這即是在進行「框架脈絡」（frame the context）；就如同攝影者在取景，要以取景框設定景物的範圍，讓人專注於某些內容。在面對問題時，我們藉由本身所持之價值、知識、理論、經驗，對問題進行詮釋，進而採取行動，而在採取行動時我們同時進行即時即刻的（moment-to-moment）的思考，並且在進一步行動中顯現出批判性、重構性的理解。最後當我們產生新觀點來觀看自己的經驗，也產生了對情境的感覺時，也就對情境產生了新框架（reframing）。這即是 Schön 所謂的鑑賞（appreciation）－行動－再鑑賞（reappreciation）的過程，也就是反思的過程。

　　至於反思發生的時機，Schön 提出「行動後反思」（reflection-on-action）是指回顧已發生的事件；「行動中反思」（reflection-in-action）是指思與行在即時即刻的調適中合一。Bleakley（1999）在此基礎上，提出「反思即行動」（reflection-as-action）的概念，其意義是：反思是一個人主動融入於外在世界或情境所產生的效果，所以反思的主軸不在個別的人，而是在整體的事件—包括蘊含在脈絡中的行動，以及形成人們行動的脈絡。在這個意義中，反思行為是具有感受性的，而非只有技術上的調整，這就進一步闡釋了 Schön 所謂「專業的藝術性」——那不只是「做」（doing）而是「存在」（being），是鑑賞。因此，反思即行動強調反思實踐是生態的（eco-logical）而不是自我的（ego-logical）；反思不只是在事件之中或之後進行的心理歷程，而是一種完成行動的態度；這與 Dewey 的想法相互呼應。依 Schön（1983）的概念，反思行動雖然包含邏輯思考的過程，但不止於此，它還包含直覺、情感、熱情，因而無法被包裝成一組教師便於使用的技術。因為實務情境是一種「沼澤地」，充滿了不確定性、獨特性和價值衝突，要回應如此複雜的情境就要發展

實務工作的藝術性，而不是以技術來解決問題（Bleakley, 1999）。Schön 的論述讓反思不只是個心理過程，而是一種實踐行動。

　　由 Dewey 和 Schön 的論述，大抵可以歸納幾個有關實踐中反思的要義：其一，反思發生於實際脈絡中，是一個設定問題、面對問題及解決問題的歷程；其二，反思是理智、情感和熱情的結合，具有整體性，不可被化約為技術或是思考的程序；其三，反思的過程即是思考與行動的結合；其四，一個人如何反思，也就如何存在。

參、作為反思實踐者的教師特徵

　　Calderhead（1989）對於教師反思的討論，由反思的過程（如行動中反思、行動後反思）、反思的先前條件（如反思的態度、反思發生的引導情境）、反思的內容（如個人的價值、教育理論、社會脈絡、教學效果）、反思的結果（如促成有效的教學、解放、價值與實務間關係的理解）建立反思的討論架構。這四個面向，有關反思的過程與條件在 Dewey 與 Schön 的論述中探討甚多，關於反思的內容與結果，許多研究者則置於教師反思型態或層次的架構來討論。即使學者對於反思型態的說法不盡相同，但大抵上皆依據 J. Habermas 所提出的「三種人類對知識的旨趣」——技術的、詮釋的和解放的旨趣。例如：Grimmett（1989）對反思的三種界定：1.反思以引導或控制實務；2.反思以藉由慎思由諸多良好教學的觀點中作選擇，從而對實務提供訊息；3.反思以鑑賞或了解實務，藉著重構經驗以尋得新行動的可能性——也就是對行動情境、自己作為教師的身份，以及對於視為當然的教學假設獲得新的理解。Grimmett、MacKinnon、Erickson 與 Riecken（1990）區分三種反思：

1. 技術的：反思作為行動的工具，知識則直接指導實務。
2. 慎思的：反思是對多個教學觀點進行深思熟慮，知識則為實務提供資訊。
3. 辯證的：反思是經驗重構的歷程，知識乃用以協助理解，並轉化實務。

Jay 與 Johnson（2002）提出反思的三種型態：

1. 描述性：描述事物的狀況以進行反思，此種思考主要在發現事物的重要性，確認其特性，並且將事物再脈絡化。
2. 比較性：由一些不同的觀點來框架所思考的事物，亦即用其他的思考框架置於情境之上，以得到新的洞見或更好的理解。
3. 批判性：思考事物中隱含的意義，建立一個更新的觀點，將學校教育的歷史、政治社會及道德等脈絡納入思考。

Jay 與 Johnson 所謂的描述性加上比較性反思屬於詮釋或慎思的反思，在他們所區分的三種型態中並未納入技術性反思。

Wellington（1996）在前三種之外加入超個人（transpersonal orientation）的傾向，其思考的問題包括：我如何統合個人的成長與工作？我對自己和他人的責任是什麼？他認為此種傾向屬於個人靈性上的思考。但是若著眼於專業認同（個人與工作的統合）、道德性（對自己與他人的責任），亦可納入批判性反思的範疇。

在實務上，雖然這三種型態的反思都存在，然而，以教師為專業實踐者（teacher as professional practitioner）的論述皆同意，教師不應停留在技術性的反思層次，只著重於方法是否有效達成目的，卻不考慮情境的變因與目標的價值；或者只侷限在個人狹窄的教室中，將教室與廣大的社會、政治脈絡脫鉤。反思的教師應當超越關於「是否有效運作」的問題，進一步轉向有關「為誰而做」、「如何可能」的理解。所以教師應檢視實務中既有的價值，以及其工作如何導向變革、對教育品質的承諾，以及對差異的尊重（Zeichner & Liston, 1996）。經由反思而內化其職志，持續探究其教學，並對個人的專業發展負責，如此，教師才能稱之為專業人員。

Zeichner 與 Liston（1996: 9）認為，學校中存在著許多被視為理所當然的假定或集體的律則（code），使得問題、目的及完成目的的手段都侷限於特定的途徑。若教師不反思，通常即是不加批判地接受日常規則，而將目光聚焦於問題解決的手段。然而這些手段卻又是由集體律則所界定的，於是他們就忘了除了既有的途徑之外，還有什麼其他的可能性。基於對教師高層次反思的訴

求，他們依據 Dewey 所提出反思實踐者應具有的三種態度，說明一位反思的教師應有的態度：其一，對各種可能性、各種理據（rationale）敞開心胸，並保持批判的態度。思考教學的結果對誰、在哪方面有益？而非只問目標是否達成；其二，全心檢視自己的假設、信念及行動結果，願意學習新事物；其三，能思考自己的教學對於學生的自我概念、心智發展及生命機會有何影響（Zeichner & Liston, 1996: 10-11）。Bleakley（1999）也提出，一位反思的教師應具有以下的特徵：

1. 檢視個人的思考架構，試著解決教室實務的困境。
2. 覺察並質疑個人在教學中的假設與價值。
3. 留意於教學所在的制度與文化脈絡。
4. 參與課程發展及學校變革的努力。
5. 對自己的專業發展負責。

這些對於教師作為反省實踐者所具有的特徵，所描述的內涵都回應了反思的要義，亦即對個人信念、概念框架、經驗的檢視與重構，對實務脈絡的覺察與批判，以及對學校與社會問題的改善行動。Zeichner 與 Liston（1996: 9）指出：教師的反思不只是為改善孩子學習的條件，更為了給予孩子不同的生命；這就需要智識與情感的投入。「智識與情感的投入」，這是作為反思實踐者的教師最核心的特徵。

肆、反思實踐教師培育的困境

反省取向的師資教育目的是要讓教師由常識的思考者（common-sense thinker）過渡為教育學的思考者（pedagogical thinker）（LaBoskey, 1993: 25）（如表 6-1）。

雖然以「教育學的思考者」作為目的，美國反省取向師資教育亦有四種差異的觀點：第一是學術理性觀：重視學科教材知識，以及如何轉化學科知識以利學生理解。師資生反思的重點在於 Shulman 所稱的「教學推理」；第二是社會效率觀：重視科學研究產出的最佳教學策略，認為師資教育應強化未來教師對於良好策略或理論的思考與應用；第三是發展論：主張教師應敏覺於學生

● ● ● ● ●
表 6-1　教師反思的過渡

常識的思考者 ──────────→	教育學的思考者
・傾向關注自我	・傾向關注學生
・短期觀點	・長期觀點
・依賴個人過去所學、嘗試錯誤	・對學習具有開放心態
・以教師為傳遞知識者	・以教師為學習促進者
・對於學習的需求無所覺察	・覺察教學為道德性的活動
認為過去當學生的經驗已提供	立基於對自我、兒童與教材的知識
教學足夠的理解	具有策略性、想像的思考

資料來源：LaBoskey（1993: 25）

的興趣、思考、成長的型態，並據以決定其教學的優先性；第四是社會重建論：強調對制度、社會、政治脈絡，以及教室行動的評估與反思，以期朝向更大的公平正義（Zeichner & Tabachnick, 1991）。這四種觀點所強調的反思重點由學科教學知識、教學策略到對人的關注與社會正義的追求。理論上來看，四種關注點最好都能納入師資培育的方案中；一般反思性的師資教育方案，所設定的目標也大部分在於（Calderhead, 1989）：

1. 讓教師能分析、討論、評價和改變自己的實務工作。
2. 培養教師能鑑識對其工作所處的社會、政治脈絡。
3. 使教師能鑑識蘊藏在教室實務中的道德和倫理議題。
4. 鼓勵教師對自己的專業成長負更大的責任。
5. 促進教師的實務理論發展。
6. 使教師增能賦權以便對未來的教育方向更有影響力。

然而，實際上由於方案實施的時間有限，要兼重各個面向總是會遇到困難。例如：若要強化學科教學知識（pedagogical content knowledge）的反思與推理，可能已經佔據大部分的時間與師資生的注意力，能用於教育、文化與社會理論的思考與批判的時間也相對減少。因此，不同的師資培育方案還是會將

重點放在不同的面向上，甚至於偏廢某些面向。例如：有些方案強調社會批判，卻忽視師資生對於教學策略的運用與技巧的鍛鍊；有些方案著重於教學推理與技巧應用，卻弱化了師資生對教育脈絡的理解與分析，此為困境之一。

其次，Bleakley（1999）所言反思能力的「發展論」（developmentalism）迷思頗發人深省。Bleakley 指出，發展論的觀點認為反思能力是從簡單的、低層次的技術性反思開始，亦即職前或新進教師通常會依據外來標準或專家的技術建議來反思，等到更資深、更有能力時，才能對教師角色進行主體性的詮釋；等到教師的經驗更成熟了，最後才能獨立、自主進行專業判斷。Bleakley 強調，此種論點又落入了階層性的學習觀，以為反思能力可以細分為多個次能力，學習反思能力也就要在這個階層中拾級而上。但是這違背了「行動中反思」那種強調整體性、即時性的反思特性。實務情境是混亂、模糊、矛盾的，一如 Schön 所謂的「沼澤地」，新進教師不可能在這片沼澤地上圈出一塊「硬土」，讓自己置身於一個可依既定原則或知識技能解決問題的安全情境。唯有對目標保持開放性，隨時準備迎接不可預期的挑戰，全心投入於問題解決行動。所以反思一開始即應是整體的，而不會是只反思技術問題。然而，許多師資教育方案仍持此發展論的觀點，以為職前教師的反思至多只能及於技術性反思，至於更高層次的反思必須等到成為正式教師，甚至資深教師。此種論點可能讓師資生失去「理智與情感投入」的經驗，將嚴重妨礙反思實踐教師的養成。

第三個困境是，師資生常是藉由「從經驗中學習」，而不是透過大學教授對他們「寫」和「說」的建議中學得反思的能力（Russell, 1993）。但有些師資培育方案卻忽略了此事，總是在去脈絡的狀況下討論一些虛擬的問題，而對問題的分析與建議也總是停留在書面文字上。Russell（1993）從進步較慢、表現落後的師資生研究中發現，這些師資生需要的不只是「反思自己的教學」（亦即要求他們仔細思考教學事件），而協助他們改善的方式也不只在改進他們的外顯表現和自信。重要的是還要讓他們了解教室活動中的不同面向是如何相互作用的。師資生應該覺知到教學各項要素之間的關係，了解到學習者與學習內容如何產生良好互動，才可能產生適切的教學表現。

　　這三個困境的關鍵都在於我們可能忘記了反思所應有的整體性、脈絡性和行動性。一位教師要選擇某個教學策略、運用某種技術，思考所及的包含了這技術所欲達成的目標、這目標的可欲性與價值性、教學情境中是否適合使用這項技術、其帶來的結果及造成的影響。當一位教師覺察社會體制的宰制與不公，試圖在學校場域的實踐中追求正義，但是他必須思考應如何轉化為課程、應以何種教學策略落實目標。如果這些不同面向的反思原本即是不可分割的，又何來偏廢某個反思面向，或者將反思能力的學習階層化？

　　Rudduck（1992）指出，師資教育者的責任是要協助師資生做三件事：

1. 發展一個理解教室生活世界的承諾。
2. 獲致一些基本的探究原則，使教師能進一步擴展自己的理解。
3. 讓教師有一些反思性研究所帶來的建構經驗，同時讓這些經驗應用於日常的教學與學習困境中。

　　如此，教師將能對於工作的實際（reality）有更敏銳的知覺；由於對情境有所洞識，所以能辨認值得去對付的問題是什麼；能覺知目的與價值之間矛盾的存在，而能監控心中所欲之目標與手段策略之間的關係。所以，對於師資生的培養，應著重在教師心靈的形塑，以及探究態度的養成。在心靈形塑方面，應當讓師資生有機會在寬廣、多樣的實務世界中進行詮釋、判斷與行動。所以師資培育方案應是一個滋養其對於學校生活之鑑識能力的論壇，讓未來教師培養出觀看事物的觀點及探究問題的意向。在探究態度養成方面，Rudduck 指出，教師所需要的知識很多，必須在其專業生涯中持續發展，師資培育方案應重視相互對話，才能讓教育的知識基礎在未來實務情境中發揮作用。

　　面對多變的教育實務情境以及長遠的專業生涯，反思心靈的滋養、探究態度的的育成，正是職前教師得以持續專業發展的憑藉。要培養一位反思實踐的教師，師資教育方案應當提供脈絡化、整體化和行動化的學習經驗。

伍、教學實習課程的檢討與建議

　　以目前的師資教育課程結構來看，師資生通常先修習一些教育學理科目，直到修習「教材教法」課程或教育實習時，才有機會開始統合過去所學的理論

知識，並試著在有限的課堂時間內實作。由於上課時間的限制，教材教法的課程大多以「假試教」的方式進行教學方法演練。所謂「假試教」，即是以同班修課的大學同學為教學對象所進行的模擬教學。此種方式無法提供真實的師生互動，所磨練的只是試教者的台風、說話的流暢性，以及某些特定教學程序的熟練性。師資生須藉由教育實習，才能體驗真實的教室情境。目前師資教育所提供的教育實習課程分為兩部分：一是師資教育機構所提供的「教學實習」；一是畢業後在中小學半年或一年的教育實習。後者被定位為「導入」性質，其實施方式有待檢討的問題甚多，包含：輔導教師的資格與能力、實習學校的輔導機制、師資教育機構與實習學校的合作方式、實習教師的職責與工作定位……等，這些問題有待另行專論。本文僅聚焦於師資教育機構所提供的「教學實習」課程。

　　教學實習多安排於大學最後一年，具有統整教育理論與實務的功能。其進行方式通常可分為實作準備、準實作與實作。有關實作準備包含：聽講、閱讀、討論、研習；準實作則有：參觀、觀摩、見習、撰寫教學計畫、教學演練；實作部分則包含：試教、角色扮演、試教檢討、心得報告（王素芸、賴光真，2004）。這些設計的目的在於讓師資生接觸學校與教室情境，試著讓學理知識轉化為實際教學。因為把師資生放在真實的教學脈絡下，是幫助他們從學生角色轉銜到教師角色這個過程的必要催化（吳麗君，2003）。以「教學觀摩／學校參觀—心得報告」的方式而言，由於不了解學校或教室的生態，師資生的觀察與心得多半是「去脈絡化」的；若不是以理論的理想標準作嚴苛的批評，就是以後輩晚生的態度作過度的美化。以「教室見習—試教—檢討」的方式而言，短暫的一至兩節課試教，其實師資生並未真的進入教室的脈絡，充其量只是體驗一下講台的高度和面對學生的感覺、將準備好的教案「演」一遍。為了讓師資生進入真實的教學脈絡，許多教學實習課程也設計了三至四週的「集中實習」。集中實習期間，師資生以二至三人的編組擔任班級導師及科任教師，並參與實習學校的部分行政工作，有機會體驗教學的情境。

　　此教學實習課程是否能提供反思所需的脈絡化、整體化和行動化經驗？以筆者過去任教經驗及觀察教學實習課程的心得，即使是集中實習，師資生所處

的教學情境也只是「擬真」的。因為師資生只是這個實習班級的訪客，幾週之後這個班級必須再回到常軌，所以舉凡班級運作的規則、各科教學的方式最好蕭規曹隨，以免造成學生適應的問題。師資生通常會由原任教師那兒得到有關教學方式、作業指派，甚至班級秩序管理的建議。黃譯瑩（2000）在教育實習（一年期）的研究中發現，由於實習教師的教學受到實習輔導教師建議、修正或規定某些詮釋與作法的影響，而發展出輔導教師相似的想法或作法，減少了依據自己的教育信念、體驗與省思結果而行動，進而建構個人實務理論的機會。吳麗君（2000）的行動研究發現，實習的權力結構強化了實習教師的「學習者」角色；不平衡的權力關係使輔導教師與實習教師間的對話顯得貧瘠，同時助長了小學教育實踐面的再製。這些發現在集中實習的師資生身上同樣適用。在一個短暫停留的場域裡，師資生無法真正認識學生，無法了解學校的文化脈絡；在一個自己無法作主的班級中，總是「被告知」該教些什麼、如何教、如何處理班級問題。若能在原任教師的建議下順利完成一堂課的教學，已屬難能可貴。在這樣的實習過程中，師資生固然也獲得了實務經驗，體驗了教師工作的苦樂，但這些經驗通常是特定的選擇，是被設定的，很少是由師資生建構出來的。在反思的面向上，師資生大約只能停留在技術性反思；他們很難在情境中設定問題並進行解決問題的行動。

　　反思實踐者所需的學習經驗，無法單由教學實習課程提供，而須全面調整師資教育的方案。況且，師資教育機構不可能提供一個全然真實的教學情境，讓師資生可以獨立面對家長與學生。*然而，以教學實習這種統合性強、時數多的課程，至少有幾個可著力的方向。

一、將實習與學理科目設計為三明治式課程

　　教學實習因被賦予統整與應用理論知識的功能，而安排於最後一年實施。然而，師資教育者不能期待師資生在修完所有科目之後，就能在實習中自動統整所有知識；除非這些知識用於思考與解決實際問題，否則分散在各科目中的

---

* 要提供脈絡化的反思實踐經驗，必須在新進教師的導入機制著手。讓新進教師在輔導教師（mentor）的協助下開始他在「沼澤地」的生涯。

知識難以統整。未來可將教學實習擴大稱為教育實習，不再只限於「教學」，並將實習課程分散在三年，每年安排至少一次為期一個月的學校實習，而實習的方式除了試教，亦可安排其他與學生長期互動的方式，或進行田野研究。這些與學生互動的經驗，以及對學校環境所進行的田野觀察，都有助於師資生在脈絡中反思自己在教育、課程、教學上的假設。

二、在實習課程中引導合作的行動研究

反思也不只是理性思考的過程，若缺乏行動中的關懷、同情與熱情，失去實踐性，將是一大問題（Zeichner, 1994）。要發展探究問題的態度與能力，不可能依賴參觀心得報告的撰寫與批閱。反思既是解放與賦權的過程，師資生應取得學習的自主權與主控權（Bleakley, 1999）。亦即，不是由實習指導教授為他們設定學習目標與內容，而是要自己到田野中去鍛鍊看問題的能力，培養對人的理解與同情，並且反身自問：我應如何行動。讓師資生對實務問題進行合作行動研究，一則有機會與人合作與分享，二則讓他們能經歷「鑑賞—行動—再鑑賞」的反思歷程。或許能採取的行動是有限的，或許成功解決問題的機率不高，但是當教師有夥伴時，反思會涉及更多社會、政治層面問題，更能分享對教學的感受與情緒（Rudduck, 1992），也有利於重構經驗。

三、以實習課程作為教育論壇

Zeichner（1994）認為許多師資教育方案都強調反思是教師個別的活動，但個人的反思是不足的，在學習社群中進行的對話與反思更具有力量。師資教育須促進教師相互激發其對於教育工作目的與結果的思考。若要讓師資生有更多機會去分析理論與實務的問題，實習課程應當成為一個師資生與自我、他人的生命史及教育經驗對話的論壇。

目前許多實習課程任課者採用省思札記、學習檔案、自傳、案例法，協助師資生建立反思能力，但是如果這些個人省思未能相互論辯，就只是個人的獨白。若實習課程以研討會（seminar）的形式設計，師資生就有了參與社群對話的機會，不同認識旨趣的人得以相互激發，各種來自田野觀察、行動研究、

個人生命史的情感與知識得以交會。則實習課程才能促進反思的整體性，真正發揮統合的功能。

陸、結語

發展總是發生在教育情境中的反思實踐，這是教師持續發展的前提（Rudduck, 1992）。職前師資教育若不強化自我反思、發現問題、解決問題的能力，則師資生未來難以成為獨立自主的教師。

最好的學習發生在真實的生活中，發生在真實的問題脈絡中，也發生在與真實的人互動之中（轉引自吳麗君，2003）。反思是在實際情境中所進行的設定問題與解決問題歷程，需要實務工作者理智與情感的投入。要培養一位具有反思心靈與探究能力的未來教師，師資教育者必須重新認識反思的要義，在課程中提供更多機會讓師資生涉入學校情境，從實務情境中建構問題、測試行動的可能性，以建立其脈絡化、整體化和行動化的反思能力。

要朝向反省取向的師資教育方案，在現行的科目規劃與教學方式上皆有全面檢視的必要，但教學實習課程的調整可以成為一個有力的介入點。

參考文獻

中文部分

王素芸、賴光真（2004）。教育實習的概念分析——論我國教育實習制度及其改革。**國立編譯館館刊，32**（1），48-59。

吳麗君（2000）。新制實習拼圖——一座橋還是一堵牆。載於國立台北師範學院（編），**88 學年度師範學院教育學術論文發表會集（1）**（頁99-120）。

吳麗君（2003）。實習教師的專業發展——文化的觀點。**教育資料集刊，28**，109-128。

黃譯瑩（2000）。教育實習典範之探究——實務理論的觀點。**課程與教學季刊，3**（1），95-112。

英文部分

Bleakley, A. (1999). From reflective practice to holistic reflexivity. *Studies in Higher Education, 24*(3), 315-330.

Calderhead, J. (1989). Reflective teaching and teacher education. *Teaching and Teacher Education, 5*(1), 43-51.

Dewey, J. (1933). *How we think.* New York: Houghton Mifflin Company.

Grimmett, P. (1989). A commentary on Schön's view of reflection. *Journal of Curriculum and Supervision, 5*(1), 19-28.

Grimmett, P., MacKinnon, A., Erickson, G., & Riecken, T. (1990). Reflective practice in teacher education. In R. Clift, W. R. Houston & M. Pugach (Eds.), *Encouraging reflective practice in education* (pp. 20-38). New York: Teachers College Press.

Jay, J. K., & Johnson, K. L. (2002). Capturing complexity: A typology of reflective practice for teacher education. *Teaching and Teacher Education, 18,* 73-85.

LaBoskey, V. K. (1993). A conceptual framework for reflection in preservice teacher education. In J. Calderhead & P. Gates (Eds.), *Conceptualizing reflection in teacher development* (pp. 23-38). London: The Falmer Press.

Rudduck, J. (1992). Practitioner research and programs of initial teacher education. In T. Russell & H. Munby (Eds.), *Teacher and teaching: From classroom to reflection* (pp. 156-170). London: The Falmer Press.

Russell, T. (1993). Critical attributes of a reflective teacher: Is agreement possible ? In J. Calderhead & P. Gates (Eds.), *Conceptualizing reflection in teacher development* (pp. 144-153). London: The Falmer Press.

Schön, D. A. (1983). *The reflective practitioner.* London: Temple Smith.

Wellington, B. (1996). Orientations to reflective practice. *Educational Research, 38* (3), 307-316.

Zeichner, K. M. (1994). Conceptions of reflective practice in teaching and teacher education. In G. Harvard & P. Hodkinson (Eds.), *Action and reflection in teacher education* (pp. 15-34). New Jersey: Ablex.

Zeichner, K. M., & Liston, D. P. (1996). *Reflective teaching: An introduction.* New Jersey: Lawrence Erlbaum Associates.

Zeichner, K. M., & Tabachnick, B. R. (1991). Reflections on reflective teaching. In B. R. Tabachnick & K. M. Zeichner (Eds.), *Issues and practices in inquiry: Oriented teacher education.* London: The Falmer Press.

第八章

從實習教師的社會化
談師資素質的提升

郭諭陵

國立臺灣師範大學教育學系助理教授

壹、前言

所謂「社會化」（socialization），是個人基於其身心特質與稟賦，和外界社會環境交互感應或學習模仿的一種歷程；個人由此而獲得社會上的各種知識、技能、價值觀念與行為模式，一方面形成其獨特自我，一方面履行其社會角色，以圓滿地參與社會生活，並克盡社會一分子之職責（陳奎憙，1989）。

至於「教師社會化」[1]（socialization of teachers），則是一個複雜的歷程，透過此歷程，「人們選擇性地習得價值與態度、興趣、技能與知識——簡言之，就是盛行於他們群體中的文化；或試圖成為該群體的成員」（Staton & Hunt, 1992: 109），此歷程正式開始於接受師資培育時，且持續整個教學生涯（Staton & Hunt, 1992）；易言之，教師社會化係指教師學習「教學」及成為教師的整個歷程（郭丁熒，2001，2005；Lacey, 1977）。

依師資培育的實際情況而論，教師社會化的階段，大抵分為非正式的教師社會化與正式的教師社會化兩大階段。其中正式的教師社會化，又可細分為預期的社會化階段、實習的社會化階段與繼續的社會化階段（鄭世仁，2000）；由於篇幅所限，本文僅探討實習教師的社會化階段。從完成師資養成教育，取得實習教師資格開始，到教育實習結束為止，算是「實習的教師社會化階段」。本文論述的重點有四：第一，實習教師社會化的重要性；第二，實習教師社會化的影響因素；第三，實習教師社會化的結果；第四，實習教師社會化的未來展望。筆者希望藉由本文的發表，對師資素質的確保或提升，能略盡棉薄之力。

貳、實習教師社會化的重要性

從正面看，師資素質的提升，除了健全完善的職前師資培育課程外，更有賴嚴格確實的實習歷練；如此，才能使實習教師，很有智慧地將職前教育所習得之理論，轉化為實際的教學活動，進而成為稱職的教師。

---

1 教師社會化又稱為教師專業社會化（professional socialization of teachers），本文為求精簡，一律稱為教師社會化。

從反面看，當教師從職前階段過渡到在職階段時，自我概念、信念、期望、對兒童的先前經驗及其他的傳記特徵，繼續形塑他們對教學第一年的反應。通常，教師會經歷一段不平衡的時期，在這段期間，教師有不適應及不確定的感覺；尤其是那些缺乏自我覺察或對年輕學子較缺乏指導經驗的人，一旦他們負責自己的班級，並面對學生的複雜性與差異性時，便會感到相當的困難與棘手（Staton & Hunt, 1992）。此時，有些新教師，會因無法解決問題而離開教學專業；而有些教師，則會放棄專業的教學策略，決定只是「做一天和尚，撞一天鐘」（Mcgaha & Lynn, 2000: 41）；難怪 Mcgaha 與 Lynn（2000: 43）曾語重心長地說道：「新老師在教學第一年所遇到的障礙，假如沒有妥善處理，可以是具破壞性的或毀滅性的。」

總之，對實習教師來說，實習這一年或半年是非常重要的專業社會化歷程，且可能決定他們日後教學生涯的哲學與態度。因此，Cheng 與 Pang（1997）指出：未來的師資培育，將更強調實習經驗及實習教學要素的重要性。在實習當中，實習教師不僅應學習如何表現專業行為，也應學習工作情境如何發揮科層體制的功能；同時，他們對於和其表現有關的諸多限制與可能性，均應有所了解。

參、實習教師社會化的影響因素

實習教師社會化的影響因素很多，筆者謹將它歸為三大類：一是師資培育機構內影響實習教師社會化的因素。二是實習學校內影響實習教師社會化的因素；三是其他的影響因素。以下分述之。

一、師資培育機構內影響實習教師社會化的因素

師資培育機構內影響實習教師社會化的因素，主要有兩項：一為師資培育機構所開設的學程及師資生所就讀的院系；二為實習指導教授的影響。

（一）師資培育機構所開設的學程及師資生所就讀的院系

教師社會化的重要條件，在於透過專業的師資培育環境，以培養優良的師

資。實習教師接受師資培育機構所開設的學程及其所就讀的院系，皆可能影響教師的社會化。例如：W. W. Cook、C. H. Leeds 及 R. Callis 於 1951 年的研究發現：主修小學教育學程者，比主修中學教育學程者的教學態度更為寬容、進步。郭靜芬在 1977 年的研究亦發現：不同院系的學生，其教育態度有顯著差異，以教育系為最佳、工教系為最差；教育學院各系學生的教學態度優於文學院，文學院又優於理學院（王錦珍，1994）。此外，張芬芬（1984）的研究結果顯示：藝術學院的學生在實習後，教學態度的人文導向，顯著高於文學院學生，而文學院學生又高於理學院學生。

（二）實習指導教授的影響

依據 M. Horouitz 與 F. Boschee 的研究顯示：實習指導教授對實習教師具有影響力，因其有評定實習教師成績的權力；不過，A. Morris 於 1974 年的研究卻指出，實習指導教授的影響力，並不及實習學校的「合作教師」[2]（cooperative teachers）（王錦珍，1994）。而 V. K. Ort 於 1964 年則認為，合作教師與實習指導教授，是實習生未來教學成功與否最重要的預測者（王秋絨，1991）。Alvermann（1981）也指出，經由實習指導教授和合作教師的努力，可緩和實習教師遭受到的理論與實務間之不協調；誠如 Staton 與 Hunt（1992: 119-120）所言：

> 在實習安置之前或在實習安置期間，增加實習指導教授和實習教師及合作教師之間的互動頻率，可以改善師資培育的成效。

至於實習指導教授可以如何發揮影響力呢？Staton 與 Hunt（1992: 119）曾經指出：

> 實習指導教授可以扮演重要的角色——透過告訴實習教師，要應用他們在大學課程中所習得的，以及透過鼓勵合作教師允許實習教師創新。

---

2 實習教師在實習學校的輔導老師，從師資培育機構的立場來看，稱為「合作教師」堪稱允當，但從實習教師的立場來說，則宜稱為「實習輔導教師」；本文將依前後文之需要，交替使用「合作教師」或「實習輔導教師」兩個名詞。

二、實習學校內影響實習教師社會化的因素

實習學校內影響實習教師社會化的因素，包括：學校科層體制、工作負擔、考試壓力、服務地區，以及重要他人（significant others）的影響。

（一）學校科層體制

W. K. Hoy 於 1967 及 1977 年的研究發現，實習生試教的經驗，使其對學生的態度趨向管理導向（custodial orientation），同時較傾向以科層體制的規約，作為行為依據。P. Anna 於 1975 年及 C. H. Fink 於 1976 年，也有同樣的研究結果（王秋絨，1991）。另外，Hoy 與 Rees（1977）曾研究「實習教師的科層體制社會化」，結果發現，實習教師初入任教學校後，應用在師範校院習得的理論，注重個別差異的原則，信任學生，對學生的自治與自尊抱持樂觀看法，亦即對學生的控制意識，傾向於人文導向（humanistic orientation），這與在科層體制工作多年的教師所採取之管理導向不同；但實習終了，他們也趨於管理導向，即對學生的控制，採取一視同仁、非個別化、非人性化的態度，強調服從、秩序和傳統，並以懲罰來管理學生，他們的結論是：科層體制對實習教師的影響力，相當強勁而有效（王錦珍 1994；周德禎，1996）。根據王秋絨（1991）的看法，這是因為實習教師剛剛面臨實際情境，其教學容易受到任教學校氣氛、合作教師的影響，導致其順從性大於自主性的結果。

（二）工作負擔

教學或行政負擔過重，是新教師的困擾之一。初任教職的實習教師，需要更長的時間，從事教學的準備、了解組織的運作，但國外多位學者，如 Bush（1980）、Pataniczek 與 Isaacson（1981）均指出，這些組織中的新成員，卻承擔了較重或較艱難的工作，致使實習教師的專業成長及表現情形，未盡理想。

（三）考試壓力

有些實習教師在不考試、不趕進度的時候，常採用遊戲或創意教學，不至於違背實習指導教授的意思。但是當情境壓力出現時，亦即考試到了，或學生被他教過後成績反而退步了，則實習教師的教學，便會擺盪到現實面——取消遊戲，快把課程趕完並加強複習，以回應情境的壓力（孫敏芝，1999）；少數對自己較缺乏信心的實習教師，甚至會暫時從課堂上退卻下來：

> 月考來臨時有時會趕進度，但此時的課我就不敢插手了，怕影響進度或教得太快，事後還要輔導老師花時間補救，豈不造成輔導老師的壓力？而考試總會帶來壓力，怕自己教的單元學生錯誤率太高……而成績更是家長關心的課題，這點又更加重我心裡的負擔。（孫敏芝，1999：25）

（四）服務地區

服務於不同地區的實習教師，所知覺的困擾問題，有所不同。依據 J. Kennedy、D. R. Cruickshank 和 B. Myers 等人於 1976 年的研究發現：任教於都市的教師，較市郊及鄉間學校的教師，較常為控制學生及建立人際關係等問題所困擾（王錦珍，1994）。此外，游自達（1987）的研究指出，都市地區的實習教師，特別有「嗓子無法負荷」、「擔心學生成績表現」的困擾。

（五）重要他人

實習學校的校長、合作教師、教師同儕、學生及學生家長，均為實習教師的重要他人，也是影響實習教師社會化的關鍵因素。

1. 校長

國外諸多研究已證實，校長對實習教師的行為具有影響力，例如：D. Edgar 與 R. Warren 於 1969 年，根據他們的權力理論（power theory），對初任教師進行研究，結果發現，教師社會化是一種權力影響的過程，在此過程中，實習教師內化了具評量權人士所擁有的價值觀念和行為規

範。至於我國，由於實習學校的校長，對實習教師具有評量權，因此，校長勢將會對實習教師的行為、態度，產生一定程度的影響（周德禎，1996；黃鴻文，1981）。

2. 合作教師

通常合作教師對實習教師態度與教學實務的影響，比起其他動因的影響還要大（Bunting, 1988）。J. T. Goodlad 於 1965 年便指出：只靠成功的教育學知能，並不能保證學生足以在教育工作中生存，反而合作教師對實習教師的教育態度、教學方法，有很大的影響力（王秋絨，1991）；誠如一位國小實習教師在接受訪談時所言：

> 我的輔導老師很照顧我，她會替我擋掉一些不必要的行政雜事，叫我專心學習怎麼教，我如果教錯，她也會直接告訴我怎樣教比較好。（孫敏芝，1999：26）

不過，值得留意的是：合作教師對實習教師的影響，可能是正、反兩面都有。正面的影響是合作教師可作為角色楷模、良師及人力資源（Fishman & Raver, 1989; Tannehill, 1989）；然而，這種學徒模式，也可能妨礙新教師的專業成長與革新，假如重點是放在維持班級控制的話（Staton & Hunt, 1992）。

3. 教師同儕

Edgar 與 Warren 於 1969 年指出，同事是實習教師的「重要他人」，經由與同事的互動，實習教師獲得專業的認同（王錦珍，1994）。Banks（1976）也指出：教師任教數月之後，教師的態度與學校同事的相似性，便高於受教學校；以下這段話可為佐證：

> 我在大學裡，教授教我們不要太逼學生，可是來到學校，大家都這樣考，所以我也跟著這樣做，畢竟他們還是要面對聯考啊！（一位國中實習教師的訪談）（王錦珍，1994：102）

教師同儕在導入階段所扮演的特殊角色，主要是建立在他們所提供的

「支持」上。Wildman、Niles、Magliaro 與 McLaughlin（1989）發現，教師同儕可以降低新教師的不確定性並減輕他們的壓力，以為他們提供情感性的支持（emotional support），且減輕新教師的工作負荷，以為他們提供工具性的支持（instrumental support）（Kilgore, Ross, & Zbikowski, 1990; Staton & Hunt, 1992）。

不過，需要特別一提的是，實習教師與其他同儕的關係，就像雙面刃一樣。例如：Applegate、Flora 與 Lasley 在 1980 年，便指出一些「不支持」的同事行為，對實習教師如何看待自己及其工作，有負面的影響，且最後可能促使他們離開教師專業（Staton & Hunt, 1992）。

4. 學生

學生是實習教師重要的角色伴侶之一，學生的成績與言行，是教師教學的回饋，對教師工作與情緒的影響都很大。Lortie（1975）發現，實習教師由學生那裡得到的精神回報，比由評鑑者那裡所得到的更多，所以學生在塑造實習教師的行為方面，有極大的影響力。此外，Staton 與 Hunt（1992: 126）也指出：「很多研究者已經確認在職前教學階段，學生是主要的社會化動因。」

5. 學生家長

Gehrke 於 1981 年發現，在她的研究中，11 位教師當中有 2 位教師在教學生涯早期，將焦點放在學生家長身上：他們證實家長對班級事件的負面影響之關心，並透過家長正面的回饋，得到很多支持（Staton & Hunt, 1992）。

總之，「在此階段，[3]教師被任教學校的文化社會化，而成為其行為的規範與期望」（Spencer, 1997: 211）。師範教育的專業領域中，包括兩項重要的部分：一是教育方法和基礎的科目；二是到中小學實習試教的經驗。但許多研究指出，師範校院中的教學方法和知識，對於實習教師的影響，非常有限。亦

---

3 指實習教師的社會化階段。

有證據顯示無論是用微型教學和其他系統化的程序，來教導特殊的專門教學技巧之研究或進修課程，究竟是否受到實習教師的採用，得視教室或實習學校中的生態條件是否合適而定。Copeland 便曾指出，教育學分的影響，完全取決於實習學校中的種種生態條件（高強華，1988）；可見實習學校對實習教師社會化的影響力，是相當值得關注的。

三、其他的影響因素

除了師資培育機構內影響實習教師社會化的因素，以及實習學校內影響實習教師社會化的因素外，其他影響實習教師社會化的因素，主要包括個人因素、家人與朋友，以及研究者等三項。

（一）個人因素

1. 性別：不同性別的實習教師，其實習前後教學態度的變化，是許多研究者關心的問題。例如：P. A. Ebbs 於 1975 年的研究發現：女性教師在實習前後，均比男性教師更具博雅態度；其他許多以教師對學生的控制意識為主題之研究均顯示：女教師對學生的控制意識，傾向於人文導向，而男教師則傾向於管理導向（王錦珍，1994）。

2. 人格特質：實習教師的人格特質與教學態度或行為間的關係，也是研究者關注的焦點之一。例如：B. E. Coody 與 R. T. Hinley 於 1967 年認為：實習教師如果有完全順從或完全獨佔的性格，則不會有成功的教學；另有其他學者指出：擁有積極自我觀念的實習教師，較易實施成功有效的教學（王錦珍，1994）。

3. 過去的求學經驗：Lortie（1975）指出，學徒制的觀察對教師社會化，具有相當重要的影響力。實習教師在擔任教職以前，已有 16 年的觀察期，因此，容易以過去受教的經驗，來當作自己的楷模。

（二）家人與朋友

實徵研究沒有特別將焦點置於外部動因（諸如教師的父母與朋友）對社會

化的影響。不過,調查及質性研究(Knowles, 1988; Wildman, Niles, Magliaro, & McLaughlin, 1989)顯示,與這些個體的互動,是支持實習教師的重要來源。A. Q. Staton-Spicer 與 A. L. Darling 於 1986 年在 12 位中學實習教師的個案研究中,也發現學校環境外的家人與朋友,是重要的社會支持網絡,諸如可提供情緒抒發的管道、承認實習教師的新角色,並肯定他們的行動等(Staton & Hunt, 1992)。

(三)研究者

有些研究者是以實習教師為研究對象,他們的研究歷程及焦點,也會對實習教師的社會化,產生某種程度的影響。例如:Staton 與 Hunt(1992: 120)指出:「與職前教師互動的研究者,在訪談情境中,也成為社會化的動因。」

肆、實習教師社會化的結果

實習教師在經過一年或半年的實習後,在對教育的認知上、技能上及情意態度上,都可能產生相當大的改變。Staton 與 Hunt(1992)認為,實習教師社會化之後的改變或結果,主要包括下述五項。[4]

一、意識型態的改變

許多縱貫性的研究,評定職前教師在實習教學經驗前後態度的改變。例如:幾位研究者報導指出,實習教師對學生的態度,從人文導向轉變到管理導向(Hoy & Woolfolk, 1990; Staton & Hunt, 1992)。同樣地,R. E. Muus 在 1969 年發現,實習教學之後,實習教師對學生的態度,正面少於負面。另外,E. B. Jacobs 在 1968 年指出,實習教師的態度,從自由、民主轉向更嚴格、更形式化的,且 W. K. Hoy 與 R. Rees 在 1977 年也指出,實習教師變得更加科層體制導向(Staton & Hunt, 1992)。

不過,縱使有上述的趨勢,但某些研究卻發現,實習教師的態度並沒有改

---

4 這一部分的標題,係參考(Staton & Hunt, 1992)的看法,內容部分則再參考其他學者的觀點,加以融合後而寫成。

變。例如：K. M. Zeichner 與 C. Grant 在 1981 年發現，實習教師沒有變得更加管理導向，而 D. Tiene 與 S. Buck 於 1985 年也發現，在實習教學前後，實習教師對威權主義（authoritarianism）的態度，並沒有改變（Staton & Hunt, 1992）。

二、教學觀的改變

實習教師在經過一段時間的實習後，教學觀會產生改變，由以下這兩段話可見一般：

> 假如實習教師與合作教師的教學觀矛盾不一致，則實習教師可能有更大的成長，因為這可強迫實習教師去檢視及確認其教學觀的正當性。（Staton & Hunt, 1992: 118-119）

> 假如實習教師所配置的合作教師，與實習教師所持的教學觀相反，且合作教師允許甚至鼓勵實習教師考驗他們自己的觀點，這對實習教師學習教學來說，證實可獲得最好的成長。（Staton & Hunt, 1992: 129）

不過，也有研究發現，實習教師經過一年半載的實習，教學觀並沒有什麼改變。例如：J. Goodman 與 S. Alder 在 1985 年曾檢視實習教師對社會科的觀點，發現方案的內容概念，對實習教師在教室中的信念或行動，僅產生有限的影響。反而是，他們選擇如何教該學科，是基於他們進入該方案時所持的觀點（Staton & Hunt, 1992）。

三、知識的改變

實習教師在聚焦於「學科特定內容與教學」之前，需要先建立「一般的管理常規」。一旦管理與課業的常規被整合在一起了，他們就會將注意力轉向「學生對課業任務的學習」。實習教師達到每個新的知識層次，都會回過頭來改變他們原初的信念；這項發現，也得到 Feiman-Nemser 與 Buchmann（1989）的支持，他們指出在教育學思考的轉變中，師資生不僅發展新的教學

實務與知覺，同時也改變了舊的思考方式（Staton & Hunt, 1992）。

四、對反省性教學的態度

在師資培育中，反省「不是獨特的方案重點，而是一般的專業傾向」（Cheng & Pang, 1997: 201; Feiman-Nemser, 1990: 221）。因此，反省及「反省性實習課程」的實施，是師資培育方案的必要特徵（Cheng & Pang, 1997）。然而，在實習安置中，真正能挑戰實習教師的認知之合作教師或教育方案，是罕見的，而且能面對此種挑戰的反省性師資生，是不常見的（Staton & Hunt, 1992）。

在國外，Stout（1989）曾調查 98 位畢業七年內的教師，請他們判定實習教學經驗中的反省性。回頭看，他們通常感覺自己被鼓勵去反省教學實務及他們對學生的影響，但報導指出，他們在反省倫理／政治原則、應用研究結果，以及請求學生給予回饋等三方面，所受到的鼓勵很少（Staton & Hunt, 1992）。其他研究也證實，實習經驗實際上可能只強化當前的教學實務，而只有在特定的情況下，才有助於反省性教學（McDiarmid, 1990; Staton & Hunt, 1992）。

在國內，根據吳和堂（2001）所進行的「國民中學實習教師教學反省之研究」發現：實習教師對開放心胸、全心全意與負責任等三方面的反省態度，都有高度的表現，例如：坦承知能不足、留意週遭事物、坦承錯誤、虛心請益、痛定思痛、戮力於教學上的改進、全力追求班級管理技巧的提升、積極參加研習、人際關係的維持、對教學結果負責、努力完成交付的工作、對學生負責等行為。不過，此項研究結果，似乎需要更多的實徵研究結果去加以檢證。

五、關心事項的改變

在國外，Staton-Spicer 與 Darling 在 1986 年從實習教師對教學的談話中發現，實習教師表示對自我的關心，諸如：教學的壓力、教學表現的評鑑、角色差距與對維持紀律的焦慮。任務的關心包括：課程計畫、上課程序與企畫書、班級管理。相對的，很少談到對影響的關心（Staton & Hunt, 1992）。易言之，根據 Staton-Spicer 與 Darling 的研究發現，實習教師比較關心自我與任務的問

題，但對於影響力如何或多大的問題，則較不關心。

在國內，根據周春美、沈健華（2003）的研究發現：實習教師初期的需求，在於維持教學活動的正常進行，例如：班級秩序的管理、板書的清晰、音量的控制及學生違規事件的處理等；同時，發現其關心的重點，偏向教師本身如何將課程內容流暢地呈現，而忽略學生對教材內容的吸收程度；但在後期的教學需求中，漸漸展現出教師專業成長的需求，例如：激發學生學習興趣、預習學科教材、充實學科知識、讓學生有實際經驗的機會、在教學上展現具個人特色的教學策略，亦即其關心的重點，由先前只關心自己的呈現，轉變到關心學生對教材內容的了解情形。

伍、實習教師社會化的未來展望

就整個師資培育的過程來看，職前教育、實習導入及在職教育等三個階段環環相扣，每個階段對師資素質提升及教師專業發展，均有一定程度的影響，所以必須有系統地規劃及進行。其中的實習導入階段，不但是連結職前教育與在職教育的關鍵期，更是確保師資素質的重要教師社會化階段，因此，本文謹分九大點，來論述從實習教師社會化的角度看，要如何提升師資素質。

一、實習學校要善待實習教師，並促進實習教師的專業成長

實習教師前往中小學進行為期一年或半年的教育實習，主要在於從事教學實習、導師（級務）實習、行政實習和研習活動等四方面的工作，以增進其教學和行政的實務知能；基本上，實習期間應以教學實習和導師實習為主，行政實習及研習活動為輔。然而，部分中小學未能遵守這項原則，視實習教師為免費勞工，常常要求他們從事過多的打雜工作，剝奪他們教學實習的時間（周愚文、黃政傑、林鎮坤、方永泉，2003），致使實習教師心生困擾，但為顧及實習成績，敢怒而不敢言（國語日報，2004；聯合報，2006b）；以下是兩位國小實習教師的訪談實錄：

　　行政實習就是瑣碎的行政事務，無關教學。學校安排一個月一處室的

行政實習……但實際有做過的是訓導處的訓育和人事室，都是雜事。（孫
敏芝，1999：24）

　　我問教務處有什麼要幫忙的行政事務，結果他們要我去整理上學期圖
書館裡面沒有整理的圖書，我忙了一下午，又是打掃又是排書。（孫敏
芝，1999：24）

　　總之，實習學校校長和合作教師，應以愛心善待實習教師，讓他們在實習
期間，能以教學實習和導師實習為主，行政實習及研習活動為輔，確實學到未
來教學所需的知能，進而成為一位有效能的教師，才能充分發揮教育實習的功
效。事實上，目前也有一些值得他校觀摩學習的實習學校，以下僅列舉三個實
例（國語日報，2004）：

　　實例一：位於偏遠山區的台北縣三峽鎮建安國小校長陳木城說：「我是將
實習教師當作教育的接棒人來對待，因為自己也當過被欺負的新人。希望實習
教師在建安看到的是教育的希望。所以，對於實習教師的經營，是我們學校工
作的一環。」建安國小基於這樣的理念，乃自 2003 年起，大手筆提供宿舍，
發放工作津貼，並爭取各種專案研究的機會，以招募大批優秀的實習教師，讓
偏遠地區的國小，竟然出現班班都有「雙導師」的盛況。

　　實例二：台北縣三峽國中，專門為實習教師成立讀書會，並由輔導主任協
助實習教師擬定實習計畫，且為一起準備教師甄試的實習教師，舉辦模擬口
試、改善教學盲點。

　　實例三：台北市大安高工建築科的一位實習教師指出，該校是很尊重實習
教師的學校。在硬體方面，每位實習教師，都擁有個人的辦公桌及文具；在軟
體方面，學校會舉辦影片賞析等教師進修活動，若是代課或擔任其他課程的教
師，也都有支薪。

二、提高資深優良教師擔任合作教師的意願

　　由於資深優良教師擔任合作教師的意願不高，致使「新手指導新手」的現

象被迫而生，實習輔導的功能，當然受到質疑；誠如以下幾位學者所言：

> 輔導實習教師的工作並非易事，雖說實習教師，部份地分擔了正式教師的工作，但其除了可能得多花額外的時間來輔導實習教師外，更必須開放自己的教學，提供實習教師學習，是以對許多資深教師而言，對擔任實習輔導的工作，常敬謝不敏。某些學校在安排實習輔導教師時，有時只好安排較為資淺的年輕教師來擔任，有些甚至是請代課代理老師，擔任實習輔導教師的工作。在此情形下，成為新手指導新手。（周愚文、黃政傑、林鎮坤、方永泉，2003：154）

為提高資深優良教師擔任合作教師的意願，今後宜給予合作教師適當的誘因與獎勵：其一，在物質層面，可提供實習輔導津貼等實質回饋；其二，在精神層面，可比照國立臺北師範學院[5]的作法，若輔導該校畢業的實習教師，則合作教師未來報考該校時，會酌情加分（楊昭瑾，2004）；另外，對於實習輔導成效卓著的合作教師，可予以記功或嘉獎，以提升資深優良教師參與實習輔導工作的動機或意願。

三、慎選稱職優異的合作教師

假如透過一些獎勵與誘因，讓更多資深優良教師願意擔任合作教師，則進一步慎選稱職優異的合作教師，是可能如願達成的。

由國內外目前的文獻看來，合作教師常出現的問題包括：

1. 合作教師提供回饋的廣度與深度不足：合作教師時常無法或不願意分析他們自己或實習教師的教學實務，且合作教師所提供的回饋，常聚焦於可直接在班上實施的活動（Borko & Livingston, 1989; Calderhead, 1988; Griffin, 1989; Livingston & Borko, 1989; Richardson-Koehler, 1988; Staton & Hunt, 1992），而缺乏深入的反省。因此，回饋的廣度與深度均嫌不足。

5　目前已升格為國立臺北教育大學。

2. 合作教師與實習教師缺乏足夠的討論和質疑：研究顯示實習指導教授及合作教師，必須開放地討論及質疑未來教師的信念，以改變他們的教學觀。假如實習教師能藉由新經驗，重新評估他們的教學觀，則這種討論是重要的；不過，研究也顯示，這些類型的討論很少發生。一個理由可能是教學規範傾向強調個人主義（individualism）及平等主義（eqalitarianism），使得教師不太願意批評其他教師的教學；另一個可能性是，由於教師職務相當強調他們與學習者之間的良好關係，此種特性，使得合作教師及實習指導教授，不太願意給予實習教師過多負面的回饋，以威脅他們與實習教師間的和諧關係（Staton & Hunt, 1992）。

3. 合作教師與實習教師的專長科目不符：由於實習學校人力不足，對於實習教師的到來，多半抱持來者不拒的態度，且在接受實習教師實習申請前，並未能慮及學校本身，是否有相符之專業科目教師，能勝任實習輔導工作。致使部份實習教師到校服務後，始發現實習輔導教師的專長科目，與其任教科目不合（周愚文、黃政傑、林鎮坤、方永泉，2003）。因此，未能從實習輔導教師那邊，得到很多有益的回饋和指導。

4. 合作教師本身的專業知能及素養不足：某些合作教師本身的專業素養不足，例如：情緒管理能力有待加強，於是對實習教師反造成負面的影響；誠如一位國小的實習教師所言：

> 我的輔導老師好像沒有一套合理的班級經營規則，高興起來對小孩子很好，班上秩序亂七八糟，心情不好的時候又兇得要命……。有一次她叫小朋友用尺畫格子，一個小朋友拿給她改的時候，她說他沒有用尺畫，那個小朋友說有，結果她一巴掌就打在小孩臉上，我坐在後面眼淚差點掉下來，我明明看見那個小朋友有拿尺畫。以後不曉得怎麼跟她溝通，好幾天我心情都不好。（孫敏芝，1999：26-27）

基於上述的問題，可知慎選適任優異的合作教師，是提升實習成效的不二法門。吳清山（2004）指出，在挑選合作教師時，除考慮專長、年資、經驗、

意願之外，專業知能、專業素養和人格特質尤其重要；以下這兩段話可為佐證：

> 各項質性研究的一致發現是，並非所有合作教師都是同樣的。他們對本身合作教師角色的看法，他們對提供回饋的準備度，以及他們願意將班級讓渡給實習教師的程度，都是不同的。（Staton & Hunt, 1992: 118）

> 從這些研究發現看來，似乎是實習教師可從下述這類的合作教師那邊，獲益最多，即合作教師願意分享他們自己的洞見、會質疑實習教師的教學實務，並願意提供機會（透過實驗），讓實習教師可在班上考驗其教學觀。（Staton & Hunt, 1992: 119）

四、強化合作教師的實習輔導功能

為有效縮短實習教師嘗試摸索的過程及時間，各校宜慎選熱忱而優秀的資深教師，經過相當的訓練後，擔任實習教師的輔導教師，並減少其授課時數，及給予適當的實質獎勵。其次，學校行政單位宜將合作教師與實習教師，安排在同一棟大樓或同一間辦公室，以增進接觸討論、經驗傳承的機會。合作教師除協助實習教師熟悉教學實務外，並應扮演其心理支持者的角色，依據自己的經驗，輔導實習教師在最短時間內，作最佳的調適。最後，師資培育機構及實習學校可協力培訓優秀的合作教師，以提升合作教師的實習輔導成效；誠如Staton 與 Hunt（1992: 129）所言：「為師資生的角色訓練合作教師，可以增加他們提供回饋的數量。」

一位經過培訓的優秀合作教師，其實習輔導表現，通常宜具備以下的特點（Mcgaha & Lynn, 2000; Staton & Hunt, 1992）：1.能表示願意和實習教師建立良師關係（mentoring relationship），從這種關係中，雙方都能獲益；2.能和實習教師維持定期的接觸，在為他們提供鼓勵與回饋時，能讓他們說出挫折並提出問題，然後給予明確而適當的指導；3.能和實習教師一起回顧行政人員期望他們如何履行職責，並將他發現會成功的策略，提供給實習教師；4.能防止行

政人員為減輕資深教師的負擔，而猛然添加額外的責任給實習教師；5.能描述大部分學生與家長的環境，並討論由於這種環境所造成的正負面影響，以及相關的期望；6.能具反省性地、認真地教學，以成為正面的角色楷模，俾供實習教師效法；7.能與實習教師分享教學材料（他自己的或其他同事的），這樣，實習教師可以得到上課的新點子；8.會適時製造認知失調及不確定性的困境（困境源於各種來源，諸如學生、時間、學科內容及缺乏資源等），讓實習教師能在不確定性的情境中，發展出自我覺知及專業觀點。

五、強化實習指導教授的實習輔導功能

　　目前在師資培育機構中擔任實習指導工作者，均為大學教師，而大學教師平日大都忙於教學、研究，甚至還得兼辦某些行政業務，加上所實習指導的學生，少則十數位、多則數十位，且可能分散在全國各地，即使依現行制度最底線每學期巡迴輔導一次，也常常分身乏術，以致無法深入地進行實習指導工作。誠如一位國中實習教師在接受訪談時所云：

　　大五的指導教授上下學期各來看過我一次，不過他來了，就帶我去教務處拜見教務主任、校長，中午他就請我吃個飯，問我要不要再考研究所。我沒有跟他聊到教學上的問題，因為他不一定了解，也不一定有什麼解決方法可提供給我。他說：我教的學校學區好、升學率高，應該沒什麼問題吧，而他一天裡還要趕好幾個地方，去看別的實習生，所以我們沒有多談。（王錦珍，1994：173）

　　其次，一般大學教師，在其專業領域的教學研究中，固然有其精深的造詣，但其本人可能從未具有中小學實務教學的經驗，或根本不具中小學教師資格，在實際的指導上有其困難。加上實習指導教授所指導的實習教師，其所任教科目，可能並非其專長，致使實習指導教授在觀察實習教師的教學時，往往無法提供具體可行的協助與建議。

　　基於上述的問題，今後為強化實習指導教授的實習輔導功能，可從以下兩方面加以著手（周愚文、黃政傑、林鎮坤、方永泉，2003）：

1. 由專人負責實習輔導工作：在大學擔任實習輔導工作，若想發揮較大的輔導成效，事實上需要投入相當多的時間與精力，因此，若由專人負責，比較不會產生人力不足、分身乏術的問題；誠如周愚文、黃政傑、林鎮坤、方永泉（2003：165）所云：

　　目前國內一般大學的教育學程（或師資培育學程），普遍有人力不足的現象，教師除了必須擔任教學、研究工作外，有些還必須兼辦行政業務，致使許多教師，常有分身乏術之歎。為了強化實習輔導工作，各校應有專人負責實習輔導相關工作。

2. 可增聘適當人才，加入實習輔導工作：例如可考慮延聘「各科」退休教師，或是正在研究所進修、曾在中小學服務過且教學能力優異的研究生，經過培訓後，共同協助實習指導教授從事實習輔導工作，並支給鐘點費及交通費。由於這些人才的加入，在組成實習輔導工作團隊後，實習指導教授則未必要親自訪視每一位實習教師，而可以定時召集整個團隊，進行討論與研商實習輔導事宜。

3. 可考慮由各縣市教師研習中心與當地師資培育機構，合作辦理實習輔導工作：一則可解決實習指導教授全省巡迴輔導的困擾；二則可節省實習指導教授因減授鐘點而增加的鐘點費；三則可節省實習指導教授往返兩地的勞累與交通費用。

六、提升實習教師的批判反省及創新能力

　　實習教師極易落入實習學校的大染缸中，習得一切符應教育現實環境，但卻未必具有教育價值的規範與行為。許多的實證研究結果顯示：教育實習期間，教師除了習得教育實習課中預期的目標外，更在實習學校的科層體制文化中，學到一些師資培育機構不希望實習教師學習到的教學態度或行為（王秋絨，1991）；歸納言之，這些不樂見的信念、規範或行為包括：

（一）過度現實主義

　　張芬芬（1991）曾針對師範生教育實習中的潛在課程，進行人種誌研究，結果發現：師範生教育實習中的潛在課程，主要來自師範校院和實習學校，而其學習結果，而呈現出許多再製的學習經驗，包括：理論無用的想法、依從權威、管理導向、視教學為唯一指引傳授知識、提高考試成績，以及順應校方重視的表現，從而犧牲了教學中注重學生需求、興趣、潛能等的理想。這些學習結果顯示師範生在遭遇「現實的震撼」[6]（reality shock）後，傾向於放棄落實教育理念的機會，而改採遷就現實的因應策略，使得傳統的保守取向之現況獲得再製，呈現出 L. Katz 所謂的「過度現實主義」（excessive realism）（王錦珍，1994；Zeichner, 1980b）。關於實習教師的過度現實主義行為，在國內外都有研究加以證實，以下兩段話可為佐證：

　　「務實」的論調，傳達給實習老師的訊息是：實習就是要向資深同事學習實務經驗，好使自己快快適應現狀。當現況與理想相衝突、經驗與理論不相容時，實習老師只好棄絕理想、理論，牽就現況與經驗了。如此一來，實習老師只得沉浸在現實這個大染缸中，未蹈溺者，也只得在理想與現實間載沉載浮。（王錦珍，1994：158）

　　國外很多的研究結果指出，實習學生在受到實際教學環境中的事實震撼後，無論在對待學生的態度，或教師角色觀念上，都有逐漸從理想的專業認知轉為適應實際情境的傾向。（王秋絨，1991：36）

---

6 現實的震撼係指「在師資訓練期間所形成的工作理想，受教室生活中殘酷的、粗暴無禮的實體（rude reality）之衝擊而崩塌或瓦解」（Mcgaha & Lynn, 2000: 41; Veenman, 1984: 143）。那些經歷現實震撼的教師，是因為他們的師資培育方案，沒有為初次任教的特殊工作環境做好準備（Stroot, Faucette, & Schwager, 1993）。

（二）教學及管教態度由人文導向轉為管理導向

　　國外有關初次任教經驗對教學態度的影響之研究，為數甚多，其中一項共同的發現是：初任教師之教學及管教態度，多由人文導向轉趨管理導向，亦即由當初注重學生個別適應，信任學生，對學生的自治與自尊抱持樂觀的看法，趨於對學生的管理，強調秩序的維持，以懲罰來管理學生，期能符合學校行政人員的要求（Hoy & Rees, 1977; Weinstein, 1988）。

　　國內張芬芬（1984）在對照師大結業生分發實習前後的教學態度時指出，在實習一年後，實習教師的教學態度，產生負向的態度，亦即從寬容、民主、溫暖、信任、理想和彈性，轉趨為嚴格、專制、冷淡、懷疑、實際和刻板；易言之，實習教師對學生的態度，也從人文導向轉趨管理導向。

　　至於實習教師為何會產生此種不符教育期待的改變呢？王錦珍（1994：168）的這一段話，有簡明扼要的分析：

　　　　實習之後，教師的教學態度，傾向人文導向的強度降低，此一發現，與國外的研究結果相當一致，造成此一現象的原因，可能有以下數端：一是師資培育的效能承受現實考驗後，發生減弱的現象；二是實習學校的工作條件，不利於人文導向教學態度的發展；三是實習輔導未能發揮效能；四是社會價值觀念，例如：升學主義、形式主義，不利於人文導向的教學態度。

　　由以上的這段分析可見，實習教師對學生的管教態度由人文導向轉趨管理導向，除了實習學校的工作條件及整個社會價值觀念，不利於人文導向的教學態度外，師資培育及實習輔導的效能不彰，亦難辭其咎。

（三）缺乏創新精神

　　理論上，實習教師亦應經常發揮創新精神，以實驗不同的教育哲學理念；誠如 Cheng 與 Pang（1997: 201）所言：

　　實習教師也應該能夠思考且實踐遵循不同哲學及傳統的教學方式。透
過反省思考的教學策略，可將不同的哲學理念，融入可用的實務知識中。

　　然而實際上，實習教師可能受制於既存的班級常規——合作教師事先建立
好的，或依循、模仿合作教師的教學模式。Magliaro 及 Borko 在 1986 年發現，
模仿合作教師的實習教師，效果比不上那些教學風格是反映其個人所持信念的
實習教師（Hollingsworth, 1989; Staton & Hunt, 1992）。

　　綜上所述，實習教師會有過度現實主義、教學及管教態度由人文導向轉為
管理導向，以及缺乏創新精神等負面的社會化結果，其主要癥結之一，是教師
缺乏批判反省及創新的精神。根據吳和堂（2001）的研究指出，國中實習教師
教學反省的層次可分為四層：描述層次、技術理性層次、實際行動層次與批判
反省層次，其中以技術理性層次最多，實際行動層次居次，批判反省層次第
三，描述層次殿後；可見實習教師的批判反省能力，尚有提升的必要。

　　至於如何提升實習教師的批判反省及創新能力呢？具體作法可包括（王錦
珍，1994；張芬芬，2001；Williams & Williamson, 1998; Zeichner, 1980a）：1.
加強實習教師實習心得及教學日誌的撰寫；2.透過教育期刊的使用，以及針對
專業原則與信念的發展，進行持續性的對話；3.幫助實習教師以「批判」取
向，去思考教育或教室問題。由實習指導教授提出教育或教室問題，但大都由
實習教師自己予以界定，提醒他們由多層面去思考問題，並思考立於某一定點
可能會有的潛在、長期影響；4.協助實習教師超越傳統上對教室實況所採的思
考「典範」，讓實習教師知道，那只是眾多可能典範中的一種，這樣可讓實習
教師暫時離開主流的思考方式，而以其他方式思考問題的各個層面；5.幫助實習
教師對自己所實習的班級發展歷史感，如此，可使實習教師發現該班的傳統
及其先決條件，並予以省思及因應，使實習教師不僅是關心技術層面的問題而
已；6.幫助實習教師思考自己的文化包袱或生長史，批判性地分析其先前意向
是如何以意識或潛意識的方式，影響自己的教室行為；7.幫助實習教師批判性
地思考自己在大學中所經歷的教師社會化歷程；8.鼓勵實習教師從事教學的行
動研究；9.可讓實習教師閱讀最近有關教學實習的研究，就此檢核其實習經

驗，思考自己被塑造的方式，及採取創造行為的可能性。

七、宜逐步落實專業發展學校的理念

實習學校的選擇，對實習教師的意義頗大，可能影響其對教育的信念，以及持續的生涯表現。然而，師資培育機構對於實習學校的挑選，往往過於被動、消極，亦即任由實習教師自行選擇，致使多數實習教師，並未如預期地進入有助於專業發展的學校進行實習，進而影響教育實習的品質；誠如周愚文、黃政傑、林鎮坤、方永泉（2003：152）所云：

> 部份的實習學校對於實習教師，未能提供足夠的專業輔導機會，以及正確的專業觀念，反而呈現了學校的陋習，讓實習教師提早感受到教育工作黑暗的一面。

總之，實習學校作為培育未來優質教師的搖籃，以及促進教師專業發展的場域，如何進行有效的革新與發展，是值得期待與投入的。美國霍姆斯小組（Holmes Group）在 1988 年倡議專業發展學校（professional development schools）的理念，頗值得我國關注及效法。所謂專業發展學校，是融合理論、研究與實務，以創造一個適合進行教育探究、師資培育及有利於學生學習的優質中小學（孫志麟，2005）。

A. Colburn 在 1993 年指出，專業發展學校的特性，主要有下列六項（周愚文、黃政傑、林鎮坤、方永泉，2003；孫志麟，2005）：1.專業發展學校結合學科專家、教育專家及教育實務工作者的力量，共同致力於教學的革新；2.專業發展學校提供一個類似教學醫院的實習場所，讓實習教師有整合理論與實務的機會和經驗；3.專業發展學校是教育研究的場所，經由大學與中小學合作探究教學及學習歷程，有助於教育新知的發現，進而延伸師資培育的知識基礎；4.專業發展學校鼓勵參與的成員，從事研究、實驗，並勇於嘗試和創新；因此，不斷地實驗並評估其成效，乃成為專業發展學校不可或缺的要素；5.專業發展學校是一個長期的專業發展中心，學生、實習教師、一般教師、實習輔導教師、大學教授及教育行政人員，都是學習者；6.專業發展學校是教學專業

化整合的地方，教師參與目標設定、問題解決、作決策、評量學生學習成就、師資培育計畫與在職進修，從而獲得新角色，以促進專業發展。

　　孫志麟（2005）曾建立適用於我國的專業發展學校評估標準，共包括：「結構、資源與角色」、「協同合作」、「學習社群」、「績效責任與品質保證」和「多樣與公平」等五大層面合計 55 項指標。

　　今後，師資培育機構宜參酌專業發展學校的特徵及評估標準，主動了解各實習學校的表現情形及實習成效，且逐步建立客觀有效的資訊，以提供實習教師作為選擇實習學校的參考。例如：國立台灣師範大學實習輔導處，每年均評比各實習學校，並選出 12 所優質的實習學校頒發「金球獎」，像台北市大安高工、台北縣三和國中、桃園縣竹圍國中等，都是 2003 年的得主（聯合報，2006b）。而對於距離專業發展學校標準較遠的實習學校，師資培育機構及教育行政機關，亦需提供必要的協助與輔導，使其逐步朝專業發展學校的理想邁進，以追求更進一步的教育革新。

八、宜將實習期間延長為一年

　　國外學者 Scannell 與 Scannell（1994: 5929）指出：「在學科內容方面，先取得學士學位，然後再修習一段時間的教育學及臨床實務經驗，似乎是未來的趨勢；此種趨勢包括增加臨床實務經驗的時間，以及延長實習期間。」然而，我國中小學教師實習的期間，卻呈現「反趨勢」的現象，亦即非但未延長，反倒是縮短。

　　在舊制的實習制度中，實習教師應實習一年，始能取得合格教師證書。但是根據 2003 年修訂的《師資培育法》之規定，修習師資職前教育課程者，含其本學系之修業，以四年為原則，並另加教育實習課程半年。也就是說，實習時間由一年縮短為半年，甚至學生可自由選擇實習上半年還是下半年。對於這樣的政策變動，雖然高強華（1988）曾經指出，實習期間的長短，應不是最重要的問題，重點在於實習的內容及實習經驗的品質等方面。不過，根據聯合報（2006b）的報導指出：「《師資培育法》2003 年 8 月公布實施後，師培生的實習課程，由一年減為半年，教授及實習學校都抱怨。」且多位教授均提出觀

點相若、立場一致的批評與建議，由以下四段引文，即可見一斑：

> 　　新法之所以更改實習時程的理由，大致上是認為一年的實習功效，其實在半年內就可以完成，而且考量在新制下，實習教師不再支領實習津貼，所以縮減實習的時程。但這種想法，似乎忽略了師資的培育，應該是一個培育人師的過程，其本來就是緩慢、漸進、長遠的歷程；而且原有的實習時程，可以配合教育實習機構整學年的行事曆，不僅教育實習機構可以對於實習教師的實習，進行一個全面漸進的安排，也可以讓實習教師，完整地參與學校整學年的行政與教學工作。（周愚文、黃政傑、林鎮坤、方永泉，2003：156）

> 　　吳武典強調……92 年 8 月公布施行的《師資培育法》，有極大的殘缺，最嚴重的是政府為了省實習津貼，把原本一年的實習課程改為半年，實習學生學不到什麼，學校也十分困擾。（聯合報，2006a）

> 　　《師資培育法》及《師資培育法施行細則》，將新制實習自原有的一年縮短為半年，看不出積極意義與明確的目標，似乎也沒有理論基礎與實徵研究結果，做為政策制定之依據（一位師資培育機構教授之訪談）。（張芳全，2004：244）

> 　　事實上，依據德國和法國的經驗，教育實習年限最好是一年，才能讓師資生具有堅實的實務經驗，有利於做好進入職場準備，而且未來的教學也將更有信心。所以，目前職前教育的半年教育實習，宜延長為一年，爾後也不應年年變動。（吳清山，2004：12）

　　綜言之，絕大多數的學者均一致認為，學校的教學及行政工作，係以整學年為一循環，因此，實習一年有助於實習教師完整地參與或體驗教學及行政之點點滴滴，有利於產生堅實的實務經驗，進而為正式進入職場，做好週全的準備。

九、教師資格檢定考試宜加考學科知識並調整考試時間

Livingston 與 Borko（1989）及 Borko 與 Livingston（1989）曾比較三位專家教師對教學內容知識所持的認知基模與實習教師有何不同。他們發現實習教師，縱使有專家教師作為他們的角色楷模，也無法即興演出，因為他們對學科內容，缺乏複雜的、互相關聯的知識，這使得他們難以創造解釋、即席證明及提供實例，除非他們已在課前做好萬全的準備（Staton & Hunt, 1992）。可見對學科內容知識的熟悉度，是實習教師要過渡到專家教師的關鍵要素之一，因此在教師資格檢定或教師證照考試時，宜納入學科知識測驗。例如：美國的教師證照考試制度，其考試內容不外乎教師基本能力測驗、學科知識測驗、教學知識測驗、教學實作評量等（吳清山，2004），其中便包含「學科知識測驗」這一項。

而我國目前的情況是：根據新制《師資培育法》及在 2003 年公布的《高級中等以下學校及幼稚園教師資格檢定辦法》之規定，教師資格的檢定，不再以初檢、複檢兩階段分開進行，教育實習納入職前師資培育的課程中，而實習教師能否取得合格教師證書，則視能否通過筆試形式的教師資格檢定考試而定。由於該辦法只規定考教育專業科目（如：教育原理與制度、兒童發展與輔導或青少年發展與輔導、國民小學課程與教學或中等學校課程與教學）和國語文能力測驗，並未規定要考學科知識，此項作法，實屬美中不足。今後，為確實發揮教師資格檢定的功能，除了嚴格辦理外，加考學科知識，實有其必要（吳清山，2004；周愚文、黃政傑、林鎮坤、方永泉，2003）。

此外，教師資格檢定考試的時間，最好改為「先檢定、再實習」（聯合報，2006a），免得實習教師在實習期間，一方面要面對繁重、複雜、多元的實習工作，一方面又要擔心教師資格檢定及甄試的事，容易搞得心力交瘁而嚴重影響實習成效。

陸、結語

本文首先說明實習教師社會化的重要性，其次分析實習教師社會化的影響

因素，接著說明實習教師社會化的結果，最後從實習教師社會化的角度談師資素質的提升之道，包括：1.實習學校要善待實習教師，並促進實習教師的專業成長；2.提高資深優良教師擔任合作教師的意願；3.慎選稱職優異的合作教師；4.強化合作教師的實習輔導功能；5.強化實習指導教授的實習輔導功能；6.提升實習教師的批判反省及創新能力；7.宜逐步落實專業發展學校的理念；8.宜將實習期間延長為一年；9.教師資格檢定考試宜加考學科知識並調整考試時間。

　　實習教師社會化的主要目的，在於協助實習教師成為一位專業教師。姜添輝（2003）指出，強力的心理學教化，使教師發展出穩固的「工具理性思維」，因而使許多教師，接受既定教材內容的權威性，關注於教學效能的追求，以達成他人交付的任務（Apple, 1986）；上述發現指向教師停留於「限制性專業」（restricted professionality），而非「擴張性專業」（extended professionality）。前者的特性是：憑直覺、以班級教室為焦點、以經驗而非理論為基礎；後者的涵義是：教師將班級教學事務，安置於較寬廣的教育情境中，積極將自身的工作與他人進行比較，重視系統性的評鑑，並且關心和他人互動交流與合作（姜添輝，2002；Hoyle, 1980）。此外，Hoyle（1994: 6094）也指出：

　　　教師將從「限制性」專業，轉變成「擴張性」專業，特別是在那些對
　教師持續的專業發展有實質承諾的國家。

　　關於實習教師的社會化，如果能夠做到本文所建議的幾點，相信要讓教師職業由「限制性專業」轉變成「擴張性專業」的可能性，將會大幅提升；且讓教育專家、學科專家、教育實務工作者，以及教育行政人員等攜手並進，讓實習教師社會化的成效，能夠充分彰顯以提升師資素質，進而開創美好可期的教育新境界。

参考文獻

中文部分

王秋絨（1991）。**教師專業社會化理論在教育實習設計上的蘊義**（第二版）。
　　台北市：師大書苑。

王錦珍（1994）。**國中實習教師社會化之俗民誌研究**。國立台灣師範大學教育
　　研究所碩士論文，未出版，台北市。

吳和堂（2001）。國民中學實習教師教學反省之研究。**高雄師大學報，12**，
　　71-91。

吳清山（2004）。提昇教師素質之探究。**教育研究月刊，127**，5-17。

周春美、沈健華（2003）。認知歷程觀點的職業類科實習教師社會化之研究。
　　教育學刊，20，57-78。

周愚文、黃政傑、林鎮坤、方永泉（2003）。**師資培育與甄選——追求多元專
　　業化的師資**。論文發表於國立台灣師範大學教育政策研究小組與教育研究
　　中心聯合舉辦之「教育發展的新方向——為教改開處方」學術研討會，台
　　北市。

周德禎（1996）。實習教師教學觀點的發展——一個教育民族誌研究。載於八
　　十四學年度師範學院教育學術論文發表會論文集（頁 299-324）。

姜添輝（2002）。九年一貫課程政策影響教師專業自主權之研究。**教育研究集
　　刊，48**（2），157-197。

姜添輝（2003）。教師是專業或是觀念簡單性的忠誠執行者？文化再製理論的
　　檢證。**教育研究集刊，49**（4），93-126。

孫志麟（2005）。**實習學校新典範——專業發展學校的標準**。論文發表於國立
　　台灣師範大學教育學系、台灣教育社會學學會聯合舉辦之「2005 華人教
　　育學術研討會」，台北市。

孫敏芝（1999）。實習教師社會化歷程中學校情境因素探討。**國教天地，
　　133**，20-30。

高強華（1988）。**社會變遷與教育革新**。台北市：師大書苑。

郭丁熒（2001）。「教師社會學」的研究範疇及其概況。**初等教育學報，14**，1-50。

郭丁熒（2005）。教師。載於台灣教育社會學學會（主編），**教育社會學**（頁305-337）。高雄市：巨流。

張芳全（2004）。新制師資培育政策方析：政策利害關係人觀點。載於中國教育學會、中華民國師範教育學會（合編），**教育專業成長問題研究──理念、問題與革新**（頁215-249）。台北市：學富。

張芬芬（1984）。**師大結業生分發實習前後教學態度與任教意願之比較研究**。國立台灣師範大學教育研究所碩士論文，未出版，台北市。

張芬芬（1991）。**師範生教育實習課程中潛在課程之人種誌分析**。國立台灣師範大學教育研究所博士論文，未出版，台北市。

張芬芬（2001）。教學生活──新手老師的成長之路。載於黃政傑、張芬芬（主編），**學為良師──在教育實習中成長**（頁1-31）。台北市：師大書苑。

陳奎憙（1989）。**教育社會學**（增訂初版）。台北市：三民。

國語日報（2004，10月7日）。實習環境良窳端看學校心態。13版。

黃鴻文（1981）。**學校經驗對國中教師教室領導行為的影響**。國立台灣師範大學教育研究所碩士論文，未出版，台北市。

游自達（1987）。**國中實習教師工作困擾之研究**。國立台灣師範大學教育研究所碩士論文，未出版，台北市。

楊昭瑾（2004，10月7日）。實習之路知多少，準夫子有話要說。**國語日報**，13版。

鄭世仁（2000）。**教育社會學導論**。台北市：五南。

聯合報（2006a，1月18日）。吳武典──升格教大　未必壯大。C8版。

聯合報（2006b，1月20日）。師培生選實習學校還是公立好。C7版。

■ 英文部分

Alvermann, D. E. (1981). The possible value of dissonance in student teaching experience. *Journal of Teacher Education, 32*(3), 24-25.

Apple, M. W. (1986). *Teachers and texts: A political economy of class and gender relations in education.* NY: Routledge & Kegan Paul.

Banks, O. (1976). *The sociology of education.* London: Batsford.

Borko, H., & Livingston, C. (1989). Cognition and improvisation: Differences in mathematics instruction by expert and novice teachers. *American Educational Research Journal, 26*, 473-498.

Bunting, C. (1988). Cooperating teachers and the changing views of teacher candidates. *Journal of Teacher Education, 39*, 42-46.

Bush, R. (1980). The beginning year of teaching: Attention, focus and collaboration in teacher education. In E. Hoyle & J. Megarry (Eds.), *World yearbook of education 1980: Professional development of teacher* (pp. 350-360). London: Kogan Page.

Calderhead, J. (1988). The contribution of field experiences to student primary teachers' professional learning. *Research in Education, 40*, 33-49.

Cheng, M. H., & Pang, K. C. (1997). Teacher socialization: Implications for the design and management of initial teacher education programmes. *Education & Training, 39*(5), 195-204.

Feiman-Nemser, S. (1990). Teacher preparations: Structural and conceptual alternatives. In R. Houston (Ed.), *Handbook of research on teacher education* (pp. 212-233). NY: Macmillan.

Feiman-Nemser, S., & Buchmann, M. (1989). Describing teacher education: A framework and illustrative findings from a longitudinal study of six students. *Elementary School Journal, 89*, 365-377.

Fishman, A., & Raver, E. (1989). Maybe I'm just not teacher material: Dialogue journals in the student teaching experience. *English Education, 21*, 92-109.

Griffin, G. A. (1989). A descriptive study of student teaching. *Elementary School Journal, 89*, 343-364.

Hollingsworth, S. (1989). Prior beliefs and cognitive change in learning to teach. *American Educational Research Journal, 26*, 160-189.

Hoy, W. K., & Rees, R. (1977). The bureaucratic socialization of student teachers. *Journal of Teacher Education, 28*, 23-26.

Hoy, W. K., & Woolfolk, A. E. (1990). Socialization of student teachers. *American Educational Research Journal, 27*, 279-300.

Hoyle, E. (1980). Professionalization and deprofessionalization in education. In E. Hoyle & J. Megarry (Eds.), *World yearbook of education, 1980: The professional development of teachers* (pp. 42-53). London: Kogan Page.

Hoyle, E. (1994). Teachers as professionals. In T. Husen & T. N. Postlethwaite (Eds.), *The international encyclopedia of education* (2nd ed.) (pp. 6092-6096). Oxford: Pergamon Press.

Kilgore, K., Ross, D., & Zbikowski, J. (1990). Understanding the teaching perspectives of first-year teachers. *Journal of Teacher Education, 41*, 28-38.

Knowles, J. G. (1988). A beginning teacher's experience: Reflections on becoming a teacher. *Language Arts, 65*, 402-712.

Lacey, C. (1977). *The socialisation of teachers.* London: Methuen.

Livingston, C., & Borko, H. (1989). Expert-novice differences in teaching: A cognitive analysis and implications for teacher education. *Journal of Teacher Education, 40*, 36-42.

Lortie, D. C. (1975). *School-teacher: A sociological study.* Chicago: The University of Chicago Press.

McDiarmid, G. W. (1990). Challenging prospective teachers' beliefs during early field experience: A quixotic undertaking? *Journal of Teacher Education, 41*, 12-20.

Mcgaha, P., & Lynn, S. (2000). Providing leadership and support to the beginning teacher. *Journal of Physical Education, 71*(1), 41-43.

Pataniczek, D., & Isaacson, N. S. (1981). The relationship of socialization and the concerns of beginning secondary teachers. *Journal of Teacher Education, 21*(2), 276-280.

Richardson-Koehler, V. (1988). Barriers to the effective supervision of student teaching: A field study. *Journal of Teacher Education, 39*, 28-34.

Scannell, M. M., & Scannell, D. P. (1994). Teacher certification and standards. In T. Husen & T. N. Postlethwaite (Eds.), *The international encyclopedia of education* (2nd ed.) (pp. 5925-5930). NY: Pergamon Press.

Spencer, D. A. (1997). Sociology of teaching. In L. J. Saha (Ed.), *International encyclopedia of the sociology of education* (pp. 206-212). Oxford: Pergamon Press.

Staton, A. Q., & Hunt, S. L. (1992). Teacher socialization: Review and conceptualization. *Communication Education, 41*(2), 109-137.

Stout, C. J. (1989). Teacher's views of the emphasis on reflective teaching skills during their student teaching. *Elementary School Journal, 89*, 511-527.

Stroot, S. A., Faucette, N., & Schwager, S. (1993). In the beginning: The induction of physical educators. *Journal of Teaching in Physical Education*, 12, 375-385.

Tannehill, D. (1989). Student teaching: A view from the other side. *Journal of Teaching in Physical Education, 8*, 243-253.

Veenman, S. (1984). Perceived problems of beginning teachers. *Review of Educational Research, 54*(2), 143-178.

Weinstein, C. S. (1988). Preservice teachers' expectations about the first year of teaching. *Teaching and Teacher Education, 1*(1), 31-40.

Wildman, T. M., Niles, J. A., Magliaro, S. G., & McLaughlin, R. A. (1989). Teaching and learning to teach: Two roles of beginning teachers. *Elementary School Journal, 89*, 471-493.

Williams, J. A., & Williamson, K. M. (1998). *The socialization strategies of first-year physical education teachers: Conflict and concessions.* Retrieved October 24, 2003, from http://gateway.proquest.com

Zeichner, K. M. (1980a). *The student teaching seminar: A vehicle for the development of reflective teachers.* Paper presented at the Annual Meeting of the Association of Teacher Educators. Washington, DC.

Zeichner, K. M. (1980b). *Key processes in the socialization of student teachers: Limitations and consequences of over-socialized conceptions of teacher socialization.* Paper presented at the Annual Meeting of the AERA, Boston, MA.

第九章

成人學習原則應用在輔導實習
教師歷程之途徑與策略

高志雄

高雄縣美濃鎮吉東國小教師

壹、前言

　　成人教育為當今世界教育思潮的主流之一，其重要性愈來愈受政府機構、學術單位與民間企業的重視，國外研究成人教育的理論建立與實務發展漸趨成熟，已有許多成人教育與成人學習理論相關研究相繼發表，成果可謂豐碩。尤其在成人學習原則探討的學者相當多，自 1960 年以來已經引起許多專家學者從事此一領域的探討（Cross, 1984; Darkenward & Merriam, 1982; Davidson, 1997; Jarvis, 1995; Knowles, 1970; Lindeman, 1926; Wang, 2002）；但是，經筆者蒐集國內探討成人學習原則之文獻及其相關研究卻寥寥可數。有鑑於此，本文藉由成人教育學中成人學習觀點，歸納出七項成人學習原則導入輔導實習教師，其蘊含意義對成人教育推廣，以及我國教育實習之輔導歷程研究，將有助於深化理論探討與實務工作兩者間的對話與思辯。

　　本文首先探討成人教育學的歷史背景，並分析國內外學者對成人學習原則的內涵與特性之論述。其次，歸納七項成人學習原則之內涵，藉以探討運用在輔導實習教師歷程中的途徑與策略，並深入探究運用在輔導實習教師的歷程。最後，提出實務性的教育實習與實習輔導之建議，在促進實習教師專業成長有重大的啟示。

貳、成人教育學的歷史背景

　　成人教育理論的建構，最早源自於 Eduard Lindeman 的引介，並在 Malcolm Knowles 倡議下，使「成人教育」為基礎所發展的理論甚多，其應用之概念與理論如：經驗學習理論（experiential learning）、成人學習者特性（the characteristics of adult learners）、自我導向理論（self-directed learning）、觀點轉化理論（perspective transformation）、意識化理論（conscientization）、認知發展論（cognitive development）、行為主義學派（behaviorists' philosophies）、經驗主義（experientialists' philosophies）、人文主義（humanism philosophies）等，皆為成人教育奠定非常重要的基礎，以下針對成人教育學的歷史背景作深入探討。

一、成人教育學的起源與發展

「成人教育學」（Andragogy）此一專有名詞，源自於 1833 年德國教師 Alexander Kapp 首先用來描述 Plato 的教育理論而得。至 1927 年，Anderson 與 Eduard Lindeman 將「成人教育學」引介至美國，但未刻意發展此概念，直至 Knowles（1970）力倡「成人教育學」，並為其著書立作下，才廣為沿用至今，得逐漸形成成人教育哲學體系（鄧運林，1996；Jarvis, 1995）。

Eduard Lindeman 於 1926 年出版的《成人教育的意義》一書中指出：成人教育的主角是學生，而課程、內容與教師應居次要地位。教育者在教育設計時，最重要的角色首推「學習者」本身；再者，傳統教育情境並不適合成人學習者，權威的、嚴格的、傳統的學習機構是無法有效吸引成人學習者廣泛參與（引自魏惠娟，2001：26）。Lindeman（1926）主張成人教育應有別於一般傳統教育的環境，即是以成人學習者為中心的教育設計，因此他對「成人學習者」提出下列看法：當成人學習者認為學習能滿足其需求與興趣時，他們會產生學習動機；成人學習者的學習取向是以生活為中心的；成人的經驗是成人學習重要的資源；成人學習者具有強烈的自我導向學習需求；成人學習者間的個別差異隨著年齡增長而愈來愈大。

Malcolm Knowles 於 1970 年提倡「成人教育學」概念，成人教育學一詞雖非他所發明，卻是他所推廣倡議沿用至今。其論述重點，首在澄清成人學習與兒童學習的差異，強調「成人教育學」不同於傳統以兒童為對象的「傳統教育學」（Pedagogy）。Malcolm Knowles 曾於 1980 年提出了四個假定（Knowles, 1980），Knowles、Holton 與 Swanson 受到 Malcolm Knowles 四項假定的影響分別在 1984 年及 1989 年加入了第五個和第六個假定（Jarvis, 1995; Knowles, Holton, & Swanson, 1998），Malcolm Knowles 亦在其著作中一次又一次的修正自己的觀點、檢視自己的理論，其所提出對於成人學習者的看法，不僅豐富「成人教育學」一詞的意義，更受到後續研究者的重視與討論。

Malcolm Knowles 曾一度表示，「成人教育學」是為一種教學法，並定義其為協助成人學習的藝術與科學，該言論在 1970 年至 1980 年間獲得廣大的討

論與迴響，其中對成人教育貢獻最大的著作有二：第一部為 1970 年所著《現代成人教育實務——成人教育學對傳統教育學》，極力倡導「成人教育學」此一概念；第二部為 1980 年所著《現代成人教育學實務——從傳統教育學到成人教育學》，對「成人教育學」有了新的詮釋，並將其推廣、應用在工商企業界、大學推廣教育，以及經營管理市場上，獲得普遍認同與肯定。Malcolm Knowles 的著作有兩項貢獻：一是將成人教育制度化的貢獻；二是對成人教育概念上的貢獻。在成人教育制度化方面，他藉成人教育學與自我導向學習的構念，開拓後繼研究者在成人教育理論基礎的發展；而在成人教育概念方面，他受到人文主義與實用主義的哲學思辯影響下，在反對傳統教育學的文化脈絡下，謀以「成人教育學」相對於「傳統教育學」的對立性觀點，啟蒙成人教育學的發展（引自 Davidson, 1997: 12）。

K. Patricia Cross（1984）表示，「成人教育學」和成人學習特性應當受到重視，並作為成人教育的理論基礎；若如 Knowles（1970）所言，僅當作是一種對成人教學的方法，這樣「成人教育學」將無法成為正式的成人教育學的理論。因此，K. Patricia Cross 提出「成人學習者特性」（The characteristics of adult learners，簡稱 CAL）的論述，意即教育者需考慮成人學習者與兒童學習者之間的差異性，並建議教學應視對象不同而採不同的教導方式，提出「個人特性」與「情境特性」來區辨成人學習者與兒童或青少年學習者之間的差異。由表 8-1 可知 K. Patricia Cross 是藉 Malcolm Knowles 成人學教育四個假定歸納而成兩項成人學習者特性（Davidson, 1997: 14）。易言之，Knowles 所謂的四項成人教育學假設，分別被 Cross 歸類，如自我概念、先備經驗及學習傾向皆隸

表 8-1　Knowles（1980）四個假定與 Cross（1984）的成人學習者特性比較表

Knowles 四個假定	Cross 的成人學習者特性
1.自我概念	個人特性
2.先備經驗	個人特性
3.學習準備度	個人與情境特性
4.學習傾向	個人特性

資料來源：Davidson（1997: 14）

屬「個人特性」；學習準備度則分屬「個人特性」與「情境特性」。

　　Darkenwald 與 Merriam（1982）認為成人教育是一種歷程，經由此一歷程，成人學習者能接受有系統、持續型的學習活動，以達成改變學習者本身之知識、技能、態度以及價值觀。再者，Darkenwald 與 Merriam 之成人教育觀也深受 Knowles（1970）成人教育四個假設的影響，進而指出誰應負起成人教育的責任，清楚界定了成人學習者的「自我導向」學習傾向，與青少年學習者「教師導向」學習傾向的分野。Sean Courtney（1989）也認為成人學習者若能秉持「自我導向學習」，將對其本身知識、技能、態度與價值觀獲得改變而內化至成年學習者。最後，Darkenwald 與 Merriam 也提出成人教育學的五個假設：1.成年人不同於青少年或兒童；2.教育是強調學習而不是教的活動；3.在學習過程中，理智要素與感情要素之間是有些相關作用；4.社群學習有助成人學習者學習；5.學習應聚焦於學習者個體上（引自 Davidson, 1997: 17）。

　　Kolb（1984）對成人學習特性也有獨到見解，尤其是 Kolb 將 Dewey（1970）的經驗學習論、Lewin（1951）的行動反思模式、Piaget（1970）的認知發展理論等三學者論述予以具體化，提出所謂六項「經驗學習特性」（Characteristics of Experiential Learning），分別是：1.學習應被視為一過程而非結果；2.學習是以經驗為基礎的連續過程；3.學習是決定調適與適應的平衡過程；4.學習是對整體世界的調適過程；5.學習是人與環境間互動產生；6.互動結果使學習成為創造知識的過程（引自王世哲等譯，2002）。

　　Bassett 與 Jackson（1994）建議將經驗學習相關概念應用在成人教育過程中，他們指出經驗學習模式之所以能被廣泛應用，因其擁有多樣性的成人學習背景概念，適乎成人學習者個體間差異。他們綜合行為主義與經驗主義兩個哲學體系，發展「成人學習的策略」，藉由五項經驗學習模式來探討成人學習背景分析，由表 8-2 可知每個經驗學習的背後皆有成人學習的背景。首先，成人學習特性與需求受到學習者本身角色、經驗、先備知識、需求以及生活背景所影響，造成個體之學習過程具差異性與動態性的特徵；第二，經驗學習基礎概念必須先釐清知識的定義、認知的要素，在教學上採建構式、自我反省思考的訓練，最後回顧整體學習脈絡；第三，在吸引學習者經驗學習活動的技巧和方

表 8-2　經驗學習模式與成人學習背景綜合對照表

經驗學習模式	成人學習背景
1.成人學習者特性與需求	1.角色、經驗、先備知識 2.學習過程的差異 3.活動引導學習過程 4.加入學習者需求 5.成年人的生活背景
2.經驗學習的基礎概念	1.知識的定義 2.認知的要素 3.建構式教學 4.反省練習 5.學習的脈絡
3.吸引學習者經驗學習活動的方法和技巧	1.以經驗為課程的設計 2.以經驗為基礎的設計 3.統整課程與經驗設計課程
4.評鑑過程與結果——建立學習檔案	1.人工製品 2.再製 3.認證
5.評鑑過程與結果——學習檔案分析	1.自我評鑑與自我反省 2.計畫書評鑑學習者發展 3.自我表述外部因素

資料來源：Davidson（1997: 22）

法上，建議課程設計應以學習者經驗為基礎，兼顧課程設計的理念與模式；第四，在評鑑學習者學習成效著重檔案或文件評量，重視知識或技能習得的過程與結果；最後，評鑑過程與結果的內容分析，重視學習者本身自我評鑑與自我省思的部分，並依其文件或檔案作深入鑑衡其學習發展成效，了解影響學習者學習成效的外部因素（引自 Davidson, 1997: 23）。

　　Merriam 與 Caffarella（1991）指稱，沒有任何單一理論可以解釋成人學習者複雜的學習特性，若以單一理論解釋成人學習特性，會失之偏頗。為了能解釋與了解成人學習背後的真相，他們將七項成人學習理論綜合歸納成三大領域，分別是：1.綜合 Knowles（1980）四個假定與 Cross（1984）的成人學習特性；2.綜合 McClusky（1963）邊際理論、Knox（1980）精熟理論和 Jarvis

（1987）學習模式，指成人學習會受生活環境影響；3.綜合 Mezirow（1981）觀點轉化學習論、Freire（1970）意識化理論等，了解影響成人學習的隱性因素（引自王世哲等譯，2002；胡夢鯨，2000；Davidson, 1997）。

　　由上述各學者對「成人教育學」的定義與論述，有四點值得重視：1.「成人教育學」的對象是成人而非兒童或青少年，且成人的生理、心理發展不同於兒童或青少年，在學習上有其個殊性；2.成人教育的過程中，教師是學習促進者與資源提供者的角色與功能，整個學習過程以學習者為教學中心；3.「成人教育學」是成人學習方法研究的一門學問，是應用科學研究，非純理論研究（鄧運林，1996：5）；4.成人教育方法不能引用單一理論解釋成人學習者複雜的外顯行為、隱性思維、學習動機與需求，甚至是學習者生活背景等，需採各家言論深入解析。以下將深入剖析 Knowles（1980）所倡議「成人教育學」與「傳統教育學」間之差異。

二、成人教育學與傳統教育學之比較

　　「傳統教育學」（Pedagogy）是教導孩子藝術與科學的一門學問，也是傳統教育學的教育模式信念（Knowles, Holton, & Swanson, 1998; Wang, 2002），在整個教育界（包括高等教育）已被廣泛應用，其最大特色是強調教師角色的重要性。教與學的任務和責任由教師肩負，教師必須決定學習者如何學習？何時學習？學習什麼內容？以及學習後的行為表現。易言之，教師的角色是知識與資訊傳遞者，學習者角色只需順從教師指示。Knowles、Holton 與 Swanson 指出「傳統教育學」對學習者的假設有六點，分別是：1.知的需求：學習者只需要知道該學老師所教導；而不需要知道所學對他們的生活是否有所助益；2.學習者自我概念：學習者依賴教師而學習，即被動的學習；3.學習經驗：學習者本身學習經驗非常少，必須從教師經驗及文本知識來獲得相關經驗；4.學習意願：教師會影響學習者學習意願；5.學習傾向：學習者因教學科目與其學習經驗產生較強連結，而傾向學習該科目；6.學習動機：學習者傾向外在動機，如教師認同、父母壓力（Knowles, Holton, & Swanson, 1998; Wang, 2002）。

　　由於「傳統教育學」關注的是嬰兒時期到青春期學習者的學習發展，從未

注意成人時期的學習發展，直到第一次世界大戰後才重視成人教育與成人學習發展，開始有系統、計畫性的建立「成人教育學」領域。最早倡議「成人教育學」就屬 Malcolm Knowles 的四項假設，而 Knowles、Holton 與 Swanson（1998）在 Knowles 的論述基礎上增加第五項及第六項假設（Knowles, Holton, & Swanson, 1998; Wang, 2002）。首先介紹 Knowles（1970）的四項假設與意涵，分別是：1.成人的自我概念：認為成人是自我導向的成熟個體，能自我決定、計畫自己的生活，並要求他人也以相同方式對待之。這與兒童或青少年處於依賴的學習者概念，時時需要成人和教師給予協助與指引不同。因此，成人可以對自己負責，了解本身的需求，並自行擬定學習計畫；2.成人在發展過程能不斷累積經驗，而經驗是學習的重要資源；反觀兒童或青少年尚缺乏經驗；3.成人會依其社會角色發展任務的需要而學習，青少年的發展任務則依據社會角色而演進，因此成人教育活動中應配合其發展任務及其需求，且成人在同質團體中學習較有效果；4.成人學習取向是立即的應用，即從事各項學習活動應能反映生活情境需求，故教學應以「問題為中心」的心理架構來規劃。

Knowles、Holton 與 Swanson（1998）增列第五項及第六項假設，分別是：成人有知的需求，意即「知其所以然」與「知其所應為」的需求，此時成人學習者必須承擔所有學習責任；成年學習者學習動機有些屬於外在動機，例如：獲得更好的工作、更高的報酬等；而大部分屬於內在動機，例如：增加工作滿意度、自尊、提升生活品質等。

「成人教育學」基於成人具自我導向學習能力，擁有豐富經驗背景，依生命週期與發展任務學習，係立即應用的學習。因此，「成人教育學」理論假設不同於「傳統教育學」假設，在於教師是學習促進者角色，這樣的觀點在成人教育領域中已經被大部分教育工作者廣泛的接受，茲扼要歸納「成人教育學」與「傳統教育學」重要概念假設對照表（如表 8-3）。

參、國內外學者對成人學習原則之論述與分析

由上節可知，成人學習者不同於兒童或青少年學習者的觀點，一直是成人教育理論與實務建構下的論述基礎。因此，探究成人學習者內涵、原則與特性

・・・・・
表 8-3　成人教育學與傳統教育學之假設對照表

學理 區別	成人教育學	傳統教育學
學習者概念	自我導向成熟個體（主動的）	依賴教師（消極、被動的）
教師角色	學習引導、促進者	權威人物
學習者經驗角色	豐富的經驗是學習的資源	欲增加其經驗甚於資源的應用
學習準備度	從生命任務中與問題中發展	一致性年齡層和課程
學習取向	任務或問題中心並視生活需要	教師中心、課程引導
學習動機	藉內在鼓勵和好奇心	藉外部獎勵和處罰

資料來源：鄧運林（1995：45）

相當重要，以下分述說明國外學者與國內學者對成人學習原則的看法，以建構本文成人學習原則之理論基礎。

一、國外學者對成人學習之內涵與特性之看法

　　Gibb（1960）提出了功能理論（functional theory），將教學程序與學習理論加以綜合，他主張：1.成人學習必須以問題為中心；2.成人學習必須以經驗為中心；3.學習經驗必須對成人學習者具有意義；4.學習者必須能自由的接觸經驗；5.學習目標應由學習者建立；6.在達成目標的過程中，學習者必須給予適當回饋（引自鄧運林，1996：107）。

　　Miller（1964）提出了六個重要的學習條件，他認為在教導成人學習的過程中應重視：1.需引發學習者有動機去改變其行為；2.須使學習者了解目前不合宜的行為；3.要清楚的認識將來所欲獲得的行為；4.需要有機會實地練習將來所欲獲得的行為；5.對正確的行為表現必須得到正增強；6.相關的學習環境必須作適宜的配合（引自鄧運林，1996：107）。

　　Kidd（1973）提出了成人學習的重要概念，他指出：1.成人學習的活動應該配合成人生命現象的改變；2.學習活動應該配合成人社會角色的改變；3.在學習活動中，成人學習者與教師間關係應該是平等的；4.須了解成人學習者在生理和功能上相當大的異質性；5.成人為自我導向的個體；6.時間對成人的生

理、心理、情緒和文化上具有不同的意義；7.成人學習者對於老化的態度和對
死亡的看法，對於學習具有影響。

Brundage 與 Mackeracher（1980）則是從促進成人學習和方案規劃的觀點
提出了三十六項成人學習原則，詳細的說明如何有效促進成人學習，以及將成
人學習原則應用於方案規劃中。他們所提出的成人學習原則係以 Knowles
（1970）對成人學習者四個假設為基礎，加以延伸而得到細部原則，並一再強
調在方案規劃中，教學者應注重成人學習者的自我概念、既有之經驗、學習準
備度和學習的取向等，應在學習的活動過程中多加應用以促進學習成效，其所
列出的重要原則有：1.成人能作終身學習；2.過去經驗是學習的助力亦為學習
的阻力；3.成人對於學習活動的主動參與，將可以創造出較和諧的學習氣氛與
較佳的學習效果；4.在學習活動中，需不斷的給予學習者正向回饋，以促進學
習；5.學習壓力將會降低學習的動機（引自陳榮彬，2003：21）。

Apps（1981）指出重回校園的成人學生在學習上的特性為：1.成人學習者
的豐富生活經驗，為學習上的重要資源，2.但成人學生在人格特質、社會階級
與文化背景的異質性，亦可能是教學上的阻力；成人學生大多具有高度學習動
機，對於學習具有明確目標，了解自身需要，這些特點對於學習將具有正面助
益；3.成人學習者較善於利用各種非正式的教育方式，在不同活動中展現其學
習行為；4.而成人學習者在學習過程中，經常會面臨下列四列問題：不切實際
的目標、消極的自我概念、社會家庭問題以及過度實用取向等（引自 Wang,
2002: 22）。

Cross（1981）曾提出，成人學生在「個人特性」及「情境特性」方面，
不同於傳統學生的成人學習者特性，他認為在「個人特性」方面，成人學習會
受到老化、生命現象和發展階段的影響，而兒童和青少年則受到生理成長、社
會文化及心理成熟的影響；在「情境特性」方面，成人學習是部分時間的、自
動學習的，而兒童或青少年學習則較偏向全時的、強迫的學習（引自鄧運林，
1996：10）。

Smith（1982）從社會因素的角度指出了成人的四項關鍵，即適合成人學
習的條件：首先，當成人知覺學習有必要性，以及他們擁有自主學習的控制權

時，學習的效果會較佳；再者，成人會從先備經驗與新知識之間尋求有意義的連結，並應用經驗使其成為學習上的資源；其次，成人的學習動機通常與個體的發展變化及生命階段的任務有關；最後，在支持性的環境及氣氛下，成人的學習情況較佳，也就是能夠接納學習者間的個別差異、不同背景與學習的型態（引自鄧運林，1996：10）。

　　Darkenward與Merriam（1982）提出八個學習原則，作為幫助成人學習的指引。此八項學習原則分別為：1.成人的學習準備視其過去的學習程度與數量而定；2.成人如具有內在學習動機，將可以產生較普遍而永久之學習；3.學習過程中的積極回饋是相當有效；4.學習材料應以有組織的型態出現；5.學習的效果可以經由重複的練習而得到有效增強；6.對於學習者有意義的材料較易於學習；7.主動的參與學習將使學習效果得以持久；8.學習會受到環境等因素影響。

　　Boud（1985）則從問題本位學習特性指出：由於學科領域性質的差異及學習目標不同，問題本位形式也會有所不同；再者，成人學習者本身易於有兒童或青少年學習上、生理與心理上、動機及需求、生活經驗等特性的差異。所以，Boud歸納八項問題本位學習的特性如下：1.重視學習者的經驗基礎；2.強調學習者為自己的學習負起責任；3.學習是跨學科領域；4.學習是理論與實務交織互動的；5.重視知識獲得過程，而不比較重視過程後所得成果；6.教師的角色改變為促進者角色；7.重視學習者自我評鑑或同儕互相評鑑；8.重視學習者溝通與人際技巧，使其知識能與他人溝通，並能從他人獲取其它領域的知能（引自黃明月，2000：260）。

　　Brookfield（1986）受到Eduard Lindeman的影響，提出成人教學與學習的相關原則，以求在實務上能夠使成人學習得更具效能，大致上可以區分為六點，分別是：1.參與學習應該是自願性的；2.有效的實踐有助於對彼此自我價值的尊重；3.促進學習的相關活動應是合作性的；4.實際的練習是教學活動的核心；5.教學的目標在於培養成人批判反思的精神；6.教學目的亦在培養自我導向、自發學習的成人。雖然 Steven Brookfield 的貢獻沒有超越 Malcolm Knowles，但是他將成人教育一系列原則予以具體化，並給予其明確的定義與

範圍，基本上這些成人學習原則仍深受人文主義哲學觀影響（引自王世哲等譯，2002：85）。

二、國內學者對成人學習之內涵與特性之看法

國內學者對於成人學習的論述亦不遑多讓，最早對成人學習領域研究與論述的學者，諸如：黃富順、鄧運林、魏惠娟、李素卿……等人，皆引介國外學者的觀點和理論導入國內，引發其它學者與研究者以成人學習者為對象作更廣泛的討論與實徵性研究。由於成人學習者在整體社會結構中所扮演的角色與工作特性，乃至個體內在心理與生理結構的差異明顯，每一成人學習者極具個殊化與複雜化的特性，導致相關研究設計、研究方法的應用與研究成果呈現極為困難與特殊，以致於對成人學習的研究仍不如國外研究成果豐碩。以下即從國內學者相關研究的觀點，探討成人學習的內涵、原則與特性。

黃富順（1988）曾經綜合有關學者的觀點及個人的看法，提出了十六項成人學習的原則，分別是：1.成人的行為並不固定，它會因所面臨的內外壓力而有所改變；2.成人的學習是可以延續終身的；3.成人帶有相當確定的自我觀念及自重感來參與學習活動；4.過去的經驗是成人學習活動的助力也是阻力；5.過去經驗隨著成人年齡的增長而愈趨重要，其對成人學習的幫助或妨礙亦愈趨顯著；6.成人基於某種需要而參與學習活動，其學習需要與目前或過去生活經驗有直接、間接的關係；7.成人在學習活動中有被了解和尊重的需要，在學習活動開始時，凡有礙於活動之進行者，應設法排除或減少；8.成人學習與其發展任務、社會角色、生活危機及轉換期有密切的關係；學習活動要與當前生活情境的問題、需要、任務相連接；9.受制於壓力而被動參與的學習者，通常對學習活動感到焦慮與威脅；10.成人能依自己的學習速度來進行學習，效果較佳；11.成人在良好的健康狀況、充分休息和沒有壓力的情境下學習效果最好；12.成人視聽能力的衰退會影響訊息的獲得。成人會對所接受到的學習經驗或訊息作反應，這些訊息並非由教師提供；13.成人的心理能力在五十歲以後有些微的衰退現象，但語文能力反而有持續增長的可能，非語文能力則有減退的現象。因此，對於需要速度、體力、回憶的學習活動宜減少；14.成人學習沒

有一種最好的方法，每一個人都有其個別的學習型態和認知型態。每一個認知與學習型態各適用在不同學習情境上，因此，採取固定學習模式在其他學習情境上不一定適用；15.在認知與學習的型態上，成人學習團體的異質性相當大，且成人的認知與學習型態與學習能力無關；16.成人學習要依不同的情境妥善利用各種認知策略。

鄧運林（1996）認為成人教育課程設計有助於教育目標的達成，並應考慮成人個別差異、成人生理成熟、智力發展與成就、動作成就發展、文化社會發展與成人興趣和需要等因素，遂提出以下八點成人學習原則：1.把握成人發展任務，安排適切課程教材；2.重視個別差異因材施教；3.提供成人最佳的學習環境；4.重視成人學習需求及其文化價值取向；5.引導成人走向終生學習目標；6.導向成人自我學習能力；7.均衡成人教育內涵，舉凡注重普通教育、職業教育學習；8.成人學習兼顧其內在生理、心理的轉變與外在環境的壓力。

胡夢鯨（2000）藉由高峰學習系統發展出七項成人學習的原則，分別是：1.成人可以學習如何學習；2.成人有時會應用一些技巧在學習活動上，使學習變得更容易、更愉快、更有效率；3.每個成人均擁有自己的學習型態，經由個人建立的學習型態，每個人都可以加強成為一個更成熟的學習者；4.成人能夠非常積極的決定何時、何處、如何學習及學些什麼，並能夠應用各種學習策略，以獲得最佳的學習效果；5.成人可以自己設計最佳的學習環境，使學習變得更舒適、有效；6.成人如果有許多豐富的媒體、方法和經驗可供選擇，將可以使他學得更快樂；7.成人可以經由「為生活的學習」，也就是經由日常生活及工作中新技巧與知識的精熟，而促進生涯發展。

楊國德（2000）從加速學習觀點提出成人學習的原則，分別從學習情境、學習個體與學習方法三個面向討論，提出以下看法：在學習情境方面，實體情境要讓學習者覺得舒適、輕鬆、自在，而且要對其產生吸引力；學習氣氛在學習過程要提供學習者一種建設性、激勵性、符合心理衛生的學習氣氛，這種有意學習的良好氣氛將有助於學習效果的提升；在學習個體方面，學習者要學會同時應用左、右腦以及多元智慧，進行全腦和全方位學習；學習者也要學會意識外應用潛意識學習，以及學會應用多種感官功能，克服學習障礙；學習方法

方面，學習強調多種方法應用，注重學習內容和順序的邏輯性；學習本身並不是單一的學習方法，而是多重方法的統整應用的結果；學習過程要能將記憶內容從短期記憶，保存在長期記憶中。

林麗惠（2000）從成人行動學習的原則提出成人學習的看法，指出行動學習的創始者 Reg Revans 認為其具有多元複雜性，能夠適用於多種不同的學習情境或以不同形式呈現，是植基於反省和行動間的關係。由於行動學習的本質是以團隊小組合作的方式進行學習活動，學習歷程是動態變化性，且行動者的動機是行動學習的關鍵。因此，行動學習是以行動與反省交互作用的歷程下，探討小組情境中個人的議題，以組織成員的集體智慧，協助解決個人的問題。林麗惠以行動學習觀點歸納下列成人學習的原則：1.行動學習著重於實際問題之解決，符合以問題為中心的成人學習特性；2.行動學習鼓勵個體發展其自主性，有助於自我導向學習的進行；3.行動學習鼓勵個體採取立即行動，符合立即應用的成人學習特性；4.行動學習強調成員間的經驗分享，有助於發揮成人學習者的豐富經驗。

鄒秀惠（2000）從多元智能學習法談成人學習的原則和方法，指出學習者能力的表現，不再限於智力與學業成就的高低、多寡來區分優劣勝敗，轉以更多元、寬廣的態度看待學習者學習行為的表現和成效。她利用多元智能論（The Theory of Multiple Intelligences）的視角，提出五項成人學習原則與方法：1.以學習主題為中心，發展多元智能的能力；2.運用不同感官刺激來學習；3.盡可能以具體實務或經驗來增強學習；4.以舊經驗為基礎發展新經驗；5.尋求學習夥伴共同成長。

肆、成人學習原則的內涵與特性

Wang（2002）認為教學者若能掌握成人學習的原則來指導成人學習者，則學習的成效愈好。因此，實習輔導老師若能充分應用成人學習原則來指導實習教師，將能使實習教師教育實習表現成效愈好。經過良善設計的教育實習制度，除了可以提高實習教師個人的教學技能與學理知能外，對於促進教師專業成長與競爭力亦具有其重要的功能。而參與教育實習的實習教師多為成人學習

者，在規劃相關的實習課程時，將成人學習的原則融入教學的活動及輔導的歷程中，有其必要性與重要性，實為刻不容緩的重要議題，以下即針對七項成人學習原則之內涵與特性評析如下：

一、自我導向的學習活動

　　人類由於具有抽象思考能力，因此能自我思考、自我知覺、角色期待而形成完整的自我概念（concept of the learner）。成人自我概念發展通常要求現實我與理想我相一致，當兩者一致時，成人的自我評價才感到滿足與正面肯定，學習效果將更好；反之，當兩者不一致時，將導致成人自我評價感到挫折而逃避，致使學習效果不佳（鄧運林，1995）。再者，自我導向的自我觀念形成，需視成人是否已達身心成熟的狀況，因此能自我決定、計劃自己的學習行為，並對他人也以獨立個體的態度對待之。黃富順（1988）認為成人是逐漸朝向自我導向的成熟個體，自我導向學習內涵分別是：1.成人能夠了解自己的學習需要；2.成人的學習動機是自發性的；3.成人能夠參與活動的設計或自行設計學習活動；4.教學活動的進行應採取協同合作的方式。

二、舊經驗為學習基礎

　　Kolb 在 1984 年出版的《經驗學習》（*Experience Learning*）一書中，指出經驗學習的理論基礎主要來自 Lewin、Dewey 與 Piaget 等人，此外，像人文心理學派的 Jung、Rogers、Maslow 與 Erikson，乃至於批判學派的 Illich、Freire 與 Mezirow 等，都是經驗學習論的基礎，上述學者在理論中皆強調使用經驗在學習歷程中的重要性。Boud（1993）關注如何促進學習者從經驗中學習，提出五項假設：1.經驗是促發學習的基礎；2.學習者會主動積極的建構其經驗；3.學習是整體的過程；4.學習是社會和文化的建構；5.學習受到社會─情境脈絡的影響，因為學習就在其中發生（引自張淑娟，2004：32）。在眾多成人教育理論與實務的基本假設中，均認為成人學習者可以透過他們的生活、從工作和休閒中、從社會互動的經驗、人際關係間獲得經驗的學習，甚至成人學習者從過去的求學經驗去學習。因此，成人所具有的經驗，不論在經驗的量相當豐

富外，學習的質也相當多樣化，成人經驗的獨特與豐富，一直是成人學習者重要的特質之一。

三、重視學習者動機及需求

所謂動機（Motivation）係指引起個體活動，維持已引起之活動，並促使活動朝向某一目標進行的內在歷程，它是介於刺激與反應之間的中介變項。所以，動機所引起的行為是有目標、有方向性。動機的重要性，在於使學習者產生學習動力，並能積極、主動、投入學習活動，並使個體學習更有意義。其次，動機能使學習者把握學習目標，引導學習方向，完成預定的教學目標。再者，學習動機能使學習者知道，選擇所欲進行學習活動的步驟、方法及策略，擬定適合的自我學習計畫。最後，學習動機會驅動學習者學習活動，為實踐某種行動方案或計畫，使學習者更努力、有效能的學習（張春興，2000）。

而需求（Needs）是來自個人內心的一種狀態，不容易由外在行為所觀察，也不適合由他人代為決定，Pennington（1980）認為需求是現存的狀態與期望狀態間的差距；Scissons（1982）認為需求是一個多元化的概念，包含能力（competence）、動機（motivation）與適切（relevance）三者；Mckillip（1987）認為需求是一種價值判斷，存在於某種團體發現問題必須解決時而產生（引自林錦杏，2000：47）。綜上所述，需求的本質源自於個體內在的一種狀態，它代表個體生理上或心理上的匱乏，而匱乏的程度與種類會因人而異，人的需求便具有獨特性與個殊性。從「需求」的定義與解釋可以發現，與其概念相似的名詞很多，如需要、需求、動機、驅力……等，應仔細分辨避免誤用。

四、問題中心的學習架構

陳榮彬（2003）指出，學習者本身應先了解自我導向學習的準備度，在教學者的協助指導下，使其了解自我並能與學習社群相互對話，使知識的理解提升到知識的創造。再者，每個學習者皆有其獨特的學習偏好與認知風格，教學者有責任和義務幫助其了解學習情境與目標，進行有意義的學習；其次，教學

者設計一系列教學活動或學習方案，使學習者意識到其中差異，期使學習者能應用學習遷移原則，達到廣泛學習、深度學習的目的；最後，學習者具有豐富生活經驗，藉由學習社群間互動與對話中，產出其學習知識或學習經驗，分享自我知識與理念，建構屬於彼此共有的知識體系。前提是社群中是以平等、開放、自由的討論空間下，始能發揮功效。

　　綜合言之，問題中心的學習架構，其實就是以學習者為主體的學習，非以教學者為主。從學習者本身所遭遇之問題或困境為學習架構，來協助學習者自我探究與問題解決歷程。

五、和諧溫暖的學習環境

　　Knowles（1980）認為氣氛營造要兼顧外在環境與學習者內在學習情境的規劃。成人學習在舒適而無威脅的情境中，才能達到最好的效果。黃富順（1988）將學習情境區分為心理與物質兩方面，茲分述說明：

　　心理方面，學校各項措施應給予成人學習者支持，例如：學校課程編制多樣化、教師教學活動設計適性化、多媒體與資訊融入生活化、學校行政服務人性化、學習者情緒支持與關懷……等，應隨時予以指導與協助。

　　物質方面，傳統學校的校園規劃皆針對兒童或青少年為主要對象來安排，如門禁森嚴、封閉的學習環境、非開架式的圖書資料、孤立的教室座位……等皆宜改變。成人有別於兒童或青少年學習者，有其思維成熟且經驗豐富的特性，應以開放空間與個別相對待、教學設備充實、教室桌椅安排適當、光線充足、空氣流通、噪音防制等皆應注意。

六、建設性與支持性的回饋

　　在 Wlodkowski（1985）的動機模式中，指出激勵和能力感及增強是維持動機的要素。而R. Gagne（1977）利用有關學習理論發展其教學模式，強調成人的教與學透過動機、了解、記憶、回憶、類化、執行及回饋等建立教學流程（引自鄧運林，1995）。由此可知，回饋或增強能對學習者的學習產生較持久的影響。因此，在輔導實習教師的策略中，回饋或增強有其必要性與重要性。

但是，如何給予成人學習者建設性或支持性的回饋或增強，將視教學者對
於其實際表現或理想間差距、進步成長之情況而定。給予回饋可把握幾項原
則：回饋時機立即性；回饋內容富建設性與支持性的功能；依對象學習動機給
予回饋；雙向回饋優於單向回饋。

七、明確的結果與立即的應用

成人學習者從事學習活動皆為對當前生活情境或工作環境產生的反應性行
為，J. Dewey（1933）曾指出教育的目的乃在增進解決當前問題的能力。黃富
順（2000）也指出在成人學習的特性方面，首重學習活動的明確結果；因此，
成人學習者相較於兒童或青少年學習者，重視學習成效的類化及實踐，給予其
明確的學習結果與立即性的應用。尤其是成人學習者在學習後如果能應用於工
作中、生活中或問題解決上，學習者將滿懷成就感，對學習更加有興趣。因
此，教學者規劃教學活動時，應注意課程內容與教學實際情況的相關性，並能
協助學習者擴大學習內容與生活或工作相結合，且應用或實踐方式具多樣性。

伍、成人學習原則在輔導實習教師歷程上之應用

本文藉由成人學習理論的觀點為基礎，應用在教育實習現場中，企圖以一
種概括性、普遍性的論述與探討，希望有助於教育實習相關人員對成人學習原
則內涵有更深的了解，進而思考如何輔導實習教師的教與學，期使教育實習的
目的與成效能充分發揮。

一、培養實習教師成為自我導向學習者

黃富順（1988）認為成人是逐漸朝向自我導向的成熟個體，因此，在輔導
實習教師措施上，應儘量給予實習教師自主權，讓他自行決定，盡可能不要替
實習教師做決定，給予其彈性選擇的機會；同時在實習輔導的過程中應配合其
心理需要，培養成人自我學習的態度和習慣，增進自我學習的能力，由實習教
師來負責所有的學習行為與活動。Murdoch（2000）建議實習輔導教師的工作
與角色，只需負責輔導其學習、建議學習內容與提供學習方向和資源，扮演協

助者、諮詢者、支持者的角色，不宜一昧提供學習教材和學習方式的工作與責任。

　　Schulte（2001）也指出實習教師應自我研擬個人實習計畫，實習輔導教師此時應挑戰實習教師的信念，和防止觀點轉化障礙，並指出實習教師在實習中應養成自我反省與行動實踐的能力。Dewey（1933）也認為教師若無反省思考（reflective thinking）的行為，容易以其過去習慣，或約定成俗的方法處理教學問題，如此無法發現問題，自然也失去面對問題、解決問題的良機（引自楊百世，1999：20）。因此，實習教師在實習中應敬業樂學外，也應具備行動實踐與自我反省的「自導學習者」。

二、以實習教師之舊經驗作為學習基礎

　　經驗是成人學習的主體，學習是經驗不斷重組與改造的歷程（Dewey，1933）。經驗可以是學習的助力，也可能是學習的阻力，視學習者判斷何種經驗可以產生真正的學習、有助學習？何種經驗不利於學習？造成學習偏誤而降低學習效果，進而思考、反省加以改進而突創新經驗、深化學習。許多實習教師工作困擾之研究顯示，實習教師在教學上常感不足與困擾之處，乃在於班級經營、教學方法與知覺學生學習狀況的能力不足（邱素珠，2002；陳惠君，2003；黃哲元，2003），運用成人豐富與獨特的經驗特質在輔導實習教師上，有以下策略可供參酌：

1. 實習教師在學習新事物與教材時，應以過去經驗為基礎，與既有經驗連結。即回顧自己過去的求學歷程，連結師資職前教育課程之受教經驗，發展自我的教育理念與經驗。

2. 輔導教師在教學輔導方法上，應以啟發法為主，如團體討論、角色扮演、對象模擬，而少用注入式的方法，如直接告知、單一模式複製。

3. 鑑於舊經驗可能成為學習阻力，輔導教師應協助實習教師檢視本身習慣與觀點，尋求打破偏見，以開放的心胸、改善心智模式（mental models）之反思與探詢、系統性思考（system thinking）、自我超越（personal mastery）為目標，易言之，即應用 Peter Senge 的「學習型組織」

進行組織與成員間的學習（郭進隆譯，1996）。

4. 成人經驗有獨特性與異質性，意味輔導實習教師以同一套教材、同一種
教法已不敷實習教師學習需要。因此輔導過程中，個別化學習與輔導策
略應受到重視，在輔導基調上更應注意彈性與適性。

三、重視實習教師之動機與需求

在 Wlodkowski（1984）的動機模式中，指出激勵、能力感及增強是維持
動機的要素。Gagne（1977）利用有關學習理論發展其教學模式，強調成人的
教與學透過動機、了解、記憶、回憶、類化、執行及回饋等建立教學流程。由
此可知，回饋或增強能對學習者的學習產生較持久的影響，反應在輔導實習教
師的策略上，應鼓勵並維持實習教師之學習動機有以下三項意義：

首先，了解實習教師學習需求，協助建立可達成的學習目標，並給予成功
機會；其次，根據學習者表達本身需要、評估需求類別、蒐集並擬定實習教師
需求之學習活動；再者，以個別差異原則訂定學習目標，而每個實習教師學習
目標無需一致，因個人能力與起點行為不盡相同，目標的訂定宜有順序性、階
段性，循序漸進朝大目標完成；最後，評鑑實習教師之表現應採自我評量方
式，藉此檢視自己進步的情形。

孫志麟（2000）認為，教育實習實質上為執業前深化教育理論與充實教育
經驗的過程，使教育理論與學校實務工作相結合，故教育實習應強調實習過程
與內容的應用性與實用性，使教育實習內容與實習教師本身舊經驗、知識相結
合，維持實習教師學習動機。

實習教師學習表現的評量，應著眼於滿足實習教師高層次需求，即Maslow
需求層次論（Hierarchy Theory of Needs）中論述：知的需求、美的需求、自
我實現的需求。而 Knowles（1980）依據 Maslow 需求層次論體系提出：教育
需求（Education Needs）即實際表現能力階層和要求能力階層間的差距，經由
學習可縮短差距，提升個人、組織或社會利益（引自林錦杏，2000：50）。所
以，評鑑實習教師實習表現，勿以傳統分數評比方式，曲解成人學習的動機。

四、以問題為中心的學習架構

根據 Ryan（1993）、Dolmans 與 Schmidt（1994）認為，學習者應先了解自我導向學習準備度，在教學者協助指導下，了解自我並能與學習社群相互對話，使知識理解提升到知識創造（引自陳榮彬，2003：22）。再者，從其本身所遭遇之問題或困境作為學習架構，作自我探究與問題解決歷程，在學習歷程中不可忽略對學習者、學習者認同、學習情境與學習關係等分析，所以輔導策略有以下四點供參考：

1. 實習輔導教師本身應具備問題中心學習經驗、理解問題中心學習原則、不同學科領域的經驗與知能、相關教材與資源使用與對問題中心教學模式的實務經驗等，來發展問題為中心的學習架構。

2. 實習輔導教師對實習教師之學習情況有敏銳的感受與知覺，以及對學習問題的處方性知能。因此，實習輔導教師應深悉問題解決策略與教學輔導知能，協助實習教師改進教學，並促進學習與專業成長。

3. 輔導教師以開放、合作與包容的態度建立對話機制，以學習社群領導者自居，適時公開教師知識，培養實習教師成為自我導向學習者為目標，成為自我專業成長促進者。

4. 引導實習教師藉由問題中心學習，在自我解構和重構歷程中，解構學習者之自我概念、學習情境與學習行為關係，習得尚未具備的教學知能，並藉學習遷移策略解決所遭遇問題。

五、營造和諧溫暖的學習環境

Fraser（2003）指出實習輔導教師與實習教師彼此積極、友善的關係，會提高實習教師教育實習的表現與成就，且輔導教師除了展現優異教學技巧供實習教師觀摩外，透過感情面持續給予實習教師支持和關心，了解其心智與心理狀態，將有助實習教師的學習與教學。因此，實習輔導教師主動營造和諧溫暖的學習環境規劃，注意心理面與物質面的設計，尤其心理層面規劃尤不可輕忽，有下列兩點輔導策略供參考：

1. 對實習教師心理層面輔助上，營造和諧教室氣氛、促進輔導教師間情感交流、增進工作同仁友誼氣氛、建立學校行政支援系統、提供教學輔導與諮詢小組；而在物質層面輔助上，實習教師應有固定桌椅，座位安排融入教室環境。再者，提供一切教學所需教材、教具與資源，使教學工作無礙。

2. 建立合作而非競爭教室氛圍，有競爭、有壓力、有時間限制的學習活動，對實習教師學習動機與學習表現影響頗鉅。因此，輔導教師應致力營造合作、友善學習氣氛，鼓勵實習教師學習與成長，以相互關懷、協同合作、分享經驗，藉專業對話與情感交流方式，進一步促進專業成長。

六、給予實習教師建設性與支持性的回饋

Certo（2002）指出，一個有效的教師引導計畫，必須仰賴實習輔導教師對實習教師的支持與挑戰，在輔導過程中主要為支持性指導關係，而非傳統直接指導關係。Feng（2002）也揭示，顧問教師支持度愈頻繁，對新進教師的教學專業成長愈有利；針對不同學習者，給予適性且支持性回饋。當輔導教師給予實習教師回饋時，以下分述四點教與學的回饋之原則：

1. 支持方式以傾聽、安慰、回答問題、自我分享教學經驗與分享教學資源為主；而挑戰方式以討論、誘發其他想法、提供意見以及引導實地教學，且輔導教師回饋與評價不僅促進初任教師洞察力，也提升實習教師的教室管理技巧，相形下提高教師工作效率，使得其熟練教學技巧信心提升。

2. 回饋是激發學習動機重要的中介變項，選擇具有激勵作用回饋可以建立實習教師信心、獲得心理層面支持；而適當的負面評價能校正其錯誤學習行為、理解或態度。

3. 給予回饋或增強應把握立即性原則，讓實習教師知覺錯誤關鍵點或導引正確學習行為，如此才有助於建立良好的學習模式。

4. 實習輔導教師也需要回饋，即實習教師觀摩輔導教師教學後，亦應給予

回饋。實習輔導教師雖具備較豐富教學經驗，但難免掛萬漏一，相互回饋有其必要性；但是大多數的實習教師囿於傳統禮教觀念，回饋多限於客套稱讚或感謝，使回饋之象徵意義大於實質意義。

七、提供明確的結果與立即應用的機會

Duron（2000）表示，輔導教師運用有效輔導策略來引導初任教師，能為初任教師提供具體協助與支持，對初任教師未來教學與專業發展有不可磨滅之貢獻。而 Odell（1990）建議在成為初任教師之初需要幾項支持，包括：教育實習相關資訊之取得、教師身分定位、教學指導及情感輔導、協助教室管理、提供觀察和練習教學機會……等。鑑於 Odell（1990）第五項建議，對於實用觀點的成人學習特性，應用在輔導實習教師的策略如下：

1. 實習輔導教師強調學習內容實用性，一旦發現學習內容不符合實習教師時，應彈性調整學習內容，並使學習多元化、適性化。
2. 實習教師應主動將學習架構和教材組織以問題為中心，並提供其修正教學或再次教學機會，以便於即學即用。
3. 輔導教師對實習教師教學輔導過程中，應隨時給予實習表現結果作評論，尤以明確具體、有意義論述為佳；過於抽象或空洞的陳述將無法使實習教師據以改進與修正教學。

陸、結論與建議

本文探討成人學習原則及應用在輔導實習教師之途徑與策略，在教育實習上意義為：促進實習教師成為自我導向學習者，了解自我學習的需要或動機，自發性規劃學習計畫、目標、內容與成效評鑑等。再者，依個人經驗分析與選擇學習風格與策略來加速學習。最後，使學習成效能立即應用在教育實習中，進而解決工作上、生活中遭遇困境或問題，提升教育專業與知能，促進教師自我專業成長。而實習輔導教師應摒棄以直接告知的指導者角色，從成人學習觀點規劃適於實習教師學習與成長的教學專業實習課程，以學習促進者、支持者角色協助實習教師勝任未來教職。最後，歸納結論與建議供實習輔導教師參

考。

實習輔導教師應培養敏銳觀察力及知覺實習教師在學習上的問題與困境之能力。再者，培養與充實教師自我專業知能，例如：工作中所得到經驗、專門化知識（教育學、成人教育學）、一般性知識基礎（學習理論、教學理論、發展理論）、教育相關學門知識（成人教育學基礎、課程設計、成人學習、成人教育方法、成人諮商與輔導）……等。尤其是輔導知能的充實與修練，這四大類教育專業知能在許多研究中皆有建議與強調（引自何青蓉，1996：121）。

重視以「學習者為中心」規劃教育實習課程，因成人學習方式與兒童或青少年不同，在於成人學習具有獨特性與變異性，應以「問題為中心」學習架構設計教育實習活動。

成人學習特色之一為「自我導向式學習」，即學習者知覺本身需求或興趣，進而主動學習；而兒童是「他律導向式學習」，即著重教師為中心為學習者設計教學活動。因此，促進與協助實習教師成為「自導學習者」，朝教師專業發展刻不容緩。

營造和諧溫暖學習情境，使實習教師在支持與關懷的學習環境中，發揮所學彌補教與學不足之處；並適時提供支持性回饋與建議予實習教師，使其能不斷改進教學、充實教學經驗；而回饋皆應明確、具體，以便掌握修正方向與改進缺失，且能立即應用於教學工作中。

經驗是成人學習的資源，成人學習時會依其過去經驗對知識做出選擇與價值判斷，因此，成人學習者的學習動機因其學習需求或匱乏而增強，將使其所學著重在立即性的應用，學習本質對其本身之意義將不言可喻。

所以，在輔導實習教師的過程中，首先應將實習教師視為「成人學習者」，從其本身之自我概念出發來思考學習之意義；再者，依其學習的需求種類或遭遇之問題，研擬出適性的輔導策略與教育專業成長計畫；最後，公開教師知識促進實習教師專業發展，建構個人教育哲學觀與教育理念。

參考文獻

中文部分

王世哲等（譯）（2002）。**面臨十字路口的成人教育──學尋出路**。M. Finger、M. Jose & M. Asun 著。高雄市：巨流。

何青蓉（1996）。成人學習研究的發展趨勢與幾個待發展的論點。**成人教育，34**，9-11。

林錦杏（2000）。**國民小學校長專業成長需求之研究**。國立台北師範學院國民教育研究所碩士論文，未出版，台北市。

林麗惠（2000）。成人行動學習。載於中華民國成人教育學會（主編），**成人學習革命**（頁 193-227）。台北市：師大書苑。

邱素珠（2002）。**台北市國小實習教師工作壓力之調查研究**。國立台北師範學院國民教育研究所碩士論文，未出版，台北市。

胡夢鯨（2000）。成人行動學習。載於中華民國成人教育學會（主編），**成人學習革命**（頁 31-56）。台北市：師大書苑。

郭進隆（譯）（1996）。**第五項修練──學習型組織的藝術與實務**。P. Senge 著。台北市：天下。

孫志麟（2000）。師資培育教育改革下的思考。**師友，399**，41-45。

張春興（2000）。**張氏心理學辭典**。台北市：東華。

張淑娟（2004）。反思成人學習理論中的「經驗」。**社教雙月刊，10**，30-40。

陳惠君（2003）。**高雄縣市國民中學實習教師工作困擾與輔導需求之研究**。國立高雄師範大學教育學系碩士論文，未出版，高雄市。

陳榮彬（2003）。**參與職業訓練學員對成人學習原則應用之知覺及其訓練成效之研究**。國立中正大學成人教育研究所碩士論文，未出版，嘉義縣。

黃明月（2000）。問題本位學習。載於中華民國成人教育學會（主編），**成人學習革命**（頁 257-271）。台北市：師大書苑。

黃哲元（2003）。高雄地區國民小學實習教師教育實習成效之調查研究。私立
　　致遠管理學院教育研究所碩士論文，未出版，台南縣。

黃富順（1988）。成人學習原則與特性。隔空教育叢論，1，47-65。

黃富順（2000）。成人教育導論。台北市：五南。

楊百世（1999）。國民中學實習教師職前教育與教育實習成效之評估研究。國
　　立高雄師範大學教育學系博士論文，未出版，高雄市。

楊國德（2000）。社會變遷中加速學習。載於中華民國成人教育學會（主
　　編），成人學習革命（頁 57-79）。台北市：師大書苑。

鄒秀惠（2000）。多元智慧法談成人學習。載於中華民國成人教育學會（主
　　編），成人學習革命（頁 273-299）。台北市：師大書苑。

鄧運林（1995）。成人教學與自我導向學習。台北市：五南。

鄧運林（1996）。成人教育專題研究。高雄市：復文。

魏惠娟（2001）。成人教育方案發展──理論與實際。台北市：五南。

英文部分

Certo, J. L. (2002). *The support and challenge offered in mentoring to influence beginning teachers' thinking and professional development: A case of beginning elementary teachers and their mentors.* Unpublished doctoral dissertation, University of Virginia Commonwealth, VA.

Cross, K. P. (1984). *Adults as learners: Increasing participation and facilitating learning.* San Francisco: Jossey-Bass.

Darkenwald, G., & Merriam, S. (1982). *Adult education: Foundations of practice.* New York: Harper & Row.

Davidson, B. A. (1997). *Application of adult learning principles for employee training in small manufacturing organizations* (workplace). Unpublished Doctoral Dissertation, Walden University, CA.

Dewey, J. (1933). *How we think: A restatement of the relation of reflective thinking to the educative process.* New York: D.C. Health and Co.

Dewey, J. (1970). *Experience and education.* New York: Collier Books.

Duron, J. I. (2000). *An evaluation study of the effectiveness of a teacher induction program.* Unpublished doctoral dissertation, Baylor University, TX.

Feng, S. (2002). *Support of mentoring teachers and the professional development of new teachers: Experiences of secondary schools in GuangZhou* (Chinese Text). Unpublished doctoral dissertation, Chinese University of Hong-Kong, Hong Kong.

Fraser, C. N. (2003). *The heart of the classroom: Affective development in teacher education.* Unpublished doctoral dissertation, Union Institute and University, OH.

Gagne, R. M. (1977). *The condition of learning.* N.Y.: Holt Rinehart and Winston.

Jarvis, P. (1995). *Adult and continuing education: Theory and practice.* London: Routledge.

Kidd, J. R. (1973). *How adults learn.* New York: Association Press.

Knowles, M. S. (1970). *The modern practice of adult education: Andragogy versus pedagogy.* New York: Association Press.

Knowles, M. S. (1980). *The modern practice of adult education: From pedagogy to andragogy.* Englewood Cliffs: Cambridge Books.

Knowles, M. S., Holton, E. F., & Swanson, R.A. (1998). *The adult learns: The definitive classic in adult education and human resource development* (5th ed.). Houston, TX: Gulf.

Lindeman, E. C. (1926). *The meaning of adult education.* New York: New Republic Inc.

Murdoch, G. (2000). Introducing a teacher-supportive evaluation system. *ELT Journal, 54*(1), 54-64.

Odell, S. J. (1990). *Mentor teacher programs: What research says to the teacher.* Washington, D.C.: National Education Association.

Schulte, A. K. (2001). *Student teacher in transformation: A self-study of a supervi-*

sor's practice. Unpublished Doctoral Dissertation, The University of Wisconsin-Madison, WI.

Wang, C. (2002). *Instructional preferences of adult educators and perceptions of their adult students in distance learning settings.* Unpublished Educational Dissertation, University of Arkansas, AR.

Wlodkowski, R. J. (1984). *Enhancing adult motivation to learn.* San Francisco: Jossey-Bass.

第十章

幼兒教育實習制度之
回顧與省思

林育瑋

國立臺灣師範大學人類發展與家庭學系副教授兼系主任

林妙真

國立臺灣師範大學人類發展與家庭學系幼兒教育組碩士

　　自古以來，我國對「教師」始終極為重視。有云：「天、地、君、親、師」，意謂：天地代表生命的本源，而君師是政教的本源，親是宗族的本源；而教師任務的神聖，與天、地、君、親相齊，可見其何等重要。在2004年《中華民國師資培育白皮書》上，也明白闡述著：「『輸掉教師，輸掉教育；輸掉教育，輸掉將來！』反之，『贏得教師，贏得教育；贏得教育，贏得將來！』這是我們的基本認知。『高素質的教育來自於高素質的教師；在教育改革中，教師的投入是其成敗的關鍵；在國家發展上，教師的努力居於樞紐的地位。』這是我們的基本信念。」在都說明了教師角色的不容忽視。

　　我國目前師資培育的法令依據《師資培育法》（教育部，2004a），其前身是《師範教育法》；不過最早可以追溯至光緒 29 年（1904 年）所頒布的「奏定初級師範學堂章程」和「奏定優級師範學堂章程」（吳清山，2003）。民國成立後，設立教育部，另行頒布《師範教育令》及《師範學校規程》。1932 年頒布《師範學校法》，翌年教育部訂定《師範學校規程》。到了 1970 年代，師範專科學校相繼改制與設立，惟一直缺乏法源依據；而且原有的師範教育相關法規，亦不符社會需求（吳清山，2003），於是經過一連串的研訂、審議等過程，《師範教育法》於 1979 年 11 月 21 日公布施行。實行十多年後，「由於社會結構急遽變遷，政經文教亦有相當大之改變，因此其中若干規定已不能適應當前需要，亟需通盤檢討適應。」[1]重新研擬，於 1994 年 2 月 7 日公布《師資培育法》。

　　《師資培育法》與《師範教育法》兩者內容差距頗大。《師範教育法》規定所有師資只能由師範校院培育，除政治大學因設有教育系可適用《師範教育法》外，其餘皆停開教育學分，形成師資培育一元化的局面。當時的用意是：希望以單純的師校環境，培育高尚的專業精神；以一元化的政策充分掌握教師需求，避免人力浪費；且易於控制師範生素質（孫邦正，1985）。然，《師資培育法》的頒布，確定了師資培育多元化的制度，希望透過自由競爭提升教師素質。而許多人希望擔任教職，反對師範生獨占的要求，更加速多元化師資培

1　引自行政院 1992 年 3 月 26 日台（81）教字第 1070 號函。

育政策的落實（高強華，2000）。

《師資培育法》的頒布取代了原有的《師範教育法》，除了培育管道的多元化，我國的師資培育也朝向「多元」、「開放」、「自費」、「儲備」和「合流」方向邁進，與過去的一元化、封閉式、公費制、計畫式、分流式的師範教育制度形成強烈的對比（教育部，2004b）。

在這一連串的變革中，對於幼教師資培育而言，另一重大的異動莫過於改變了幼教師資職前教育原有的培育模式，亦即須經教育實習一年，實習成績及格始可取得合格幼教教師資格。此舉也使得「教育實習」在幼兒教育師資培育中依法有據，確立了教育實習是幼兒教育師資養成中不可或缺之重要地位。

本文將從教育實習的重要性談起，探究歷年來我國幼兒教育實習制度之演變並綜整、分析該時期實習制度之特色與缺失，進而針對目前實習制度做相關之探討。在本文中所談的教育實習制度，主要是導入階段的教育實習，但在1994 年之前幼兒教育師資培育並未有此階段的教育實習，故於「歷年來幼兒教育實習制度演變」中，也將當時職前培育課程中實習課做一系列之探討。

壹、教育實習之重要性

師資培育過程，包含了三個階段：職前（pre-service）、導入（induction）及在職（in-service）。其中，最典型的導入教育就是「教育實習」。就廣義而言，教育實習包含了「職前階段的教育實習」與「導入階段的教育實習」。職前階段的教育實習主要是在學期間的教學實習，而導入階段的教育實習則是一年或半年投入於教育現場工作的實習。其中導入階段教育實習的影響更甚於前者，因為導入階段，是師資生從學生角色過渡到正式教師的重要過程。故，導入階段不僅是職前師資培育的延伸，也是教師專業生涯發展的起點（符碧真，2000）。因此，希望師資生在職前階段所修習教育專業課程，能藉由教育實習將理論性知能得以應用、練習、驗證與統整，並建立其專業理念。換言之，教育實習除了幫助師資生印證教育理論外，也磨練其教學技能及提供其實際的行政工作經驗，同時透過實際探討教學問題中，使其更能確定自己對此專業工作的意願，並提升其專業知識與道德（Becher & Ade, 1982; Davis &

Zaret, 1984; Henry, 1983; Johnston, 1992）。

　　正因教育實習是師資生們面對現實震撼（reality shock）的轉接期（王秋
絨，1991），教育實習實施的良窳更是攸關整體師資教育的成敗，因此，教育
實習的各種經驗對於教師成長的重要影響，更為無數的中外學者所探討與強調
（張芬芬，1984，1991；黃炳煌，1981；薛梨真，1993；Feiman-Nemser,
1990; Rupp, 1988; Slick & Burrett, 1995; Smith, 1988）。而現職教師也認為他們
在師資培育過程中從教育實習課程才真正學到如何教學；一般專門及專業課
程，對於他們在教學上的幫助是極其微小的（林育瑋，1994）。這應證了Wat-
ts（1987）所說的，教育實習在整個師資培育的過程中，是一個對即將成為教
師的師資生最有價值與幫助的學習活動。

　　張玉成（2000）更進一步指出教育實習的三個必要過程：1.實習是做中學
的學習過程：師資生在教育現場即是一種從實作中學習的歷程；2.實習是嘗試
錯誤與內化的學習過程：實習過程中，師資生可以施展自己的理念，並檢視成
效，藉由不斷的思索、在實務中檢核，可進一步內化個人的教育哲學觀；3.實
習可以發揮鷹架的學習效果：在實習期間，有任何問題時，實習輔導教師可從
旁協助，並視實習教師的能力，給予適當的實務演練項目與機會，建立實習教
師的信心，精進實務知能。Huling- Austin（1990）則發現，沒有經過導入教育
的初任教師，可能發生以下幾種現象：1.無法產生有效率的教學；2.職前教育
無用，又回到傳統風格；3.耗損率高；4.易遭受個人及專業上的創傷。可見，
「教育實習」在師資培育上是極具重要的過程。

　　儘管已有許多與幼教實習相關的研究，如對於實習輔導教師相關議題之探
討（白碧香，2004；翁素雅，2004；陳寧容，1999；陳錫慧，2000）、實習教
師的適應與適應困擾（林一鳳，2003；鄭立俐，1997；鄭采惠，2006），卻未
從實習制度加以探討，目前探討教育實習制度的研究，多屬於中小學範疇（施
育芳，1999；洪玉燕，2001；許春峰，2004；楊深坑，1991；楊慧玲，2006；
薛梨真，1997）。幼教現場生態與其他類科教學現場之間的差異相當大，因此
了解實習制度對幼教師資生的影響是極為重要的。

貳、幼兒教育實習制度之演變

　　不像我國其他各級學校師資培育，幼兒教育師資培育向來被忽視，直到近期才漸漸建立專業的幼教師資培育制度。在實習制度上亦與其他各級學校有所不同。1979 年公布的《師範教育法》所規範的是中小學師資，直到 1994 年的《師資培育法》才將所有師資培育皆納入。早期幼兒教育的實習，僅只是在學期間的「實習」課，直至近期才有為期一年或半年的教育實習，為了對我國幼兒教育實習制度有全面性的了解，以下依時間順序，分別敘述從清末到現今幼兒教育實習制度之演變歷程，這其間經歷兩次重大改變，因此將之區分為三個階段：1.《師資培育法》頒布前；2.多元化的師資培育；3.新修訂的師資培育。

一、《師資培育法》頒布前

1. 光緒 29 年至宣統 3 年

　　光緒 29 年「奏定學堂章程」規定設立「蒙養院[2]」，為我國幼兒教育萌芽之始（蔡春美，1988）。而蒙養院收受當地附近三至七歲之幼兒，施以蒙養教育，並為院中學保姆者實習（徐文志，1990），也就是說當時蒙養院也提供未來的保姆實習。

　　光緒 33 年，頒布「女子學堂章程」，設立女子小學及女子師範學堂（蔡春美，1988），培養小學及幼稚園師資，並規定：「……附設女子小學及蒙養院，以便實地練習，畢業後須服務三年，即在畢業後三年期間內，有充當女子學堂教習或蒙養院保姆之義務」（陳青之，1963）。此為我國幼教師資培育的起點（蔡春美，1988），亦是幼教實習的濫觴。

2. 1912 年至 1959 年

　　1912 年頒布《師範教育令》及《師範學校規程》。此時期的幼教機構仍稱「蒙養園」，「女子師範學校」為培育機構，[3] 修業四年；在第四

---

2 類似今日之「幼稚園」。

3 《師範教育令》第 1 條：女子師範學校以造就小學校教員及蒙養園保姆為目的。

學年的課程中特別安排了「教授實習」（林本，1964）。然而，林本
（1964）認為當時實習課的實施並不理想，「實習一課雖然明訂於最後
學年之第三學期集中實施，但事實上，每至第二學期終了，學生便紛散
歸，所謂實習，不過虛應故事之據聞而已……」。

1922年「新學制」公布實施，將蒙養園正式改稱「幼稚園」，並規定：
「幼稚園招收六歲以下之幼兒」，確立了幼兒教育在學制上之地位。
1932年公布《師範學校法》，1933年公布《師範學校規程》，1935年
又加以修正。其中與幼兒教育師資培育有關規定為：培育單位為師範學
校幼稚師範科，修業年限為二年或三年（蔡春美，1988），師範學校附
設幼稚師範者，並得設幼稚園（徐文志，1990）。

1935年修正後的《師範學校規程》規定：三年制的實習課從第二年開
始每週有6小時的實習課，第三年每週則有36小時，總計每週有42小
時的實習課，占所有上課時數之19.8％；二年制的則於第二年時每週
有30小時的實習課，占總上課時數20.8％。實習課的內容包括參觀、
見習、試教三項，每三小時之實習，約須占半日的時間（徐文志，
1990）。

當時台灣光復初期，各級學校急缺師資，儘管師範學校有增設不同科
別，但並未強制規定該科畢業生一定到幼稚園或是國民小學服務，如：
法令並無強制幼稚師範科畢業非到幼稚園任教不可之規定（蔡春美，
1988）。換言之，當時修習普通師範科者亦可至幼稚園任教，故一併介
紹當時普通科之實習相關規定。1941年公布的《師範學校（科）學生
實習辦法》是最早關於實習的法令。該法規定：「實習包括參觀、見
習、教學實習及行政實習等項」；「師範學校除最後一年規定實習，其
餘各學年度應於必要時隨時舉行參觀」；「於臨畢業前，得舉行集中實
習二星期至五星期，在此期間應授之其他各科，得提前授畢」。由此可
以看出：當時的小學教師並未有結業後實習一年的規定，僅有在學期間
的實習，主要是在最後一年實施，實習內容包括：參觀、見習、教學實
習（包括集中實習二星期至五星期）和行政實習。

三年制的幼稚師範科於 1944、1950、1952、1955 年，四次在課程上做了許多調整；二年制則僅有在 1944 年有所調整。下表將呈現此兩個學制在這幾年的調整情形。

這二十年中，一般科目、教育科目之授課時數所占比例並未有很大的變

●●●●●
表 9-1　我國三年制與二年制幼稚師範科實習課時數比率表

年度	三年制		二年制	
	每週實習課時數	占總時數之%	每週實習課時數	占總時數之%
1935	42	19.8%	30	20.8%
1944	35	17.2%	25	17.4%
1950	24	11.5%		
1952	20	9.1%		
1955	23	10.8%		

動。但「實習」課卻從 1935 年的 19.8％，減至 1952 年的 9.1％，減少幅度相當的大。相對於三年制的課程，二年制的實習課所占比例較高。

3. 1960 年至 1983 年

各師範學校自 1960 年起相繼改制師專，我國幼稚師範科培育幼教師資之制度也因此而逐年停辦，至 1965 年完全停辦。幼教師資專門且正規的職前培育制度自此中斷。但為彌補幼教師資之不足，僅於師範學校課程中附設「幼稚教育組」。其餘大多以在職教育代替職前的養成教育。在五年制師專課程中「幼稚教育組」的「實習」課與「幼兒課程教材教法」合併時數僅有十六小時。

1979 年《師範教育法》的公布，有關中小學師資的實習規定趨於統一，均規定修業年限期滿結業，分發實習一年。此一實習制度在五年制師專自 1985 年起實施，師專生修完五年級課程後，結業分發，實習一年。當時教育實習相關法令尚有：1982 年公布《師範教育法施行細則》及《師範校院學生實習及服務辦法》與 1983 年的《師範校院結業生教育

實習準則》，此實習準則將實習的內涵、目標與實際法則明列出來，成為了全國各師範校院結業生之實習規準。然而幼稚師範科在此時期屬於停辦狀態，所以並未受此相關法令規範。

4. 1983 年至 1992 年

為配合 1981 年公布的《幼稚教育法》及 1983 年的《幼稚教育法施行細則》，1983 年起教育部核准省立台北、台中、嘉義及台北市立四所師專試辦二年制「幼稚教育師資科」，至 1986 年台東師專成立幼師科後，台灣地區九所師專皆設有幼師科，畢業後即為合格幼稚園教師。1987 年，九所師專改制為「師範學院」，幼師科制度仍維持不變僅將名稱改為「幼兒教育師資科」，招收高中（職）畢業之女生，修業兩年成績及格畢業者，為合格幼稚園教師。此階段並無導入階段的教育實習，僅有在校期間的實習課。在 1983 至 1987 年所有課程皆有所調整，最低的畢業學分原為 84 學分 120 小時，增為 90 學分 124 小時；其中「實習」課由原來的 8 學分 16 小時，增為 10 學分 20 小時，各學期的授課時數在第一學年上下學期各是 4 學分，第二學年之上下學期各為 6 學分。由此可看出實習課之時數略微增加。

集中實習是教育實習課程中重要的部分。依據教育廳所訂定之《省（市）立師範學院幼兒教育師資科教材課程綱要》中有關規定：各校應於二年級下學期安排集中實習（林育瑋，1996）。國立台北師範學院[4]幼師科當時便將其集中實習安排在二年制幼師科的第二年下學期舉行，為期三週。

5. 1992 年至 1994 年

1990 年，台北市立師範學院停招幼二專學生，成立第一屆四年制「幼兒教育學系」。其餘八所師院也於 1992 年廢幼二專，成立幼教系。此時的幼教系學生畢業後不需參加一年實習，即為合格幼教老師。

大致而言，四年制幼兒教育學系的教育實習課程之學分數為 10 學分，

---

4 現今已改名為「國立台北教育大學」。

授課時數為 20 小時。依教育部規定學分數的安排是：大一沒有實習學分，大二每學期各 1 學分，大三及大四每學期各為 2 學分（林育瑋，1996）。在集中實習方面，各師範學院對集中實習課程的規劃並沒有統一做法，一般而言，集中實習的實行大都是在大四下學期進行，為期四週，但各校可自行調整，如國立台北師範學院幼兒教育學系當時採行的方式，便是大三下學期有一週的集中實習；大四上或下學期則有三或四週的集中實習；其他師範院校，有的是大四上學期及大四下學期各兩週集中實習。

二、多元化的師資培育（1994 年至 2003 年）

1994 年《師資培育法》取代原有的《師範教育法》，明訂我國師資培育包含「中等學校、國民小學、幼稚園及特殊教育學校（班）等」師資類科；也建立了我國師資培育的多元化，師培機構除了師範校院，同時開放各大學校院設立教育系、所或教育學程培育師資，自此我國師資培育朝向多元化、專業化的方向發展。

為了確保所培育出來師資的品質，在法規中規定：欲取得教師任用資格者，必須經歷實習的歷程，並賦予「實習教師」的稱謂。亦於第 8 條規定：「取得實習教師資格者，應經教育實習一年，成績及格，並經教師資格複檢者，取得合格教師資格。」也就是說，不論是師院畢業生或普通大學校院畢業生，都必須修習教育學程，並經教師資格檢定初檢合格才能取得實習教師資格，再到實習學校實習一年，實習成績合格參與教師複檢合格才可取得教師證書。就幼稚園教師的培育而言，1994 年公布的《師資培育法》可說是改變了原有成為幼教老師既有的途徑。

從前《師範教育法》對教師資格檢定及教育實習並無詳細的規定，有鑑於過去教育實習方面的缺失，加強教育實習的功能也是此時《師資培育法》的一大重點。《師資培育法》特別新增教師資格檢定及教育實習的條文，分別在《師資培育法》第 8 條、第 9 條規定欲取得合格教師資格，須經初檢、教育實習及複檢的過程，確立了教師資格檢定及教育實習的法源依據。

依據《師資培育法》第 8 條、第 9 條，教育部於 1995 年訂定了《高級中等以下學校及幼稚園教師資格檢定及教育實習辦法》，為一年教育實習之規準。在此辦法中詳細說明：修畢師資培育課程之畢業生，由原師資培育機構負責輔導至訂約之教育實習機構，參加教育實習。教育實習事項包括：教學實習，導師（級務）實習、行政實習和研習活動。輔導方式則有：平時輔導、研習活動、巡迴輔導、通訊輔導、諮詢輔導。輔導人員主要為師資培育機構安排之實習指導教師及教育實習機構安排之實習輔導教師。由此可以看出，這一年的教育實習中，實習教師、實習輔導教師、實習指導教師是三個主要人物。

為了讓教育實習之實施能順利地運作，也讓實習教師、實習輔導教師、實習指導教師三者都明白自己的角色與任務，教育部也規劃編寫一系列的手冊：《國民小學暨幼稚園實習教師手冊》（教育部，1998a）、《國民小學暨幼稚園實習輔導教師手冊》（教育部，1998b）及《國民小學暨幼稚園實習指導教師手冊》（教育部，1998c），以規範實習教師、實習輔導教師、實習指導教師等各相關人員有關教育實習應盡職責之事宜。由此可見，1994 年之《師資培育法》以畢業後一年的教育實習為發展重點。

畢業後的一年教育實習立意雖佳，然實施情形並不理想，相關問題如下（周愚文，2003；符碧真，2000；楊惠琴，1997；楊慧玲，2006）：

1. 關於制度面：教育實習制度流於形式，內容名不符實，複檢的篩選功能未能真正落實，未能真正增進實習教師專業成長，也使得整體師資素質的控管未發揮其預期的成效。
2. 關於實習教師：實習教師角色及相關權利義務的定位不明。
3. 關於實習輔導教師及機構：實習機構的抉擇、實習輔導教師之遴選與培訓。
4. 關於實習指導教師：師資培育機構缺乏適合且有意願的實習指導教師。
5. 三者的關係：實習指導教師未能及時且適時的協助實習教師、實習指導教師與實習輔導教師間的溝通管道缺乏、實習輔導教師與實習教師隔閡多且大。

再者，政府為因應師資不足，開放實習教師擔任代課教師且代課年資得折

抵教育實習的規定，更使問題趨於複雜，令人質疑教育實習存在的必要性。使得畢業後一年教育實習的做法，反對聲音愈來愈大。

三、新修訂的師資培育（2003年至今）

有鑑於1995年《高級中等以下學校及幼稚園教師資格檢定及教育實習辦法》所衍生的問題，加上各方壓力與反對意見，教育部於2002年7月新修訂，並經行政院核定後公布了新制的《師資培育法》，於2003年8月全面實施。新修訂的《師資培育法》對現行教育實習制度作了許多變革，說明如下：

1. 教育實習課程由原來的外加式一年改變為內含式的半年；換言之，教育實習乃屬於「職前師資培育階段」。

2. 參與實習者的身分為「實習學生」，用以突顯欲取得教師資格者，必須以學生的身分，在實習教育機構現場中，接受教育與學習的養成歷程。

3. 因是學生身分，故不再支給實習津貼；且需繳交修習之實習輔導費用。

4. 廢除初檢和複檢檢定程序，改為參加教育部主辦的「教師資格檢定考試」，及格者授予合格教師證書，然後可以參加甄選成為正式教師。

將1994年《師資培育法》與2002年新修訂之《師資培育法》在教育實習之異同整理，如表9-2。

由上述我國幼兒教育實習制度之演變，可以發現：教育實習愈來愈受重視，實習制度也在近年歷次的修法中日漸成形。先是清末就有附設的蒙養院供學生實習；民國後即在師範學校的課程中安排實習課，且比率上有逐年增加的趨勢。1979年所公布的《師範教育法》規定了中小學師資結業後必須實習一年，然而此時期的教育實習制度缺失在於「有實習之名，而無實習之實」，幼師科之師資生尚不受此法規範。因此在1980年代，幼師科學生除實習課外，僅有為期三週的集中實習。直至1994年《師資培育法》的頒布，明確規範的各師資類科皆必須參與教育實習一年，明白規定實習教師必須不占實缺、不領全薪，亦確立了初檢、複檢兩階段的檢定機制。然而實行8年來的情況並不理想，因而在2002年重新大幅修訂《師資培育法》，除了將原設計於初檢後的全時教育實習納入師資職前教育課程的一部分，實習時間由一年改為半年，另

表 9-2　1994 年與 2002 年新修訂《師資培育法》對照表

	1994 年舊制	2002 年新制
適用對象	2003 年 8 月 1 日以前已在修讀教育學程、教育學分班、師資班或正在實習者。	92 學年度入學的大一新生、8 月起修讀教育學程、教育學分班、師資班的學員。
實習資格	完成幼教師資培育課程後,得申請幼教教師資格初檢,經教師資格初檢合格者,取得實習教師資格。	修習普通課程、專門課程及教育專業課程至少一年,並另加教育實習課程半年。
實習時間	實習期間自當年七月起至翌年六月止。	所定之半年教育實習,以每年八月至翌年一月或二月至七月為起訖期間。
實習津貼	每月八千元	無
參加實習之身分	實習教師	學生
檢定方式	依《高級中等以下學校及幼稚園教師資格檢定及教育實習辦法》規定辦理初、複檢,係屬書面形式審查。	另定《高級中等以下學校及幼稚園教師資格檢定辦法》辦理,係採筆試行之。
取得合格教師證書	在幼稚園實習一年成績及格者得申請幼教教師複檢資格,經複檢審查無誤,即可取得合格幼稚園教師證書。	修業成績(含普通課程、專門課程教育專業課程與教育實習)及格者,發給修畢師資職前教育證明書。取得修畢師資職前教育證明書者,可參加教師資格檢定考試,考試結果經中央主管機關所設教師資格檢定及格後發給幼稚園教師證書。

參考資料:教育部(1994,2002a,2002b,2004b)

一方面建立了教師資格檢定考試,期能篩選不適任教師。此次的變革是否使得師資的培育上更專業、更優質?或是僅只是針對先前實習制度所衍生的問題加以調整?值得我們深入探討。

參、省思

　　在提到「專業」的特質時,一定少不了「長期的專業訓練」;也就是說,不管哪一種領域專業人才的養成,「實習」會是其養成教育重要且必須的過

程；教育是一種專業，更少不了教育實習階段。教育實習是師資生將在師資培育機構所學習之教育理論及技能實際運用於教學情境中的歷程，良好的教育實習經驗有助於師資生認清教師生活的真相、肯定教育工作的價值、發展與教育專業有關的知能技巧和意願熱誠；更重要的是，能夠協助師資生從嶄新的了解和嘗試之中，確認教學歷程與教學情境之中個人可能發揮的影響（高強華，1996）。

　　由《師資培育法》及相關法令來看，我國的師資培育體制相當重視教育實習。要使教育實習發揮健全與完善的功能，相關單位與人員的配套措施絕不能少。Granser（1996）將完整的教育實習活動中的師資生（實習學生）、師資培育機構中的實習指導教師及教育實習機構的實習輔導教師，稱之為「教育實習活動中的鐵三角」。在目前實行的實習輔導制度中，師資生一方面接受實習機構中實習輔導教師的輔導，另一方面又接受師資培育機構中實習指導教師的指導，形成了必要且微妙的關係。饒見維（1997）指出，良好的互動關係將可以協助實習教師順利度過最困難的一年，且有助於未來更長遠的教師專業發展歷程；反之，不良的互動關係不僅將嚴重影響實習教師投入教育工作的志趣，更將阻礙實習教師的專業發展，此種三角互動的關係將決定未來我國師資培育的成敗與素質。未修訂《師資培育法》前，許多問題便是由這三者及其關係所衍生出來，許多制度面的問題也是因為這三者的關係所致。因此，以下先針對此三角關係中的人員逐一討論，之後再探討目前實習時程與教師資格檢定考試。

一、師資生／實習學生

　　一位優秀教師的培養及如何持續發展成為專業的教師，須歷經三個階段：職前教育階段、導入教育階段及在職教育階段，這在探究教師專業發展歷程上是一個重要的議題，而導入階段的「教育實習」是教師專業生涯歷程之中的重要關鍵經驗。Fuller 與 Bown（1975）指出，剛接觸實際教學工作的實習教師是在「早期關注生存」（early concerns about survival）階段，他們將先前理想化的關注焦點轉變為關注是否能勝任教職，並開始關注如何實踐職前所學得的

教學原理與原則、如何增進教學能力、精熟教學內容、班級經營技巧與關注評鑑者的態度以及心理特徵（充滿壓力與缺乏自信，有時會迫於現實環境的壓力而放棄原有的原則和理想，以求取生存適應）。

實習教師所面對的不僅是教學方面的問題，例如：如何熟練師資培育階段所學習的教學原理原則以增進教學能力，如何精熟教學內容及班級經營技巧；同時也面對學校人事的問題，如何進行教師角色的社會化，以適應學校系統的運作。將教師專業發展分為幻想時期（fantasy stage）、求生存時期（survival stage）、精熟時期（mastery stage）及影響時期（impact stage）。Ryan（1986）也發現：在任教第一年時進入求生存時期，常常要面對專業工作、價值觀、認同感以及為教學上的種種問題而奮鬥。實習教師面臨了「現實的震撼」（reality shock），產生了許多問題，進而感到焦慮及無力感（張德銳，1998）。除了精熟教學內容及班級經營技巧外，如何進行教師角色的社會化，適應學校或幼稚園系統的運作也是需要極大的調適；故而新手教師第一年的教學經驗往往充滿了失望與幻滅，而導致「倦怠」或「耗竭」（楊惠琴，1997）。再者，教育實習多著重於「實務」，然而此階段的師資生所面臨的便是理論與實務的差距，如何在導入階段協助實習生將理論與實務做連結，將是教育實習主要目標之一。

另一方面，「實習老師」這個曖昧不明的角色，常使得實習的師資生感到矛盾與尷尬；在新修訂的實習辦法中明訂實習的師資生不再支領實習津貼，並得繳交四個學分的學費，很明確的將其定位為「學生」，這樣的角色是解決了先前的曖昧不明，但是否有別於在學階段的實習生，「正名」的問題值得進一步釐清。

二、實習輔導老師／園所

在 1995 年教育部公布施行的《高級中等以下學校及幼稚園教師資格檢定及教育實習辦法》中，明訂實習輔導教師應遴選具有能力、有意願、具有三年以上的教學與導師經驗者擔任。實習輔導教師應輔導實習教師從事教學實習，並對實習教師之實習心得報告或專題研究進行初評，亦應對實習教師進行平時

評量及學年評量。

這樣的實習輔導制度主要是源於希臘文化中的「Mentor」，指的是：一個成熟有智慧的人給予一個新手引導及協助的過程。此制度的新手與良師擁有正面的協同關係，但絕非依賴的關係。實習輔導教師是幫助實習教師統整教育理論與實務的親密導師，尤其在實習教師處於「轉型期震撼」（Transition Shock）的重要階段（Corcoran, 1981）。相關研究指出，教師在有良師指導的情形下，增強了他們的教學能力及個人成長，並從工作中得到滿足。實習輔導老師及實習老師經過長時間的頻繁接觸，將對實習教師的教學工作效率、教學信念、未來的任教意願、應徵教職的能力、與同事相處的人際關係，及教師專業成長有重大影響（蕭錫錡、梁麗珍，1999；Applegate & Lasley, 1982; Wade, 1993）。許多研究指出，新手教師確實在良師的協助下獲益（Bolam, 1995）。

擔任實習輔導老師的幼教現場老師亦可在師資生的困難、瓶頸中，重新審視自己的理念與教學，若遇到無法解答的議題，實習輔導老師可找出新的構想，並和師資生一同學習（Haipt, 1990; Heller & Sindelar, 1991; Shulman & Colbert, eds., 1987）；這對實習輔導老師而言，也是一種「教學相長」。若實習輔導教師與實習教師有良好互動與關係時，教育實習的功能將能發揮至最大。

從 1994 年所公布《師資培育法》的相關規定來看，實習輔導教師的設置是辦法中的一大特色，實習輔導教師承擔了大部分的輔導之責，而法令對於實習輔導教師的角色職責卻沒有明確的規定（陳寧容、鍾志從，2002）；且實習輔導教師的職前座談不足，也無實習輔導老師的相關培訓計畫，尤其在面對許多師資生不良的學習態度，實習輔導相關機構的無法配合時，更讓現場老師對於擔任實習輔導教師的意願不高。加上實習輔導老師本身已擔負教學、行政等職責，能給予實習生的輔導上多屬於片段、隨機、被動。如何尋找學識、品德、能力各方面均優，足以成為實習師資生榜樣，且能願意協助師資生這個震撼過渡時期的實習輔導老師，是一大課題。

在幼教現場與其他各級學校的教學現場有著許多的差異，衍生出來的問題也有很大的不同。如幼稚園中每班有兩名教師，在該班實習的師資生的實習輔導老師是哪一位？或兩位都是？這關乎於實習輔導教師聘書的發放；再者，若

兩位實習輔導教師理念有差距時，師資生該聽從哪位老師的輔導？許多學者（Bolam, 1995; Brooks & Sikes, 1997）均指出，實習輔導教師和實習教師的互動關係，是影響師徒式教育實習實施成效的主要因素之一。因此，相互的「溝通」及「信任感」是建立和維繫彼此關係的主要方法。

另一方面，關於教育實習機構的選擇，亦是值得重視的問題。有研究（林育瑋，1994；張芬芬，1991）指出：實習教師在實習學校所獲得的協助及支持微乎其微，實習學校環境不適於實習教師實習。教育實習機構的品質亦是影響師資生日後教學態度及任教意願的關鍵。但在當時的《高級中等以下學校及幼稚園教師資格檢定及教育實習辦法》（教育部，2002a）中，對於「教育實習機構」的遴選原則僅有：1.辦學績效良好者；2.具有足夠合格師資者；3.師資培育機構易於輔導者。許多學者（陳奎憙，1995；蔡炳坤，1995）也建議：需考慮特約實習學校的環境與設備，因為環境與設備良好的學校，更能提供實習教師的學習與成長。在2003年8月27日廢除《高級中等以下學校及幼稚園教師資格檢定及教育實習辦法》後，對於教育實習機構並未有相關的遴選規定，謹慎的選擇教育實習機構是師資培育機構要特別重視的。

三、實習指導老師

依據1995年公布《高級中等以下學校及幼稚園教師資格檢定及教育實習辦法》第20條規定：「實習指導教師由各師資培育機構遴選，其遴選原則有：1.有能力指導實習教師者；2.有意願指導實習教師者；3.具有中等學校、國民小學、幼稚園、特殊教育學校（班）或其他教育機構一年以上之教學經驗者。」該條文更明確敘寫出：「各師資培育機構擔任實習輔導工作之實習指導教師，每位以指導25名實習教師為限，並得酌計授課時數一至四小時。」

儘管這項措施是為了減輕實習指導教師的負擔，然實質上陳伯璋（1999）在學程訪評後，各校普遍認為指導教師負擔太重；身為幼稚園實習指導教師的陳淑琦（1999）特別針對指導幼教師資生提出：幼稚園規模較小，25位實習教師可能分布在10所以上的幼稚園，在人數與園數均高下，指導教師巡迴輔導的負擔及輔導品質值得關心。一般而言，師資培育者的多屬兼任實習指導教

師，本身已有教學、研究等工作，且這些工作耗時費力，還需負擔 10 至 20 名不等且分散各地的師資生之教育實習及訪視的職責，使得師培者的負擔更形沉重，在實質上能給予實習教師的指導與支持，在質與量都值得懷疑（王素芸、賴光真，2004）。師資培育機構缺乏合適及有意願的實習指導教師，且實習指導老師在分身乏術下無法深入執行實習指導工作，使得教育實習的目標難以完整落實。

除此之外，多數的實習指導教師都為初次擔任此一要職，對於實習指導教師的工作內涵不清楚，或是不知該如何落實，因此無法對實習教師產生有效的支援（柯志恩，2002），這使得實習指導教授同時也面臨一些「現實震撼」中的問題（呂昭瑩，1999）。儘管實習辦法中規定，實習指導教師必須有一年以上之教學經驗，且熟悉各項實習內容，熱心指導者，但在實習指導教師難尋的情況下，可能會由較資淺或教學經驗不足，甚至完全沒有現場教學經驗的實習指導教師擔任，如此將無法提供實習學生具體的協助。再者，對於實習指導教師而言，並未有相關的研修制度，實習指導教師的素質無法提升，影響實習指導的效果。

實習指導教師在整個教學活動中，一方面執行自己所設計的實習規劃，督導整個的實習活動與進度，評核教育實習成效；另一方面必須與有關之教育實習機構聯繫以及協調，提供學生參觀、見習、實習等現場學習的機會。然而，許多研究發現（林天祐，1998；林育瑋，1994），師資培育機構對實習學生指導成效未盡理想，無法確實給予實習學生指導；實習教師對於實習指導教授給予的指導常感不足；實習學校的指導教師不具有指導學生實習的知能等。

實習指導教師的負擔已十分沉重，目前實習時間縮短為半年，實習指導教師是否能在有限的實習時程內提供實習學生各種實習機會？還是使得問題更為加重，更值得探討。

四、教育實習時間的縮短

2002 年的《師資培育法》之所以縮短實習時程的理由，大致上是認為在考量質與量所投入的成本下，半年的實習功效即可達成，不需長達一年。然

而，周愚文（2003）認為，實習時間一學年縮短為一學期完全限制了實習功能的發揮。我國採學年制，學校聘任教師通常也是以學年為單位。僅有一學期的實習恐怕難以配合學校整學年的行事曆，而學校行政造成許多困擾，影響接受實習學生的意願；而且師資生在無法參與學校整學年的行政與教學活動下，可能必須「看一半，另外一半用想像」（王素芸、賴光真，2004）。

再者，時間壓縮為半年的教育實習，完全忽略了師資的培育應該是一個培育人師的過程，其本來就是緩慢、漸進、長遠的歷程（周愚文，2003）；教育實習機構在原有的實習時程中可以對於實習教師的實習進行一個全面漸進的安排，配合教育部在《國民小學暨幼稚園實習教師手冊》、《國民小學暨幼稚園實習輔導教師手冊》及《國民小學暨幼稚園實習指導教師手冊》三本手冊上明確指出：「不同實習階段的教育實習內容，循序漸進。」然而，縮短為半年的教育實習，在一學期內如何將原有一學年的教育實習內容壓縮，卻未有相關手冊的編定。教育實習兼負理論與實務溝通的橋梁，提供師資生統整並驗證所學，更期待他們能藉此反思自身所學及教學上運用，進而建立自己的教育觀。這都是需要在豐富而充實的教學經驗中慢慢體會、磨練的教學能力與技巧，無法即時培養。如此的急就章，對實習教師不但沒有益處，對實習輔導教師及實習指導教師也將造成困擾，更會增加師資培育機構及教育實習機構在安排實習工作時的實質困難。

時間的縮短是否能達成導入教育階段欲提供給實習學生的目標，仍是需要進一步觀察。目前各師範大學及教育大學的師資生仍維持過去參與為期四週的集中實習，然其他各大學師資培育中心的師資生分屬於不同系，難以在教育學程中安排集中實習，在成為教師的過程中，僅有一學期的實習是否充足，值得思考。

也有研究者（王素芸、賴光真，2004；周愚文，2003；許靜怡，2004）提出，師資生實習一年後，擔任正式教師工作，在時程上較能銜接。實習改為半年後，由於教師檢定考於每年的四月份舉行，師資生若選擇下半學期進行實習，就必須等到隔年四月才可參加檢定考試，為求配合一年一次的教師檢定，因此可能集中於第一學期，結果人數可能過多，導致上、下學期實習人數分布

不均。

　　對於在幼稚園實習的師資生而言，半年的實習時間似乎真的短了些。面對身、心與各領域仍處於發展階段的幼兒，通常要花較長的時間和他們建立關係，了解不同階段幼兒發展的特質，進而熟知幼兒們的個別差異。半年的實習，才跟孩子建立互信的關係沒多久，竟是該道別的時候。如此短暫的半年，幼教師資生將很難深入了解幼兒的特質，更無法將其所學的理論在教學現場上運用。面對年幼的幼兒，在許多情況下實習教師是必須和他們建立好關係，才有辦法進行教學活動的。另一方面，幼兒在口語、情緒的表達上，也不像中小學的學生能夠清楚的表達自己的需求或情感，許多時候是需要幼教老師從中觀察、旁敲側擊才知；這樣的能力並非短期之內可以培養、獲得，是需要長期經驗的累積、觀察與琢磨。換言之，許多時候幼教老師必須考慮教學現場中有關幼兒、活動、時間、空間、人員等因素，再依據當時自己對幼兒及教學的認知、價值性的選擇……等知識來做教學上的決定。許多師資生對於幼兒能力、興趣及行為表現的理解及相關知識並不熟悉，雖然師資生皆修習幼兒發展等相關課程，然而這些是屬於理論上的知識，若未能在具情境脈絡的教學現場中學習運用，對其日後將造成相當的困擾。

　　將實習期間縮短為半年，只是時間資源的減半，純粹量的縮減，質的維持與改進仍有待觀察與努力（陳琦瑋，2003）。換言之，到底多長的教育實習才合於國內的需求，也有待進一步辯證。

五、教師資格檢定考試

　　1994 年的教育實習制度中的初檢、複檢因未能落實，形同虛設，初檢僅是資格檢驗，只要修畢教育學程就自動通過，至於複檢，只要實習完成，複檢也就輕易過關，因而有了「教師資格檢定考試」（2005）的產生。「教師資格檢定考試」之用意在於：落實師資檢定政策、管制教師素質、維護學生受教權。教師素質的確保有賴法令規範，但能否完全憑恃著修法納入教師檢定即可達成（洪志成，2002），有待進一步的研究。

　　以純粹筆試的方式來作為檢定之機制，是否能真正有效甄選出適合的教

師。儘管考試內容涵括「國語文能力測驗」、「教育原理與制度」、「幼兒發展與輔導」以及「幼稚園課程與教學」等四科，但考題似乎忽略了實務經驗的部分，未能顧及幼教的專門學科與學習領域。將此種考試結果當作是甄選教師的依據，所篩選出來的教師可能就僅是會讀書的教師，而非具有專業教學知能的教師（楊慧玲，2006）。藉由筆試，又該如何判別教師專業實踐能力與批判反省能力的培養呢（林志成，2004）？或許該探討當初決定採用筆試之本意，了解是否真可以達到篩選教師的功能？

　　再者，考試科目中的「幼兒發展與輔導」與「幼稚園課程與教學」，是幼教準教師們在學所修習的課程外，另兩科考試共同科目「國語文能力測驗」、「教育原理與制度」並未涵括在幼稚教育學程之 26 學分中。那麼為何要把此兩科訂為考試科目？用意為何呢？考試科目與師培課程有所差距，教師檢定是否也讓相關的補教業者有了新的謀財機會？相信這絕非當時訂定此考試之本意。而半年的實習是否對教師資格檢定考試有任何的助益？林志成（2004）認為，實習生在務實考量的原則下，不得不偏重筆試的準備，那教育實習的功能又該如何落實？

　　從已實施兩年「教師資格檢定考試」的報考及錄取人數來看，更發人深思。首屆教師資格檢定考試共有2,392人報名，到考人數2,381人。依照規定，應試科目總成績平均滿 60 分、未有 2 科成績低於 50 分或未有 1 科成績為 0 分，才算及格，結果有 2,186 人通過考試。其中，幼稚園教師檢定的通過率最高，約94.2%。而第二年的教師資格檢定考試，成績符合及格條件者共有 4,596 人，及格率為 59.4 %，及格率較前一年大幅減少三分之一，表面上已經淘汰了一些「資格不符」的人，實際上呢？通過檢定考的師資生，就表示已具備專業老師的資格嗎？而未通過教師檢定者是否是因師資培育機構未有相關的課程規劃所致？亦或是與不同的師資培育單位有關？若是因師資培育單位的不同而導致無法通過檢定考試，那麼教育部是否也該檢討——為何核准這些師資培育機構培育師資呢？

　　再者，藉由教師資格檢定考試大幅減少合格教師的產生，是否就能解決流浪教師過多的問題？還是衍生了其他的問題？全國教師會理事長吳忠泰認為：

政策管理的錯誤，未來更難吸引優秀人才從事教職。立委李慶安說，年輕準教師無處發揮所長，在檢定考試中強調篩選已無意義。檢定考試之後的結果，都是須再重新省思的重點。另一方面，「實習與檢定孰先孰後？」的問題，將是必須重新審視的問題。在《中華民國師資培育白皮書》（教育部，2004b）中寫道：「新制先實習再檢定困擾多」。完成實習者，未必通過檢測；通過檢測者，未必能取得教職。在當前師資嚴重供過於求的情況下，「先實習，再檢試」將憑添許多師資生不必要的挫折。

肆、結語

　　回顧幼兒教育實習歷年來的發展，從僅有在職前培育中的實習課程發展成有導入實習制度，教育實習對師資培育而言，已然是個不容忽視的重要議題。近年來實習制度建立後，教育實習中三角的當事人——師資生（或實習教師）、實習輔導教師、實習指導教師，也對這項實施近十年來的師資培育辦法持肯定的態度。從專業的角度，長期的訓練是必要的條件之一，如此更確定了教育實習制度存在的必然性。教育實習制度的用意在於讓師資生可以在尚未成為正式教師之前，可以先嘗試運用所學於未來的教學現場，並且發展、發揮自己的教學能力，進而達到教師專業成長。然而，在立法、修法的過程中，是否真能不斷去思考：這樣的實習制度將可達到此目的？

　　1994年公布的《師資培育法》，到1998年才有第一屆的實習教師；可是教育部卻在當年5月就已成立專案小組通盤檢討修正《師資培育法》，因而有了2002年新修訂的《師資培育法》頒布。1998年有了第一批的實習教師，2003年有了第一批實習半年的師資生，短短不到五年間卻有著極大的轉變，讓人有「朝令夕改」的感覺。讓人不禁要問：是否已針對一年的教育實習做到真正的評估，才對所實行的《師資培育法》做相關條文的修訂？亦或是「頭痛醫頭、腳痛醫腳」，或只要一有不同反對聲浪，隨即開始修改？

　　教育實習與教育實習機構、實習輔導教師及實習指導教師之間是息息相關的，教育實習的成敗更攸關國家整體師資之品質（王素芸、賴光真，2004）。然而，目前對於半年實習的教育實習機構之選擇、實習輔導教師與實習指導教

師之輔導及職責等皆未有明文規定。美國從 1990 年所推行的專業發展學校
（Professional Development Schools, PDS），便是中、小學與師資培育機構共
同合作的模式。師資培育機構一方面透過專業發展學校培訓優質的中、小學師
資，另一方面提供中、小學教師在職進修管道，並與中、小學合作進行教育研
究，達到互惠的雙贏局面。國內現行師資培育機構與中、小學之間共同致力於
教師專業發展與研究相當薄弱，若能建立起「專業發展學校」制度，教育實習
機構、實習輔導老師與師資培育單位建立起合作的夥伴關係，將會有更多、更
好的教育實習機會，也將符應 Holmes Group（1988）所說，有意義的教學之
專業訓練與研究、發展是必須建立在學校實際情境的基礎之上（引自郭玉霞、
高政英譯，1995）。再者，Mentor 制度如何真正在教育實習中發揮功能亦是
努力的方向之一。

　　在立法、修法者的過程中，除了必須做全盤評估與考量外，更必須不斷的
思索：如何藉由教育實習制度培育當前社會所需要的師資？若能掌握此根本問
題，相信每次修法的用意，將會更合時宜、更符合社會需求；相關問題及配套
措施也將獲得最根本的解決。如此，不僅能培育專業的師資，也將能配合國家
政策、發展，達到教育的最終目的。

⚫⚫⚫⚫⚫ 參考文獻

▓▓ 中文部分

王秋絨（1991）。**批判教育論在我國教育實習制度規劃上的意義**。台北市：師
　　大書苑。

王素芸、賴光真（2004）。教育實習的概念分析——論我國教育實習制度及其
　　改革。**國立編譯館館刊，32**（1），48-59。

白碧香（2004）。**幼稚園實習輔導教師實施臨床視導之研究**。國立新竹師範學
　　院幼兒教育研究所碩士論文，未出版，新竹市。

吳清山（2003）。師資培育法——過去、現在與未來。**教育研究月刊，105**，
　　27-43。

呂昭瑩（1999）。**新制中一位實習指導教授之視導經驗與省思**。論文發表於國
　　立台東師範學院舉辦之「1999 行動研究國際學術研討會」（頁 61-75）。

周愚文（2003）。**師資培育與甄選——追求多元專業化的師資**。論文發表於國
　　立台灣師範大學舉辦之「教育發展的新方向——為教改開處方研討會」。

林一鳳（2003）。**幼稚園實習教師教學困擾及其因應之個案研究**。國立台北師
　　範學院課程與教學研究所碩士論文，未出版，台北市。

林天祐（1998）。**實習的困境與突破（一）——師資培育機構的觀點**。發表於
　　台北市立師範學院初等教育學系舉辦之「國小實習教師專業成長」研討
　　會。

林　本（1964）。**世界各國師範教育課程**。台北市：開明。

林志成（2004）。**實習教師之專業發展**。2005 年 11 月 10 日取自 http:/
　　/192.192.169.101/93/930705/05.pdf

林育瑋（1994）。**幼兒教育學系教育實習制度之探討**。台北市：作者。

林育瑋（1996）。八四級幼教系試行集中教育實習制度之探討。**國民教育，37**
　　（4），40-45。

施育芳（1999）。**醫學教育與國小師資培育實習制度之比較研究**。國立台北師

範學院國民教育研究所碩士論文，未出版，台北市。

柯志恩（2002）。師資培育機構實習指導教師專業自尊之探究。**台中師院學報，16**，73-100。

洪玉燕（2001）。**我國國民小學現行實習教師制度之研究**。國立屏東師範學院國民教育研究所碩士論文，未出版，屏東市。

洪志成（2002）。教師檢定確保教師素質的前提——著手教學指標的建構。**教育研究月刊，103**，51-61。

孫邦正（1985）。**經師與人師**。台北市：台灣商務。

徐文志（1990）。**我國幼稚教育師資培育課程之研究**。國立台灣師範大學家政教育學系碩士論文，未出版，台北市。

翁素雅（2004）。**幼稚園實習輔導教師專業成長之研究**。國立屏東師範學院國民教育研究所碩士論文，未出版，屏東市。

高強華（1996）。**師資培育問題研究**。台北市：師大書苑。

高強華（2000）。新制師資培育與教師專業發展。載於國立中正大學教育學院（主編），**新世紀的教育展望**（頁 247-264）。高雄市：麗文。

張玉成（2000）。**八十八學年度新制教育實習輔導研究發展與工作研討會會議手冊專題演講稿**。嘉義縣：國立中正大學教育學院。

張芬芬（1984）。**師大結業生分發實習前後教學態度與任教意願之比較研究**。國立台灣師範大學教育研究所碩士論文，未出版，台北市。

張芬芬（1991）。**師範生教育實習中潛在課程之人種誌研究**。國立台灣師範大學教育研究所博士論文，未出版，台北市。

張德銳（1998）。**師資培育與教育革新研究**。台北市：五南。

教育部（1994）。**師資培育法**。台北市：作者。

教育部（1998a）。**國民小學暨幼稚園實習教師手冊**。台北市：作者。

教育部（1998b）。**國民小學暨幼稚園實習輔導教師手冊**。台北市：作者。

教育部（1998c）。**國民小學暨幼稚園實習指導教師手冊**。台北市：作者。

教育部（2002a）。**高級中等以下學校及幼稚園教師資格檢定及教育實習辦法**。台北市：作者。

教育部（2002b）。**高級中等以下學校及幼稚園教師資格檢定辦法**。台北市：作者。

教育部（2004a）。**師資培育法**。台北市：作者。

教育部（2004b）。**中華民國師資培育白皮書**。台北市：作者。

符碧真（2000）。我國新制教育實習制度實施現況與成效評估初探。發表於國家圖書館舉辦之「八十八學年度師範校院教育學術研討會」論文集。

許春峰（2004）。**實習制度面面觀**。2005 年 11 月 10 日取自 http://192.192.169.101/93/930705/01.pdf

許靜怡（2004）。**我國小學教師資格檢定制度規劃之研究**。國立嘉義大學教育行政與政策發展研究所碩士論文，未出版，嘉義縣。

郭玉霞、高政英（譯）（1995）。**明日教師**。台北市：師大書苑。

陳伯璋（1999）。**師資培育機構訪評對教育實習工作之啟示**。載於「新制教育實習輔導研究發展與工作研討會」。

陳青之（1963）。**中國教育史**。台北市：台灣商務印書館。

陳奎憙（1995）。實習教師輔導制度檢討與落實。**教育實習輔導季刊，5**（1），68-72。

陳淑琦（1999）。新制實習輔導歷程的省思──一位幼教實習指導教師的觀點。載於國立台東師範學院舉辦之**「1999 行動研究國際學術研討會」論文集**（頁 1-28）。

陳琦瑋（2003）。變革之舞──新修師資培育制度之探討與展望。**國民教育，44**（1），19-24。

陳寧容（1999）。**幼稚園實習輔導教師對實習輔導生態滿意度之研究**。國立台灣師範大學家政教育學系碩士論文，未出版，台北市。

陳寧容、鍾志從（2002）。幼稚園實習輔導教師對其實習輔導生態環境滿意度之研究。**屏東師範學報，17**，35-70。

陳錫慧（2000）。**教師角色隱喻之探討──以幼稚園實習教師與實習輔導教師為例**。國立新竹師範學院幼兒教育研究所碩士論文，未出版，新竹市。

黃炳煌（1981）。師範院校教育實習之探討。**台灣教育，372**，7-18。

楊深坑（1991）。**我國實習教師制度之規畫研究**。行政院國家科學委員會專題研究計畫成果報告（編號：NSC79-0304-H003-13）。台北市：國立台灣師範大學教育研究所。

楊惠琴（1997）。教育實習制度的理想與實際。載於中華民國師範教育學會（主編），**教學專業與師資培育**（頁227-268）。台北市：師大書苑。

楊慧玲（2006）。**我國國民小學教育實習制度之研究**。台北市立教育大學國民教育研究所碩士論文，未出版，台北市。

蔡春美（1988）。近四十年來我國幼兒教育師資之培養。**教育資料集刊，13**，41-65。

蔡炳坤（1995）。教育實習新格局。**教育實習輔導季刊**，1（4），45-50。

鄭立俐（1997）。**幼稚園實習教師集中實習困擾問題及調適方法之研究——一位大四實習教師的經驗**。國立台灣師範大學家政教育研究所碩士論文，未出版，台北市。

鄭采惠（2006）。**新制實習制度下幼稚園實習教師實習現況及困擾之個案研究**。國立屏東教育大學教育行政研究所碩士論文，未出版，屏東市。

蕭錫錡、梁麗珍（1999）。實習輔導教師應具備的能力。**教育實習輔導季刊，4**（2），34-37。

薛梨真（1993）。**國民中小學實習教師任教狀況與實習輔導之研究**。國立高雄師範大學教育研究所博士論文，未出版，高雄市。

薛梨真（1997）。國小實施新制實習制度的問題與因應。**高市文教，59**，62-65。

饒見維（1997）。實習輔導歷程中之互動與溝通。載於國立台東師範學院（主編），**「偏遠地區教育實習的困境與展望研討會論文集」**（頁1-22）。

■ 英文部分

Applegate, J. H., & Lasley, T. J. (1982). Cooperating teachers' problems with preservice field experience students. *Journal of Teacher Education, 33*(2), 15-18.

Becher, R. D., & Ade, W. E. (1982). The relationship of field placement characteristics, and student potential field performance rating. *Journal of Teacher Education, 33*(2), 24-30.

Bolam, R. (1995). Teacher recruitment and induction. In. L. W. Anderson (Ed.), *International encyclopedia of teaching and teacher education* (2nd ed.) (pp. 612-615). Philadelphia, PA: Elsevier.

Brooks, V., & Sikes, P. (1997). *The good mentor guide: Initial teacher education in secondary schools.* PA: Open University Press.

Corcoran, E. (1981). Transition shock: The beginning teacher's paradox. *Journal of Teacher Education, 32*(3). 19-23.

Davis, M. D., & Zaret, E. (1984). Needed in teacher education. A developmental model for education of teachers, pre-service to in-service. *Journal of Teacher Education, 35*, 5-33.

Feiman-Nemser, S. (1990) Teacher preparation: Structural and conceptual alternatives. In W. R. Houston (Ed.), *Handbook of research on teacher education* (pp. 212-233). NY: Macmillan.

Fuller, F., & Brown, O. (1975). Becoming a teacher. In K. Ryan (Ed.), *Teacher education.* (pp. 25-53). Chicago: University of Chicago Press

Granser, T. (1996). The cooperating teacher role. *The Teacher Educator, 31*(4), 283-291.

Haipt, M. (1990). A guide for the voyage. *Momentum, 21*(4), 16-19.

Heller, M. P., & Sindelar, N. W. (1991). *Developing an effective teacher mentor program.* Bloomington, IN: Phi Delta Kappa.

Henry, M. (1983). The effect of increased exploratory field experience upon the perceptions and performance of student teacher. *Action in Teacher Education, 5* (12),66-70.

Huling-Austin, L. (1990). Teacher induction programs and internships. In W. R. Hpuston (Ed.), *Handbook of research on teacher education* (pp. 535-548). NY: Macmillan.

Johnston, S. (1992). Images: A way of understanding the practical knowledge of student teachers. *Teaching and Teacher Education*, 123-136.

Rupp, B. G. (1988). *Mentor and beginning teacher relationships in a pilot teacher induction program: A study of critical incidents.* Temple University Doctoral Dissertation, Philadelphia, PA.

Ryan, K. (1986). *The induction of new teachers.* Bloomington, IN: Phi-Delta Kappa Educational Foundation.

Shulman, J. H., & Colbert, J.A. (Eds.) (1987). *The mentor casebook.* Eugene.

Slick, G. A., & Burrett, K. (1995). Bits and piees-everything else you wanted to know about filed experiences of the future. In G. A. Slick (Ed.), *Emerging trends in teacher preparation* (pp. 108-127). Thousand Oaks, CA: Corwin Press.

Smith, J. A. (1988). *School factors influencing the success and satisfaction of beginning teachers: An exploratory study.* Kentucky University Doctoral Dissertation, Bowling Green, KY.

Wade, M. W. (1993). *The voice of mentor teachers: Reflections on the mentoring experience.* Unpublished doctoral dissertation. Peabody College for Teachers of Vanderbilt University, TN.

Watts, D. (1987). Student teaching. In M. Haberman & J. M. Backus (Eds.), *Advances in teacher education* (pp. 151-167). Norwood, NJ: Ablex.

國家圖書館出版品預行編目資料

新世紀師資培育的圖像 / 中華民國師範教育學會主編.
 -- 初版.-- 臺北市：心理, 2006 (民 95)
 面；公分.--（教育願景；27）
 參考書目：面
 ISBN 978-957-702-965-2（平裝）

1. 師資培育 － 論文,講詞等

522.6307   95021728

教育願景27　　**新世紀師資培育的圖像**

主　　　編：中華民國師範教育學會
責任編輯：郭佳玲
總 編 輯：林敬堯
發 行 人：洪有義
出 版 者：心理出版社股份有限公司
社　　　址：台北市和平東路一段 180 號 7 樓
總　　　機：(02) 23671490　　傳　　真：(02) 23671457
郵　　　撥：19293172 心理出版社股份有限公司
電子信箱：psychoco@ms15.hinet.net
網　　　址：www.psy.com.tw
駐美代表：Lisa Wu　　tel: 973 546-5845　　fax: 973 546-7651
登 記 證：局版北市業字第 1372 號
電腦排版：辰皓國際出版製作有限公司
印 刷 者：辰皓國際出版製作有限公司
初版一刷：2006 年 11 月
初版二刷：2007 年 4 月

定價：新台幣 320 元　　■有著作權・侵害必究■
ISBN　978-957-702-965-2

讀者意見回函卡

No. _____   填寫日期： 年   月   日

感謝您購買本公司出版品。為提升我們的服務品質，請惠填以下資料寄回本社【或傳真(02)2367-1457】提供我們出書、修訂及辦活動之參考。您將不定期收到本公司最新出版及活動訊息。謝謝您！

姓名：_____   性別：1□男   2□女

職業：1□教師 2□學生 3□上班族 4□家庭主婦 5□自由業 6□其他____

學歷：1□博士 2□碩士 3□大學 4□專科 5□高中 6□國中 7□國中以下

服務單位：_____ 部門：_____ 職稱：_____

服務地址：_____ 電話：_____ 傳真：_____

住家地址：_____ 電話：_____ 傳真：_____

電子郵件地址：_____

書名：_____

一、您認為本書的優點：（可複選）

　❶□內容 ❷□文筆 ❸□校對 ❹□編排 ❺□封面 ❻□其他____

二、您認為本書需再加強的地方：（可複選）

　❶□內容 ❷□文筆 ❸□校對 ❹□編排 ❺□封面 ❻□其他____

三、您購買本書的消息來源：（請單選）

　❶□本公司 ❷□逛書局⇨_____書局 ❸□老師或親友介紹

　❹□書展⇨____書展 ❺□心理心雜誌 ❻□書評 ❼其他_____

四、您希望我們舉辦何種活動：（可複選）

　❶□作者演講 ❷□研習會 ❸□研討會 ❹□書展 ❺□其他____

五、您購買本書的原因：（可複選）

　❶□對主題感興趣 ❷□上課教材⇨課程名稱_____

　❸□舉辦活動　❹□其他_____　　（請翻頁繼續）

| 廣　告　回　信 |
| 台 北 郵 局 登 記 證 |
| 台 北 廣 字 第 940 號 |

（免貼郵票）

 心理出版社 股份有限公司

台北市 106 和平東路一段 180 號 7 樓

TEL: (02) 2367-1490
FAX: (02) 2367-1457
EMAIL:psychoco@ms15.hinet.net

沿線對折訂好後寄回

六、您希望我們多出版何種類型的書籍

❶□心理 ❷□輔導 ❸□教育 ❹□社工 ❺□測驗 ❻□其他

七、如果您是老師，是否有撰寫教科書的計劃：□有□無

　　書名／課程：_____

八、您教授／修習的課程：

上學期：_____

下學期：_____

進修班：_____

暑　假：_____

寒　假：_____

學分班：_____

九、您的其他意見

_____

謝謝您的指教！　　　　　　　　　　　　　46027